COLLECTION MICHEL LÉVY
— 1 franc le volume —
Par la poste, 1 fr. 25 cent. — Relié à l'anglaise, 1 fr. 50 cent.

ALEXANDRE DUMAS
— ŒUVRES COMPLÈTES —

LES GRANDS HOMMES EN ROBE DE CHAMBRE

CESAR

II

PARIS.

MICHEL LÉVY FRÈRES, LIBRAIRES ÉDITEURS
RUE VIVIENNE, 2 BIS, ET BOULEVARD DES ITALIENS, 15
A LA LIBRAIRIE NOUVELLE

COLLECTION MICHEL LÉVY

OEUVRES COMPLÈTES
D'ALEXANDRE DUMAS

ŒUVRES COMPLÈTES
D'ALEXANDRE DUMAS

PUBLIÉES DANS LA COLLECTION MICHEL LÉVY

Titre	Vol.	Titre	Vol.
Acté	1	IMPRESSIONS DE VOYAGE :	
Amaury	1	— Quinze jours au Sinaï	1
Ange Pitou	2	— En Russie	4
Ascanio	2	— Le Speronare	2
Aventures de John Davys	2	— En Suisse	3
Les Baleiniers	2	— Lo Véloce	2
Le Bâtard de Mauléon	3	— La Villa Palmieri	1
Black	1	Ingénue	2
La Bouillie de la comtesse Berthe	1	Isabel de Bavière	2
La Boule de neige	1	Italiens et Flamands	2
Bric à Brac	2	Ivanhoe de W. Scott (*Traduction*)	2
Le Cadet de famille	3	Jane	1
Le Capitaine Pamphile	1	Jehanne la Pucelle	1
Le Capitaine Paul	1	Louis XIV et son Siècle	4
Le Capitaine Richard	1	Louis XV et sa Cour	2
Catherine Blum	1	Les Louves de Machecoul	3
Causeries	2	Madame de Chamblay	2
Cécile	1	La Maison de glace	2
Charles le Téméraire	2	Le Maître d'armes	1
Le Chasseur de sauvagine	1	Les Mariages du père Olifus	1
Le Château d'Eppstein	2	Les Médicis	1
Le Chevalier d'Harmental	2	Mes Mémoires	10
Le Chevalier de Maison-Rouge	2	Mémoires d'une aveugle	2
Le Collier de la reine	3	Mémoires de Garibaldi	2
La Colombe — Adam le Calabrois	1	Mémoires d'un médecin (Balsamo)	5
Les Compagnons de Jéhu	3	Le Meneur de loups	1
Le Comte de Monte Cristo	6	Les Mille et un Fantômes	1
La Comtesse de Charny	6	Les Mohicans de Paris	4
La Comtesse de Salisbury	2	Les Morts vont vite	2
Les Confessions de la marquise	2	Napoléon	1
Conscience l'Innocent	2	Une Nuit à Florence	1
La Dame de Monsoreau	3	Olympe de Clèves	3
La Dame de Volupté	1	Le Page du duc de Savoie	2
Les Deux Diane	3	Le Pasteur d'Ashbourn	2
Les Deux reines	2	Pauline et Pascal Bruno	1
Dieu dispose	2	Un Pays inconnu	2
Les Drames de la mer	1	Le Père Gigogne	2
La Femme au collier de velours	1	Le Père la Ruine	1
Fernande	1	La Princesse de Monaco	2
Une Fille du régent	1	La Princesse Flora	1
Le Fils du forçat	1	Les Quarante Cinq	5
Les Frères corses	1	La Régence	1
Gabriel Lambert	1	La Reine Margot	2
Gaule et France	1	La Route de Varennes	1
Georges	1	Le Saltéador	1
Un Gil Blas en Californie	1	Salvator	5
Les Grands Hommes en robe de chambre : César	2	Souvenirs d'Antony	1
		Les Stuarts	1
La Guerre des femmes	2	Sultanetta	1
Histoire d'un casse-noisette	1	Sylvandire	1
L'Horoscope	1	Le Testament de M. Chauvean	1
IMPRESSIONS DE VOYAGE :		Trois Maîtres	1
— Une Année à Florence	1	Les Trois Mousquetaires	2
— L'Arabie Heureuse	3	Le Trou de l'enfer	1
— Les Bords du Rhin	2	La Tulipe noire	1
— Le Capitaine Arena	1	Le Vicomte de Bragelonne	6
— Le Caucase	3	La Vie au désert	2
— Le Corricolo	2	Une Vie d'artiste	1
— Le Midi de la France	2	Vingt ans après	3
— De Paris à Cadix	2		

CLICHY. — Impr. de MAURICE LOIGNON et Cie, rue du Bac d'Asnières, 12

LES GRANDS HOMMES
EN ROBE DE CHAMBRE

CÉSAR

PAR

ALEXANDRE DUMAS

II

PARIS
MICHEL LÉVY FRÈRES, LIBRAIRES ÉDITEURS
RUE VIVIENNE, 2 BIS, ET BOULEVARD DES ITALIENS 15
A LA LIBRAIRIE NOUVELLE
—
1866
Tous droits réservés

LES
GRANDS HOMMES
EN ROBE DE CHAMBRE
— CÉSAR —

XLVIII

On voit que tout cela était fort mesquin et très-peu honnête.

Nous allons donc passer un peu à César ; non pas que nous comptions faire l'histoire de sa campagne des Gaules : il l'a faite lui-même, et, probablement, nous ne trouverions rien ailleurs qui valût mieux, vérité ou mensonge, que ce qu'il raconte lui-même.

Pendant les neuf ans qui viennent de s'écouler, pendant ces neuf ans où il n'a pas revu Rome, et qui l'ont conduit de l'âge de trente-neuf ans à l'âge de quarante-huit, — car, vous le voyez, nous n'avons plus affaire à un jeune homme, — pendant ces neuf ans, il a fait des miracles!

Il a pris d'assaut huit cents villes, il a soumis trois cents nations différentes, il a combattu trois millions d'ennemis, il en a tué un million, fait prisonniers un million, mis en fuite un million.

Tout cela avec cinquante mille hommes.

Mais quels hommes !

Cette armée de César, c'est César qui l'a pétrie de sa main ; il en connaît chaque homme par son nom ; il sait ce qu'il vaut, ce qu'on en peut faire dans l'attaque comme dans la défense. Cette armée, ce sont les anneaux d'un serpent dont il est la tête ; avec cette seule différence, qu'il la fait mouvoir entière, ou par tronçons.

Il est tout à la fois, pour cette armée, un général, un père, un maître, un compagnon.

Il punit deux choses : la trahison et la révolte ; il ne punit même pas la peur ; les plus braves ont leurs heures de faiblesse.

Telle légion a reculé, fui ; elle sera brave un autre jour.

Il permet tout à ses soldats, mais après la victoire : les armes, l'or et l'argent, le repos, le luxe, le plaisir.

— Les soldats de César peuvent vaincre, même parfumés, dit-il.

Il va jusqu'à donner à chaque soldat un esclave choisi parmi les prisonniers.

Une fois en marche, personne que lui ne saura l'heure de l'arrivée, l'heure du départ, l'heure du combat ; et encore souvent ne le saura-t-il pas lui-même, et ne prendra-t-il conseil que des circonstances. Chaque événement, si grave ou si minime qu'il soit, apporte avec lui son inspiration. Sans motif de s'arrêter, il s'arrête ; sans motif de partir, il part.

Il faut que ses soldats sachent que toutes raisons et tous motifs sont en lui, et que, de ces raisons et de ces motifs, il ne rend compte à personne.

Bien plus souvent, il part tout à coup, disparaît, indiquant la route à suivre. Où est-il? Nul ne le sait; ses soldats le chercheront s'ils veulent le retrouver.

Aussi ces hommes, qui, avec d'autres, étaient et seraient des hommes ordinaires, sont des héros avec lui.

Ils l'aiment, parce qu'ils se sentent aimés de lui. Il ne les appelle pas *soldats*, il ne les appelle pas *citoyens*, il les appelle CAMARADES.

D'ailleurs, cet efféminé, cet homme faible, cet épileptique, ne partage-t-il pas tous leurs dangers? n'est-il pas partout à la fois? ne fait-il pas cent milles par jour à cheval, en charrette, même à pied? ne traverse-t-il pas les rivières à la nage? ne marche-t-il pas dans les rangs nu-tête, au soleil, à la pluie? ne dort-il pas comme le dernier de ses hommes, en plein air, sur la terre nue ou sur un chariot? n'a-t-il pas toujours à ses côtés, jour et nuit, un secrétaire prêt à écrire sous sa dictée, derrière lui un soldat qui porte son épée?

Quand il a quitté Rome, n'a-t-il pas fait si grande diligence, qu'en huit jours il était aux bords du Rhône; si bien que les courriers, partis trois jours avant lui pour annoncer son arrivée à son armée, ne sont arrivés que quatre et cinq jours après lui? Y avait-il, dans toute l'armée, un cavalier capable de lutter avec lui? Avait-il besoin de ses mains pour conduire son cheval — ce cheval fantastique, élevé par lui, et qui avait le sabot fendu et partagé en cinq, comme un pied d'homme? — Non; ses genoux lui suffisaient, et il le dirigeait comme il voulait, les bras croisés, les mains derrière le dos.

Une de ses légions est massacrée : il la pleure et laisse pousser sa barbe jusqu'à ce qu'elle soit vengée.

Si des capitaines jeunes et nobles, qui ne sont venus dans la Gaule que pour s'enrichir, redoutent quelque nouvelle guerre, il les assemble.

— Je n'ai pas besoin de vous, dit-il ; ma dixième légion me suffit ! (La dixième légion de César, c'est sa vieille garde.) Je n'ai besoin que de ma dixième légion pour attaquer les barbares ; nous n'avons pas affaire à des ennemis plus terribles que les Cimbres, et il me semble que je vaux bien Marius.

Et la dixième légion lui députe ses officiers pour lui exprimer sa reconnaissance, et les autres légions désavouent leurs capitaines.

Il y a plus, il a fait une treizième légion. Parmi ces Gaulois vaincus, il a recruté dix mille hommes ; — vous en avez vu mille ou douze cents à l'œuvre avec Crassus ; — ceux-là forment sa troupe légère, ce sont ses tirailleurs de Vincennes, toujours gais, jamais fatigués ! c'est la légion de l'Alouette, qui va chantant comme l'oiseau dont elle porte le nom, et qui semble avoir des ailes comme lui !

Maintenant, si on passe du courage et du dévouement de tous au courage et au dévouement individuels, on aura des traits comme aux beaux temps des républiques grecque et latine, des Cynégire et des Scœvola.

Dans un combat naval, près de Marseille, un soldat, nommé Acilius, se jette sur un vaisseau ennemi ; mais, en mettant le pied sur le pont, il a la main droite abattue d'un coup d'épée. Alors, de la gauche, armée de son bouclier, il frappe avec tant de force l'ennemi au visage, qu'il fait reculer tout ce qui se trouve devant lui et qu'il se rend maître du vaisseau.

Dans la Grande-Bretagne, dans l'île sacrée, dans l'île des druides, que César a résolu de conquérir, et qu'il aborde avec ces flux et ces reflux qui confondent la science romaine, dans la Grande-Bretagne, les chefs de cohorte se sont engagés dans un fond marécageux et plein d'eau, où ils sont vivement attaqués par l'ennemi. Un soldat, sous les yeux de César, se jette au milieu des barbares, fait des prodiges de valeur, oblige l'ennemi à prendre la fuite, le poursuit et sauve ses officiers. Enfin, il passe le marais le dernier, traverse cette eau bourbeuse, moitié à la nage, moitié en marchant, tombe dans une fondrière d'où il ne se retire qu'en laissant son bouclier, et, comme César, émerveillé d'un tel courage, court à lui les bras ouverts, lui, la tête baissée, les yeux pleins de larmes, tombe aux pieds de César et lui demande pardon de n'avoir pas su conserver son bouclier.

C'est un de ces hommes, Cassius Scœva, qui, plus tard, à Dyrrachium, l'œil crevé d'une flèche, l'épaule et la cuisse traversées de deux javelots, et ayant reçu cent trente coups sur son bouclier, appellera l'ennemi comme s'il voulait se rendre, et, de deux ennemis qui s'approcheront, abattra l'épaule de l'un d'un coup d'épée, blessera l'autre au visage, et, secouru par ses compagnons, aura la chance de s'échapper.

C'est un de ces hommes, Granius Pétronius, qui, plus tard, en Afrique, montant un vaisseau dont s'était emparé Scipion, dit à Scipion, qui fait massacrer tout l'équipage, et veut lui laisser la vie à lui seul parce qu'il est questeur : « Les soldats de César sont accoutumés à donner leur vie aux autres, et non pas à la recevoir, » et se coupe la gorge.

Aussi, avec de pareils soldats, il ne doute de rien. Il

apprend que les Belges, les plus puissants des Gaulois, se sont soulevés et ont mis sur pied plus de cent mille hommes. Il court à eux avec ce qui peut le suivre : vingt ou vingt-cinq mille Espagnols, Romains, Gaulois, Germains ; tout est César, dans l'armée de César ; il tombe sur eux au moment où ils ravagent les terres des alliés de Rome; il les bat, les taille en pièces, et en tue un si grand nombre, que les soldats qui poursuivent les survivants passent les étangs et les rivières sans pont, sur les cadavres des morts.

Les Nerviens, au nombre de soixante mille, surprennent César, tombent sur lui au moment où il se retranche et ne s'attend pas à combattre. Sa cavalerie est rompue au premier choc, les barbares enveloppent la douzième et la septième légion, en massacrent tous les officiers.

César arrache le bouclier d'un soldat, se fait jour à travers ceux qui combattent devant lui, se jette au milieu des Nerviens, et, à l'instant même, est entouré de tous côtés.

C'est sa dixième légion qui le sauve, et qui, du haut de la colline, d'où elle voit le danger que court son général, se précipite comme une avalanche, renverse tout ce qui se trouve devant elle, dégage César, et non-seulement ne se contente pas de l'avoir dégagé, mais encore laisse le temps à toute l'armée de donner à son tour.

Alors, l'engagement devient général.

Trente mille Romains combattent soixante mille ennemis ; chacun fait des prodiges de valeur ; mais les Nerviens ne reculent pas d'une semelle. Chaque soldat de César tue deux ennemis. Les soixante mille Nerviens restent couchés sur le champ de bataille. De quatre cents sénateurs, trois cent quatre-vingt-dix-sept furent tués. Trois seulement survécurent.

Des débris de peuple, avec un roi, s'étaient renfermés à Alésia, ville de l'Auxois, située au haut d'une montagne. La ville passe pour imprenable; ses murailles ont trente coudées de haut.

N'importe, César vient l'assiéger.

Le roi renvoie tous ses cavaliers, et les charge de se répandre dans les Gaules, de dire qu'il a pour trente jours de vivres seulement, et de ramener tout ce qui est en état de porter les armes.

Les cavaliers ramènent trois cent mille hommes. César, avec soixante mille soldats, est pris entre soixante mille assiégés et trois cent mille hommes qui l'assiégent lui-même.

Mais il a prévu la chose; lui aussi s'est fortifié, fortifié contre ceux de la ville, contre ceux de la plaine.

Il a entouré son camp d'ouvrages prodigieux, de trois fossés de vingt pieds de large, de quinze de profondeur; d'un rempart de douze pieds; de huit rangs de petits fossés, palissadés au bord; tout cela prolongé dans un circuit de deux lieues, et fait en moins de cinq semaines.

C'était le dernier effort de la Gaule : il vint se briser là.

Un jour, César sortit du camp, laissant ce qu'il y fallait d'hommes pour tenir en respect les assiégés, et il tomba sur les trois cent mille hommes qui l'enveloppaient.

« Toute cette formidable puissance, dit Plutarque, se dispersa sous l'épée des Romains et s'évanouit comme un fantôme ou comme un songe. »

Les Romains qui gardaient le camp ne surent la victoire que par les cris, les lamentations des femmes d'Alésia, qui, du haut des murailles, voyaient l'armée romaine revenir avec des boucliers garnis d'or et d'argent, des cuirasses souillées de sang, et la vaisselle et les tentes gauloises.

Enfin, les assiégés, mourant de faim, sont forcés de se rendre, après avoir proposé de tuer les femmes et les enfants, et de les manger.

César attend leurs députés sur son tribunal.

Vercingétorix, qui avait été l'âme de cette guerre, se couvre alors de ses plus belles armes, sort de la ville sur un cheval richement caparaçonné, le fait caracoler autour de César, saute à terre, jette son épée, ses javelots, son casque, son arc et ses flèches aux pieds du vainqueur, et, sans dire un seul mot, vient s'asseoir sur les marches de son tribunal.

— Pour mon triomphe! dit César en le montrant du doigt à ses soldats.

Donc, non-seulement César a beaucoup fait, mais il a fait plus que personne n'avait fait avant lui : — plus que les Fabius, plus que les Métellus, plus que les Scipion, plus que Marius, plus que Lucullus, plus que Pompée lui-même. Il a surpassé l'un par la difficulté des lieux où il a fait la guerre; l'autre par l'étendue des pays qu'il a subjugués; celui-ci par le nombre et la force des ennemis qu'il a vaincus; celui-là par la férocité et la perfidie des nations qu'il a soumises. Enfin, il a été supérieur à tous par le nombre des combats qu'il a livrés et par la multitude effroyable d'ennemis qu'il a fait périr.

Aussi que se passait-il à Rome?

Rome était tellement effrayée de ses victoires, que le sénat proposait, la Gaule une fois pacifiée, de donner un successeur à César, et que Caton annonçait, hautement et par serment, qu'il citerait César en justice du moment que celui-ci aurait renvoyé son armée.

Le tout était de lui faire renvoyer son armée.

XLIX

Disons juste où en étaient, à Rome, les différents personnages dont nous avons suivi la vie dans tous ses détails, et qui vont prendre une part active dans la guerre civile.

Jetons de la clarté dans les intérêts de chacun. Après la belle étude de notre cher Lamartine sur César, c'est le seul travail qui nous reste à faire.

Voyons d'abord ce que faisait Cicéron au moment où se brouillèrent les cartes entre César et Pompée.

Cicéron avait hérité du jeune Publius Crassus sa place au conseil des augures; puis, enfin, dans le partage des provinces, le sort lui ayant donné la Cilicie avec une armée de douze mille fantassins et de deux mille six cents cavaliers, il s'embarqua pour *sa province*, comme on disait.

Sa mission était de soumettre la Cappadoce au roi Ariobarsane.

Il s'acquitta de cette mission sans avoir recours aux armes.

Il mit cette fois encore en pratique son fameux axiome de *Cedant arma togæ*.

Ce n'était pas chose facile : les revers des Romains en face des Parthes poussaient les Ciliciens à la révolte; les Romains pouvaient donc être vaincus.

Mais ce qui étonna tout le monde, ce que les historiens constatent avec ébahissement, c'est que Cicéron ne voulut aucun présent des rois, et dispensa la province des festins qu'elle donnait aux gouverneurs.

Chaque jour, il invitait à sa table les Ciliciens les plus distingués, et payait ces repas officiels sur les appointements qui lui étaient accordés par la République.

Sa maison n'avait pas de portier : qui voulait le voir le voyait, et était introduit sans même dire son nom.

Nul ne le trouva jamais au lit, quoique les visites commençassent chez lui de bon matin. Il se levait à l'aube.

Pendant toute la durée de son proconsulat, il ne fit point battre un seul homme de verges; jamais, dans un moment de colère, il ne déchira la robe de celui qui lui inspirait cette colère; jamais il ne dit d'injures; jamais il n'ajouta les outrages aux amendes qu'il infligeait.

Bien plus, s'étant aperçu que les deniers publics avaient été pillés par des concussionnaires, il fit venir ceux-ci devant lui et leur fit rendre gorge, sans même dire le nom de ceux qui restituaient les sommes les plus fortes, ne voulant pas dénoncer à la haine de leurs concitoyens des hommes qui ne s'étaient peut-être pas crus si coupables qu'ils l'étaient effectivement, en faisant ce que tout le monde faisait.

Des brigands avaient établi leur domicile sur le mont Amanus, et rançonnaient, pillaient et tuaient les voyageurs. Il leur fit une guerre acharnée, les dispersa et fut proclamé imperator par ses soldats.

Vous ne saviez pas cela, n'est-ce pas, chers lecteurs, que Cicéron avait été proclamé général? C'est cependant un fait constaté par Plutarque. Il est vrai que Cicéron, en véritable homme d'esprit qu'il était, comprit que son titre d'orateur jetterait de l'ombre sur son titre d'imperator, et n'abusa point de la couronne de laurier.

Cependant, de temps en temps, le vaniteux reparaît.

« Mon cher confrère, lui écrit l'orateur Cœlius, envoyez-moi des panthères pour mes jeux. »

« Impossible, lui répond Cicéron, il n'y a plus de panthères en Cilicie : toutes se sont réfugiées en Carie, irritées d'être les seules à qui l'on fasse encore la guerre au milieu de la paix générale. »

Bientôt, quittant son gouvernement, où *la paix générale* ne lui laissait rien à faire, il passa par Rhodes, où il resta quelque temps au milieu de ses anciens amis et de ses vieilles connaissances, et, enfin, il arriva à Rome, qu'il trouva toute chaude et toute fiévreuse, et dans cet état où sont les cités à la veille d'une guerre civile.

A son arrivée, le sénat voulut lui décerner le triomphe; mais on se rappelle combien Cicéron tenait à être en bonnes relations avec tout le monde.

Il répondit au sénat qu'il aurait plus de plaisir à suivre le char triomphal de César, dès que l'on aurait fait un accommodement avec Pompée et lui, qu'à triompher lui-même.

Quant à Pompée, il regardait grandir César, mais ne paraissait pas s'inquiéter des proportions gigantesques auxquelles il arrivait.

Il ne voyait dans son rival que le tribun factieux de Rome, le complice de Catilina, l'instigateur de Clodius : il ne voyait pas César.

Puis, revêtu du souverain pouvoir, comme il arrive aux hommes tout-puissants, il se faisait avec justice reprocher bon nombre d'abus.

Il avait rendu des lois contre ceux qui achètent les suffrages, ou captent les jugements.

Ces lois étaient bonnes et portaient, contre les coupables, des peines méritées.

Scipion, son beau-père, fut accusé.

Pompée fit venir chez lui ses trois cent soixante juges, et les pria d'être favorables à l'accusé.

De quoi il résulta que l'accusateur, voyant Scipion reconduit jusque chez lui par les trois cent soixante juges, se désista.

Il avait défendu par une loi de louer les accusés lors des procès.

Plancus, son ami, étant accusé, il se présenta lui-même pour le louer.

Caton était au nombre des juges; — la corruption générale ne modifiait pas celui-là! — il se boucha les oreilles avec ses deux mains.

— Que faites-vous? lui demandèrent ses collègues.

— Il ne me convient pas, répondit Caton, d'entendre louer un accusé contre la disposition des lois, surtout lorsqu'il est loué par celui qui les a faites.

Il s'ensuivit que Caton fut récusé par Plancus; mais, malgré la récusation de Caton, Plancus n'en fut pas moins condamné.

Cette condamnation mit Pompée de si mauvaise humeur, qu'à quelques jours de là, Hipsœus, personnage consulaire, qui était accusé comme Plancus et comme Scipion, ayant attendu Pompée, au moment où il sortait du bain pour aller se mettre à table, et s'étant jeté à ses genoux :

— Laissez-moi tranquille, dit Pompée d'un ton bourru, car vous ne gagnerez rien à vos prières, que de faire refroidir mon souper.

Sur ces entrefaites, et dans un voyage qu'il fit à Naples, Pompée tomba gravement malade; il guérit néanmoins; et, sur le conseil du Grec Praxagoras, les Napolitains firent à propos de sa guérison des sacrifices d'actions de grâce.

Cet exemple fut suivi par les cités voisines de Naples, et ce zèle se communiqua tellement à toute l'Italie, qu'il n'y eut point de ville, petite ou grande, qui ne célébrât pendant plusieurs jours ces fêtes de convalescence.

Puis, quand Pompée revint à Rome, les populations lui firent cortége, les députés allèrent au-devant de lui le front couronné de fleurs, des banquets publics furent offerts. et il ne marchait, en entrant dans les cités, que sur des jonchées de lauriers et de fleurs.

Il en résulta qu'en arrivant à Rome, Pompée, enivré de cette marche triomphante, se tourna avec mépris du côté de l'orage qui s'amoncelait vers l'Occident.

Il douta encore bien moins de l'avenir quand on lui eut continué ses gouvernements pour quatre ans, et qu'on l'eut autorisé à prendre dans le trésor public mille talents chaque année, pour la solde et l'entretien des troupes.

Mais aussi César, de son côté, pensa que l'avenir était arrivé pour lui, et que, puisque l'on faisait toutes ces choses pour Pompée, on ne pouvait les lui refuser.

Ses amis présentèrent sa requête en son absence.

Ils demandèrent qu'en récompense des combats livrés par lui, de l'extension de l'empire, dont il avait porté à l'ouest les limites jusqu'à la grande mer extérieure, au nord jusqu'à la Grande-Bretagne et jusqu'au Rhin, on lui donnât un second consulat et lui continuât son gouvernement, afin qu'un successeur ne lui vînt point enlever la gloire et le fruit de tant de travaux, et que, commandant seul dans les lieux qu'il avait soumis, il jouît en paix des honneurs que ses exploits lui avaient mérités.

La demande donna lieu à une grande discussion.

Pompée parut étonné de cette seconde partie de la demande des amis de César.

— J'ai, dit-il, des lettres de mon cher César qui me prient de lui faire donner un successeur, afin qu'il soit déchargé des fatigues de cette guerre. Quant au consulat, ajouta-t-il, il me paraît juste qu'on lui permette de le demander, quoique absent.

Mais Caton était là, Caton le grand opposant, le grand niveleur, disons le mot, le grand envieux.

Caton s'opposa avec force à la proposition, et exigea que César, réduit à l'état de simple particulier, après avoir posé les armes, vînt en personne solliciter auprès de ses concitoyens la récompense de ses services.

Pompée ne répliqua point ; il n'avait garde.

Caton disait à César : « Viens te livrer sans armes à Pompée, » c'est-à-dire à ton plus mortel ennemi.

En conséquence, et sur l'avis de Caton, appuyé par le silence de Pompée, le sénat refusa à César la prolongation de ses gouvernements.

Un des officiers de César se tenait à la porte du sénat, et entendit le refus.

— Bon ! dit-il frappant sur la garde de son épée, celle-ci les lui donnera.

L

Cependant, César prenait ses précautions.

« Semblable à un athlète, dit Plutarque, il se frottait d'huile pour le combat. »

Sa manière de se frotter d'huile, c'était de frotter les autres d'or.

Il avait fait passer à Rome des sommes immenses,

Il avait donné de l'argent et des congés à plus de vingt mille de ses soldats.

Enfin, il avait renvoyé à Pompée deux légions que celui-ci lui avait demandées, sous prétexte de la guerre parthique, et il avait donné à chaque soldat cent cinquante drachmes.

Puis il avait attiré à son parti le tribun du peuple Curion, dont il avait payé les dettes énormes (quatorze ou quinze millions), et Marc Antoine, qui s'était rendu caution pour Curion, se trouvait ainsi déchargé des dettes de son ami.

Mais cela ne suffisait point à César.

Il fit demander à Marc Antoine s'il n'avait pas besoin de ses services.

Marc Antoine répondit qu'il était un peu gêné et qu'il accepterait volontiers un prêt de quelques millions.

César lui en envoya huit.

Nous prononçons pour la première fois le nom d'un homme qui va jouer un grand rôle et peser d'un poids immense sur les événements.

Faisons, selon notre habitude, une courte halte à propos d'un grand nom, et disons ce que c'était que Marc Antoine.

On ne sait pas précisément la date de la naissance d'Antoine.

Les uns disent qu'il était né quatre-vingt-trois ans, les autres quatre-vingt-cinq ans avant Jésus-Christ.

Prenons une moyenne.

Antoine avait, à l'époque où nous sommes arrivés, c'est-à-dire cinquante-deux ans avant Jésus-Christ, trente à trente-deux ans.

Disons ce qu'à cet âge il était et ce qu'il avait fait.

Marcus Antonius avait pour aïeul l'orateur Antonius, que Marius fit mourir comme partisan de Sylla, et pour père Antonius, qui, ayant commencé la conquête de l'île de Crète, partagea le surnom de *Crétique* avec Quintus Métellus, qui l'acheva. — Disons en passant que ce Quintus Métellus fut le père de cette Cécilia Métella, dont le magnifique tombeau, s'élevant à la gauche de la via Appia, est aujourd'hui encore l'objet du pèlerinage artistique de tous les touristes.

Antonius le Crétique passait pour un homme libéral, à la main et au cœur ouverts, peu riche, au reste, comme tous ceux qui ne ferment pas leur cœur du même cadenas que leur caisse.

Un jour, un de ses amis vint le prier de lui prêter quelque argent; si faible que fût la somme, Antonius ne l'avait pas.

Alors, il donna l'ordre à un de ses esclaves de lui apporter, pour se faire la barbe, de l'eau dans un bassin d'argent.

L'esclave apporta le bassin avec de l'eau dedans.

Antonius renvoya son esclave, disant qu'il se ferait la barbe lui-même.

L'esclave sorti, il fourra le bassin sous le manteau de son ami.

— Engage ou vends ce bassin, dit-il ; il ne sera pas dit qu'un ami m'aura demandé un service et que je ne le lui aurai pas rendu.

Quelques jours après, Antonius entendit un grand bruit du côté des cuisines ; c'était sa femme, Julie, de la maison des César, qui cherchait le bassin d'argent, et, ne le le trouvant pas, voulait faire appliquer la question aux esclaves.

Antonius fit venir sa femme, et lui avoua le fait, la priant de lui pardonner à lui, et surtout de laisser ces pauvres esclaves tranquilles.

Marcus Antonius, ou plutôt Marc Antoine, comme nous avons l'habitude de l'appeler, ayant pour mère cette Julie à laquelle son père priait de lui pardonner, Marc Antoine était donc, par sa mère, de la famille Julia, — de la *gens* Julia, comme on disait, — et, par conséquent, parent de César.

Marc Antoine avait été, après la mort d'Antonius, élevé par sa mère, femme parfaitement distinguée.

L'éducation n'en avait pas été meilleure ; ou plutôt, comme on le verra, le tempérament l'avait emporté sur l'éducation.

Sa mère, veuve, s'était remariée à Cornélius Lentulus : — justement a ce Lentulus que Cicéron fit étrangler dans sa prison, comme complice de Catilina. Nous allons comprendre tout à l'heure les grandes haines d'Antoine contre Cicéron, haines sanglantes, profondes, mortelles, que les historiens ne se donnent pas la peine de nous expliquer, et qui nous font voir les hommes pires qu'ils ne sont, ou nous les présentent sous un autre aspect.

Antoine était donc beau-fils de Lentulus, étranglé par Cicéron ou par son ordre ; plus tard, ne l'oubliez pas, il épousera Fulvie, veuve de Clodius.

Or, Cicéron est bien aussi pour quelque chose dans la mort de Clodius.

Antoine reprochait même à Cicéron d'avoir refusé de rendre à sa mère le corps de son mari, et prétendait qu'il avait fallu, pour l'obtenir, que sa mère, matrone de la famille Julia, allât se jeter aux pieds de la femme de Cicéron, c'est-à-dire d'une petite bourgeoise.

Après cela, la chose était-elle vraie ? Quand il n'était pas ivre, Antoine ne se gênait point pour mentir.

Antoine était d'une beauté parfaite ; — ce n'est pas non plus sous cet aspect que les historiens nous représentent le brutal descendant d'Hercule ; — si beau, ma foi, que Curion, l'homme le plus débauché de Rome, — le même dont César vient de payer les dettes, vous vous le rappelez, — lui voua une de ces amitiés que ne manquent jamais de calomnier les contemporains.

Sous le rapport des dettes, Antoine avait marché sur les traces de César ; à dix-huit ans, il devait un million et demi, dont Curion s'était alors rendu caution. — Nous parlons de Curion fils : Curion père avait chassé Antoine de chez lui comme un mauvais sujet qui perdait son fils, ou qui, tout au moins, aidait son fils à se perdre.

Le second ami d'Antoine, celui qui était le plus cher à son cœur, après Curion, fut Clodius.

On voit qu'Antoine choisissait bien ses amis.

Mais, au moment où les affaires de Clodius commencèrent à s'embrouiller, Antoine, craignant d'être compromis, quitta l'Italie et fit voile pour la Grèce.

Il y avait à cette époque en Grèce deux écoles d'éloquence : l'éloquence grecque, l'éloquence asiatique. L'éloquence asiatique était le romantisme de l'éloquence ; le jeune homme se fit romantique. Ce style fastueux, coloré, plein d'images, s'alliait admirablement avec sa vie pleine d'ostentation, et vouée d'avance à toutes les inégalités que l'ambition entraîne après elle.

Ce fut vers cette époque que ce fameux Gabinius, l'homme aux millions, ayant été, par l'influence de Pompée, envoyé comme proconsul en Syrie, passa en Grèce et proposa à Antoine de le suivre.

Mais Antoine répondit qu'il n'irait pas sans un commandement.

Gabinius lui donna donc celui de la cavalerie et l'emmena avec lui.

Envoyé d'abord contre Aristobule, il monta le premier à l'assaut, chassa Aristobule de forteresse en forteresse ; puis, l'ayant joint et lui ayant livré bataille, il le tailla en pièces, quoique son armée fût de moitié moins forte que celle de l'ennemi.

Ces succès lui valurent toute la confiance de Gabinius.

Peu de temps après, lorsque Ptolémée Aulétès (vous vous rappelez le joueur de flûte royal, n'est-ce pas ?) demanda à Pompée son assistance pour rentrer dans ses États soulevés contre lui, Pompée le renvoya à Gabinius, son homme d'affaires.

Ptolémée offrit à Gabinius dix mille talents (cinquante millions). La somme était ronde ; aussi tenta-t-elle prodigieusement Gabinius.

Cependant, comme la plupart des officiers supposaient qu'à côté de ces avantages d'argent, elle offrait de grands dangers, Gabinius hésitait ; mais Antoine, qui probablement avait reçu de Ptolémée quelque petit pot-de-vin d'un million ou deux, poussa si ardemment Gabinius, que celui-ci se décida, à la condition qu'Antoine se chargerait de conduire l'avant-garde.

C'était ce que le jeune homme, — Antoine avait alors vingt-huit ans, — c'était ce que le jeune homme, lieutenant en quête des entreprises aventureuses, demandait à grands cris.

Aussi accepta-t-il sans hésiter.

LI

On craignait fort le chemin qu'il fallait suivre pour arriver à Péluse, la première ville d'Égypte en venant par la Syrie.

Il y avait tout le désert à traverser, celui qui s'étend aujourd'hui de Jafa à El Arich ; puis il y avait d'affreux marais qui étaient formés par une espèce de lac de vase que l'on nommait le lac Serbonide. — Les Égyptiens, amis du merveilleux, appelaient ces marais le soupirail de Typhon : les Romains, plus réalistes, prétendaient que c'était un écoulement de la mer Rouge, qui, après avoir traversé sous terre la partie la plus resserrée de l'isthme, reparaît à cet endroit et vient se décharger dans la Méditerranée. Ce marais existe encore aujourd'hui, et s'étend de Rosette à Raz-Burloz.

Antoine prit les devants, s'empara de Péluse, s'assura des chemins, et prépara le passage à l'armée.

A sa suite, Ptolémée entra donc à Péluse.

Comme c'était la première ville de ses États qu'il reconquérait, il voulut faire un exemple et ordonna de massacrer les habitants ; mais, comme les hommes courageux et prodigues, Antoine avait bon cœur, et le meurtre lui répugnait : il prit sous sa protection, non-seulement les habitants, mais encore la garnison, et aucune exécution n'eut lieu.

Ptolémée rentra dans Alexandrie, où Antoine donna d'autres preuves d'humanité, qui lui concilièrent la bienveillance des habitants.

Une de celles qui lui firent le plus d'honneur est celle-ci :

Il avait été l'hôte et l'ami d'Archélaüs. Or, comme cela arrive dans les guerres civiles, Archélaüs s'était trouvé son ennemi, et, un jour, les deux anciens compagnons en étaient venus aux mains.

Archélaüs, battu, avait été tué.

Antoine ... à sa mort, fit chercher parmi les cadavres, retrouva son corps, et lui fit faire des obsèques magnifiques.

Cette piété lui valut la sympathie, non-seulement des habitants d'Alexandrie, mais encore des Romains mêmes qui combattaient sous ses ordres ; de sorte qu'il revint à Rome avec une certaine popularité.

C'était justement l'époque où Rome était divisée en deux factions : celle des nobles, ayant à leur tête Pompée ; celle du peuple, qui faisait signe à César de revenir des Gaules.

Nous avons dit qu'Antoine était l'ami de Curion, et que Curion était très-influent près du peuple ; cette influence doubla quand César eut envoyé douze millions à Curion et huit millions à Antoine.

On employa une partie de cette somme à faire nommer Antoine tribun du peuple. Sans doute employa-t-on pour le faire nommer, le même subterfuge que pour Clodius ; mais, enfin, il fut nommé.

Au reste, Plutarque raconte comment la chose se faisait :

« Ceux qui briguaient des charges, dit-il, mettaient au milieu de la place des tables de banque, corrompant effrontément les masses à prix d'argent, et, alors, le peuple combattait pour celui qui l'avait payé, non-seulement de son vote, mais encore avec des arcs et des frondes. Or, souvent on s'éloignait de la tribune, celle-ci étant souillée de sang et entourée de cadavres, et la ville se trouvait dans l'anarchie. »

Quelque temps après qu'Antoine eut été nommé tribun du peuple, on l'associa au collége des augures.

César, en l'achetant, achetait donc à la fois le peuple et les dieux.

Maintenant, nous avons dit où en était César avec le sénat, au moment où Antoine, à son retour d'Égypte, venait de traiter avec César.

On a vu comment le sénat avait refusé à César la prolongation de son gouvernement, et comment un officier de César, frappant sur son épée, avait dit :

— Celle-ci le lui donnera.

Restait un homme bien important pour César : c'était Paulus, qui faisait bâtir la magnifique basilique qui remplaça celle de Fulvie.

Paulus était gêné par les dépenses que lui occasionnait cette bâtisse.

César lui envoya sept millions pour l'aider.

Paulus fit dire à César qu'il pouvait compter sur lui.

On statua sur l'affaire du consulat.

Le sénat décida que César ne pouvait briguer le consulat sans venir à Rome.

Alors, Curion, au nom de César, fit une proposition.

Il déclara que César était prêt à venir à Rome, seul et sans armée, mais à la condition que Pompée licencierait ses troupes et demeurerait à Rome seul et sans armée. Si Pompée gardait son armée, lui, César, demandait à venir à Rome avec la sienne.

Mais Curion appuyait sur le licenciement des troupes de Pompée, en disant que César, ne se jugeant pas plus important que le dernier citoyen, pensait qu'il était mieux pour la République que lui et Pompée se trouvassent en face l'un de l'autre comme deux simples particuliers que comme deux généraux d'armée. Ils attendraient ainsi, chacun de son côté, les honneurs qu'il conviendrait à leurs concitoyens de leur décerner.

Le consul Marcellus répondit à Curion, et, en lui répondant, traita César de brigand. Il ajouta que, si César ne voulait pas mettre bas les armes, il fallait le traiter en ennemi public.

Mais alors Curion fut soutenu par Antoine, par Paulus, le deuxième consul, et par Pison.

Il demanda au sénat un vote visible, — c'est-à-dire que ceux des sénateurs qui voudraient que César seul posât les armes et que Pompée retînt le commandement, passassent tous du même côté de la salle.

Cela ressemblait assez à notre vote par assis et levé.

Et, cependant, le plus grand nombre des sénateurs, presque tous même, passèrent du côté de la salle indiqué par Curion.

Curion demanda la contre-épreuve, — c'est-à-dire que ceux qui étaient d'avis que Pompée et César missent tous deux bas les armes, et qu'aucun des deux ne conservât son armée, passassent de l'autre côté.

Vingt-deux sénateurs seulement restèrent fidèles à Pompée.

Pendant ces deux votes, Antoine était descendu sur le Forum, avait raconté au peuple ce qui se passait au sénat, et avait échauffé son enthousiasme pour César.

Il en résulta que, lorsque Curion descendit, annonçant la victoire qu'il venait de remporter en obtenant le désarmement, un triomphe l'attendait à la porte.

On lui jeta des couronnes comme à un athlète victorieux, et on le reconduisit, avec de grands cris, jusqu'à sa maison.

C'était au tour d'Antoine d'agir. Il profita de ce moment d'enthousiasme du peuple pour César, et fit décréter par le peuple que l'armée, qui était rassemblée, serait envoyée en Syrie pour renforcer celle de Bibulus, engagé dans la guerre contre les Parthes.

Ces deux décrets rendus, Antoine monta au sénat, et demanda à lire aux sénateurs une lettre qu'il avait reçue de César.

Mais le sénat avait changé d'avis, poussé par Marcellus.

Marcellus s'opposa à ce qu'Antoine lût la lettre de César.

Antoine la lut néanmoins, mais au milieu du bruit, de sorte qu'elle ne fut pas entendue.

Alors, il redescendit au Forum, et la lut au peuple.

Pendant ce temps, Scipion, beau-père de Pompée, faisait décréter que, si, à jour fixe, César ne posait pas les armes, il serait considéré comme ennemi public et traité comme tel.

Cela ne suffit pas à Lentulus, qui s'écria :

— Contre un bandit comme César, ce ne sont point des décrets qu'il faut, ce sont des armes !

Puis, employant la métaphore :

— Je vois déjà, dit-il, dix légions descendre des Alpes et s'avancer vers Rome. Citoyens, prenons le deuil !

Et le sénat décida que Rome prendrait le deuil. — Bon sénat !

Et Rome prit le deuil. — Pauvre Rome !

LII

Sur ces entrefaites, des lettres de César étaient arrivées.

Il faisait de nouvelles propositions ; — car il faut rendre cette justice à César, qu'il agissait en toute modération dans cette affaire entre lui et Pompée. — Il offrait de tout abandonner, à la condition qu'on lui laisserait le commandement de la Gaule cisalpine et celui de l'Illyrie, avec deux légions, jusqu'à ce qu'il eût obtenu un second consulat.

Pompée refusa de laisser les légions. — Les légions formaient à peu près vingt mille hommes.

Cicéron arrivait de Cilicie. Il désirait la paix avant toute chose.

Il pria Pompée de ne pas être si rude envers César, trop de rudesse le devant pousser à bout.

Mais Pompée répondit que pousser à bout César était son désir, et qu'ainsi on en finirait plus vite avec lui.

Cicéron lui opposa les décrets du peuple, l'armée envoyée en Syrie, la défense faite aux citoyens de s'engager sous Pompée.

— Avec quoi combattrez-vous César? demanda-t-il.

— Bon! répondit Pompée, je n'ai qu'à frapper la terre du pied, il en sortira des soldats?

Cicéron détermina Pompée à se rendre à ce que demandaient les amis de César, qui consentait à une nouvelle concession.

Au lieu de garder deux légions, César se contentait de six mille hommes.

— Proposez vite la chose au sénat, dit Cicéron à Antoine ; Pompée y consent.

Antoine courut au sénat et fit la proposition.

Mais le consul Lentulus refusa tout net, et chassa du sénat Antoine et Curion.

Antoine sortit en chargeant d'imprécations les sénateurs ; puis, pensant que le moment était venu pour César de risquer le tout pour le tout, il rentra chez lui, se déguisa en esclave, détermina Curion et Quintus Cassius à en faire autant, et tous trois, prenant une voiture de louage, sortirent de Rome pour joindre César et lui rendre compte de ce qui se passait.

César était à Ravennes, où il n'avait avec lui que la treizième légion, quand les tribuns arrivèrent.

Il ne s'attendait pas à une pareille fortune. Il avait déjà pour lui la force, presque le droit ; Curion, Antoine et Quintus Cassius lui apportaient la légalité.

Du plus loin qu'il aperçut les soldats, Antoine se mit à crier :

— Soldats ! nous sommes les tribuns du peuple chassés de Rome. Il n'y a plus d'ordre dans Rome ; les tribuns n'ont plus la liberté de parler ; on nous a chassés parce que nous étions pour la justice, et nous voilà.

César accourut. Il ne pouvait croire à un pareil bonheur. Il reçut Curion, Antoine et Cassius à bras ouverts, et leur donna à l'instant même des commandements.

Il n'attendait que cette occasion pour se venger de l'outrage et de l'ingratitude que, depuis six mois, on lui faisait boire à pleine coupe.

Ajoutez à tout ce que nous avons dit que Marcellus et Lentulus avaient privé du droit de bourgeoisie les habitants de Néocôme, que César avait depuis peu établis dans les Gaules. En outre, ils avaient fait battre un de leurs sénateurs, sous le consulat de Marcellus ; et, comme celui-ci demandait qu'on lui dît au moins la raison d'un pareil outrage, Marcellus répondit qu'il n'en voulait donner d'autre que sa volonté, et que ceux qui étaient mécontents de lui et de Rome pouvaient s'aller plaindre à César.

La coupe débordait.

C'était Bonaparte en Égypte, insulté tous les jours par le Directoire.

Rien ne manque à la comparaison, pas même Pompée.

Le Pompée français s'appelait Moreau.

Il s'agissait seulement de ne pas perdre une heure. César n'avait avec lui que cinq mille hommes de pied et trois cents chevaux.

Mais il compte sur les soldats qu'on enverra contre lui et qui ont servi sous lui ; il compte sur tous ces vétérans en congé qu'il a envoyés à Rome pour y voter, sur ces deux légions qu'il a rendues à Pompée, et dont chaque homme a reçu de lui, en partant, cent cinquante drachmes ; plus enfin que sur tout cela, il compte sur sa fortune.

On commencera par s'emparer d'Ariminium, ville considérable de la Gaule cisalpine ; seulement, on y causera le moins de tumulte, et l'on y versera le moins de sang possible ; on devra, pour cela, s'emparer de la ville par surprise.

En conséquence, César ordonne à ses capitaines et à ses soldats de ne prendre que leurs épées ; puis il remet le commandement de l'armée à Hortensius, passe le jour à voir combattre des gladiateurs, un peu avant la nuit prend un bain ; son bain pris, il entre dans la salle à manger ; il reste quelque temps avec les convives qu'il a invités à souper ; au bout d'une heure, il se lève de table, invite ses convives à faire bonne chère, leur promet qu'il reviendra bientôt, sort, monte dans un chariot de louage, prend une autre route que celle qu'il doit tenir ; mais les flambeaux qui l'éclairent s'éteignent, il s'égare, erre toute la nuit, ne trouve de guide qu'au point du jour, rejoint alors ses soldats et ses capitaines au rendez-vous qu'il leur a donné, tourne vers Ariminium et se trouve en face du Rubicon, petite rivière, mince filet d'eau, illustre aujourd'hui à l'égal des plus grands fleuves, et qui séparait la Gaule cisalpine de l'Italie proprement dite.

Manuce prétend y avoir lu cette inscription :

« Au delà de ce fleuve Rubicon, que nul ne fasse passer drapeaux, armes ou soldats. »

Et, en effet, César, imperator sur une de ses rives, n'était plus sur l'autre qu'un rebelle.

Aussi s'arrêta-t-il devant le nombre et la grandeur des pensées qui venaient assaillir son esprit.

Immobile à la même place, il passa longtemps en revue les différentes résolutions qui s'offraient à lui, pesa dans la balance de son expérience et de sa sagesse les partis contraires, appela ses amis, entre autres Asinius Pollion, se représenta et leur représenta à eux-mêmes tous les maux dont le passage de ce ruisseau allait être suivi ; et, tout haut, comme un homme qui a le droit de lui demander d'avance compte de ses arrêts, il interrogea la postérité sur le jugement qu'elle porterait de lui.

César jouait-il un rôle, ou agissait-il de bonne foi ?

Une espèce de prodige, sans doute préparé par lui, mit fin à ses doutes.

Au moment où, après en avoir appelé à ses amis, il en appelait à ses soldats, leur disant :

— Camarades, il en est encore temps, nous pouvons retourner en arrière ; mais, si nous traversons ce fleuve, le reste sera l'œuvre du fer !

A ce moment, disons-nous, un homme d'une taille extraordinaire apparut sur le bord du fleuve, jouant de la flûte.

Les soldats, étonnés, s'approchent du géant.

Au nombre des soldats était un trompette.

L'homme mystérieux jette alors sa flûte, saisit le clairon, le porte à sa bouche, s'élance dans le fleuve en sonnant de toutes ses forces, et arrive à l'autre bord.

— Allons, dit César, où nous appellent la voix des dieux et l'injustice des hommes. *Alea jacta est !* (Mot à mot : *Le dé est jeté !*)

Plutarque lui fait dire cette phrase en grec.

— Κύβος ἀνεῤῥίφτω ! (Mot à mot : *Que le dé soit jeté !*)

Enfin, selon Appien, il aurait dit :

— Le moment est venu de rester en deçà du Rubicon, pour mon malheur, ou de le passer, pour le malheur du monde.

César ne dit pas un mot de tout cela, et ne nomme pas même le Rubicon.

Quoi qu'il en soit, de quelque façon qu'ait été dite cette phrase devenue proverbiale, ou même qu'elle n'ait pas été dite du tout, un fait irrécusable est celui-ci, constaté par Tite-Live : « César marcha contre l'univers avec cinq mille hommes et trois cents chevaux. »

LIII

Le lendemain, avant le jour, César était maître d'Ariminium (Rimini).

Cette nouvelle sembla s'envoler des bords du Rubicon avec les ailes d'un aigle, et s'abattit non-seulement sur Rome, mais encore sur toute l'Italie.

César passant le Rubicon et marchant sur Rome, c'était la guerre civile.

Or, qu'était-ce que la guerre civile pour les Romains ?

C'était la désolation dans toutes les familles, la mort entrant dans toutes les maisons, le sang coulant dans toutes les rues ; c'était Marius, c'était Sylla.

Qui pouvait deviner une chose indevinable ? — je crois que nous faisons le mot dont nous avons besoin, mais, ma foi, tant pis ! — qui pouvait deviner un vainqueur clément ? C'était inconnu, c'était inouï, cela ne s'était jamais vu.

Les autres guerres avaient fait un effroyable prospectus à celle-ci.

Aussi, cette fois, n'était-ce pas même comme dans les autres guerres, où la crainte enfermait les gens chez eux. Non ; la terreur poussait les citoyens hors de leurs maisons. Dans toute l'Italie, on voyait des hommes et des femmes courir éperdus. Les villes elles-mêmes semblaient s'être arrachées à leurs fondements pour prendre la fuite et se transporter d'un lieu à un autre. Tout afflua vers Rome ; Rome se trouva comme inondée d'un déluge de peuple qui s'y réfugiait des environs, et chacun entrait dans une agitation si violente, que la tempête de la rue, que cette mer d'hommes, soulevée dans les carrefours et sur les places, allait toujours grossissant, toujours montant, à ce point qu'il n'y avait ni raison ni autorité qui pût la contenir.

Et chaque homme et chaque femme, de plus en plus effaré, accourait en criant :

— César arrive !

Et chaque bouche répétait :

— César ! César ! César !

Que venaient chercher à Rome tous ces individus, toutes ces villes, tous ces peuples ?

L'appui de Pompée.

Pompée était le seul qui pût résister à César.

Quel souvenir avait-on gardé de César ?

Celui d'un tribun prodigue et factieux, proposant et exécutant les lois agraires.

Qu'était Pompée ?

Le représentant de l'ordre, de la propriété, des bonnes mœurs.

Mais Pompée avait perdu la tête.

Comme il fallait bien rejeter la faute sur quelqu'un, le sénat la rejetait sur Pompée.

— C'est lui, disait Caton, qui a grandi César contre lui-même et contre la République.

— Pourquoi, disait Cicéron, Pompée a-t-il refusé les offres très-raisonnables que lui faisait César ?

Favorinus arrêta le proconsul sur le Forum.

— Où sont tes soldats, Pompée ? lui demanda-t-il.

— Je n'en ai pas, répondit celui-ci désespéré.

— Frappe donc du pied, alors, puisque, en frappant du pied la terre, tu devais en faire sortir des légions.

Et, cependant, Pompée avait au moins quatre fois autant de soldats que César.

Mais comment deviner que César n'avait que cinq mille hommes?

Les bruits les plus étranges sur le nombre des soldats de César, sur la rapidité de la course de César, se répandaient dans Rome.

Puis Pompée sentait que le peuple tout entier allait à César. La terre en quelque sorte lui manquait sous les pieds.

Le peuple, c'est le sol sur lequel tout gouvernement est bâti; les révolutions sont les tremblements de terre de ce sol-là.

Voyant que Pompée perdait la tête, le sénat cria : *Sauve qui peut!* Il rendit une loi qui déclarait traître quiconque ne fuirait pas avec lui.

Caton jura de ne plus couper sa barbe et ses cheveux et de ne plus mettre de couronne sur sa tête, que César ne fût puni et la République hors de danger.

Il fit une chose qui dut lui coûter bien davantage : il reprit, pour avoir soin de ses jeunes enfants, sa femme Marcia, « qui, dit Plutarque, était veuve et possédait des biens considérables, car Hortensius était mort, et, en mourant, l'avait instituée son héritière. Et c'est là, ajoute le biographe grec, c'est là ce que lui reproche César. Il l'accuse d'avoir aimé l'argent et trafiqué du mariage par intérêt. « Car, enfin, » dit-il, « si Caton avait besoin d'une » femme, pourquoi la céder à un autre? et, s'il n'en avait » pas besoin, pourquoi la reprendre? Ne l'avait-il donnée » à Hortensius que comme un appât, en la lui prêtant » jeune pour la retirer riche? »

Ce diable de César, il n'y avait rien à gagner à être son ennemi.

Était-on Pompée, il vous battait.

Était-on Caton, il vous raillait.

Les consuls, à leur tour, quittèrent Rome sans avoir fait — tant ils étaient pressés de fuir — les sacrifices qu'ils avaient l'habitude de faire aux dieux quand ils quittaient la ville.

Les sénateurs, de leur côté, les suivirent ou les précédèrent, chacun prenant ce qui lui tombait de plus précieux sous la main.

Cicéron fait comme les autres. Il emmène son fils, laisse sa femme et sa fille.

— Si l'on pille, leur crie-t-il en partant, mettez-vous sous la protection de Dolabella.

Puis il leur écrit :

« Formies, janvier.

» Réfléchissez bien, mes chères âmes, sur le parti que vous avez à prendre. Ne vous décidez pas à la légère : ce n'est pas moins votre affaire que la mienne. Restez-vous à Rome ? me rejoindrez-vous en quelque lieu sûr ?

» Voici là-dessus, mes idées : ayant Dolabella pour vous, vous n'avez rien à craindre à Rome ; et, si même on se portait à des excès, si l'on en venait à piller, votre présence sur les lieux pourrait nous être d'un grand secours.

» Mais attendez, j'y songe, tous les gens de bien sont hors de Rome, ils ont enlevé leurs femmes avec eux ; tenez, il y a, dans le pays où je suis, tant de villes qui nous sont dévouées, tant de terres à nous, que vous pourriez me voir souvent et me quitter toujours à votre aise, sans cesser d'être sur un territoire qui fût neutre. En vérité, je ne saurais vous dire le meilleur de ces deux partis. Voyez ce que font les femmes du même rang que vous ; surtout prenez garde d'attendre trop tard et de ne pouvoir plus sortir de Rome. Tout cela mérite que vous y réfléchissiez mûrement et avec nos amis; dites à Philotime de mettre la maison en état de défense, et d'y tenir suffisamment de monde; puis tâchez d'avoir des messagers sûrs pour m'envoyer, tous les jours, de vos nouvelles; enfin, si vous faites cas de ma santé, soignez la vôtre. »

Vous voyez Pompée fuyant; vous voyez les consuls fuyant; vous voyez le sénat fuyant. Caton fuit, Cicéron fuit, tout le monde fuit!

La panique est universelle.

« C'était, dit Plutarque, un spectacle terrible que de voir, dans une si terrible tempête, cette ville abandonnée, et pareille à un vaisseau sans pilote, flotter à l'aventure sur cette mer d'épouvante et de terreur. »

Il n'y eut pas jusqu'à Labiénus, ce lieutenant de César, cet homme pour lequel César avait risqué sa vie, qui ne quittât l'armée de César et ne se mît à fuir avec les Romains, rejoignant Caton, rejoignant Cicéron, rejoignant Pompée.

Qui eût vu les routes d'Italie, à vol d'oiseau, eût cru que toute cette population effarée fuyait la peste.

Un seul fait donnera une idée de l'épouvante qui régnait à Rome.

Le consul Lentulus, étant venu pour tirer de l'argent du trésor secret, déposé dans le temple de Saturne, entendit crier — au moment où il ouvrait la porte — que l'on apercevait les coureurs de César. Il s'enfuit si rapidement, qu'il oublia de fermer la porte qu'il venait d'ouvrir; si bien que, lorsqu'on accusa César d'avoir forcé les portes du temple de Saturne, pour y prendre trois mille livres d'or qu'il y avait prises effectivement :

— Par Jupiter, dit-il, je n'ai pas eu besoin de les forcer : le consul Lentulus avait eu si grand'peur de moi, qu'il les avait laissées ouvertes.

LIV

Mais ce n'était point l'affaire de César d'être ainsi un épouvantail pour l'Italie. Ces airs de bandit, cette réputation de brûleur et de pillard ne lui allaient aucunement. Il fallait d'ailleurs, rallier à lui les gens de bien ; il ne pouvait arriver à ce but qu'à force de clémence.

Il commença par renvoyer à Labiénus son argent et ses bagages.

Puis, comme un détachement lancé contre lui, au lieu de le combattre, non-seulement s'était réuni à lui, mais encore lui avait livré son capitaine, Lucius Pupius, il renvoya Lucius Pupius sans lui faire aucun mal.

Enfin, sachant quelle peur effroyable galopait ou plutôt faisait galoper Cicéron, il écrit à Oppius et à Balbus, avec charge d'écrire à Cicéron :

César, à Oppius et à Balbus.

« C'est, je vous jure, avec un vif plaisir que je trouve, dans votre lettre, l'approbation de ce qui s'est passé à Corfinium. Je suivrai vos conseils ; il m'en coûtera d'autant moins, qu'ils sont d'accord avec mes intentions. Oui, je serai aussi doux que possible, et je ferai tout pour ramener Pompée. Essayons de ce moyen de gagner les cœurs et de rendre la victoire durable. Ceux qui m'ont précédé n'ont pu fuir la haine par la cruauté, et ils n'ont pas dû à cette cruauté une longue victoire, excepté toutefois Sylla. Mais je ne serai pas son imitateur. Cherchons de nouveaux moyens de vaincre, et assurons-nous sur la miséricorde et la libéralité. Maintenant, comment faire pour arriver à ce résultat? J'ai déjà quelques idées en tête, et d'autres viendront, je l'espère, se joindre à celles-ci. Pensez-y de votre côté, je vous prie.

« A propos, Cnéius Magius, préfet de Pompée, a été surpris par mes troupes. J'en ai usé vis-à-vis de lui ainsi que j'avais résolu, c'est-à-dire que je l'ai sur-le-champ rendu à la liberté. Déjà deux autres préfets de Pompée étaient tombés en mon pouvoir. Ils ont été renvoyés par moi. S'ils veulent me prouver leur reconnaissance, ils exhorteront Pompée à être plutôt mon ami que l'ami de mes ennemis, de ceux dont les intrigues sont cause que la République est arrivée à l'état où nous la voyons. »

Maintenant, qu'a fait César à Corfinium, qui lui avait valu l'approbation d'Oppius et de Balbus?

César faisait le siège de Corfinium. Comme il était arrivé déjà, comme il devait arriver encore, les habitants avaient livré la ville; mais, en la lui livrant, ils lui avaient livré les hommes de Pompée : Lentulus, — non pas ce Lentulus, qui s'était sauvé si vite, qu'il avait oublié de fermer les portes du trésor, non : celui-ci, c'est Lentulus Spincer, un ami de Cicéron; Cicéron en parlera tout à l'heure dans une lettre à César ; — Domitius Ahénobarbus, un aïeul de Néron, Vitellius Rufus, Quintilius Varus, Lucius Rubius et beaucoup d'autres.

Tous ces gens-là s'attendaient à la mort; ils s'y attendaient si bien, que Domitius avait demandé du poison et l'avait avalé. Par bonheur, celui auquel il s'était adressé, comptant sur la clémence de César, n'avait donné à Domitius qu'une boisson inoffensive. — N'oublions pas ce Domitius : tout pardonné qu'il est, il restera un des grands ennemis de César.

En supposant César fidèle aux traditions de la guerre civile, ils n'en devaient pas réchapper.

Marius et Sylla en avaient fait étrangler bon nombre qui certes l'avaient moins mérité qu'eux.

Que fit César ?

Un petit discours dans lequel il reproche à deux ou trois de ses amis d'avoir tourné leurs armes contre lui ; puis, après les avoir défendus des outrages des soldats, il les renvoie sains et saufs.

Bien plus, il fait rendre à Domitius cent mille philippes d'or qu'il avait mis en dépôt chez les magistrats, quoiqu'il sût bien que cet argent n'appartenait pas à Domitius, mais que c'était de l'argent du trésor qu'on avait donné à celui-ci pour payer les soldats qui devaient marcher contre lui, César.

Voilà ce qu'il avait fait à Corfinium, et ce dont le louaient Oppius et Balbus, qu'il chargeait de ramener à lui Cicéron.

Et, en effet, Balbus écrit à Cicéron, lui fait passer la lettre de César, le rassure, et Cicéron s'écrie qu'il connaît César, que César est la douceur même, et qu'il ne l'a jamais cru capable de verser le sang.

Alors, César écrit à Cicéron lui-même :

César, imperator, à Cicéron, imperator, salut !

« Tu ne te trompais point et tu me connaissais parfaitement. Rien n'est plus loin de moi que la cruauté. Je suis heureux et fier, je l'avoue, que tu aies cette opinion de moi. Des gens que j'ai renvoyés sains et saufs vont, dit-on, profiter de la liberté que je leur ai rendue pour prendre les armes contre moi. Soit! qu'ils fassent ainsi : je resterai moi, qu'ils soient eux. Mais fais une chose : que je te trouve le plus tôt possible à Rome, afin que je puisse, comme j'y suis accoutumé, recourir à tes conseils et user de toi en toute chose. Rien ne m'est plus cher que ton cher Dolabella, sois-en convaincu. Je lui devrai une nouvelle grâce, celle de t'avoir près de moi. Son humanité, son bon sens, sa tendresse pour moi m'en répondent. »

On avait de grands préjugés contre César.

Le parti contre lequel il marchait s'appelait le parti des honnêtes gens. César résolut d'être plus honnête que les honnêtes gens.

L'aristocratie, qu'il combattait, suivait la vieille loi, la loi des Euménides, comme dit Eschyle, la loi de la vengeance. Lui, proclama une loi nouvelle, la loi de Minerve, la loi de l'humanité.

Fut-ce un instinct de cette âme, « à laquelle, dit Suétone, la haine était inconnue, et qui, lorsqu'elle se vengeait se vengeait très-doucement? » Fut-ce un calcul? Calcul sublime dans tous les cas, qui comprit qu'après les tueries de Sylla et les boucheries de Marius, il y avait à remporter une victoire d'étonnement en se faisant miséricordieux.

Nous avons dit comment fuyaient les habitants et même les villes; mais c'étaient les habitants des villes assez éloignées pour qu'ils eussent le temps de fuir. César faisait une telle diligence, que les villes les plus proches le virent arriver aussitôt que la nouvelle de sa venue.

Pour celles-là, il n'y eut donc pas moyen de fuir. Il fallut rester, attendre le pillage, l'incendie, la mort.

César passa, ne pilla point, ne brûla point, ne tua point.

Cela était si nouveau, que les gens a qui il n'avait fait aucun mal restèrent tout ébahis. C'était cependant bien là ce neveu de Marius, ce complice de Catilina, cet incitateur de Clodius. Pas de pillage! pas d'incendie! pas de supplice! lorsque Pompée, au contraire, l'homme de l'ordre, de la morale, de la loi, proclame son ennemi quiconque ne le suit pas, et ne promet que proscriptions, verges et gibet.

Ce ne sont point ses ennemis qui le rapportent ; sans cela, je serais le premier à vous dire : Ne croyez pas le mal qu'on impute au vaincu, dans les guerres civiles surtout. — Non, c'est Cicéron.

Voyez plutôt; voici un échantillon de ce qu'il nous dit des projets de Pompée :

« Vous n'imaginez pas (c'est à Atticus qu'il écrit), vous n'imaginez pas à quel point notre cher Cnéius tient à être un second Sylla. J'en parle savamment; il ne s'en est, d'ailleurs, jamais beaucoup caché.

» — Eh quoi ! me direz-vous, vous savez cela et vous restez où vous êtes?

» Eh! bons dieux ! je reste non pas par sympathie, sachez-le bien, mais par reconnaissance.

» Vous ne trouvez donc pas la cause bonne ? allez-vous dire.

» — Excellente, au contraire; mais souvenez-vous qu'on la soutiendra par d'exécrables moyens.

» Leur dessein est d'abord d'affamer Rome et l'Italie, puis de dévaster et de brûler tout, et, je vous en réponds, ils ne se feront pas un scrupule de dépouiller les riches!... »

Or, comme le dit Cicéron, il savait cela, lui ; d'autres le savaient aussi, tout le monde le savait ; ce ramassis de nobles ruinés le criait tout haut

D'ailleurs, pourquoi en douterait-on ? Pompée n'est-il pas l'élève de Sylla ?

Aussi, dès que les banquiers, les usuriers, les gens à argent croient qu'on leur laisse leurs belles petites villas et leurs chers petits écus, se réconcilient-ils avec le chef des gueux.

Les gens cessent de fuir, les portes s'ouvrent : on le regarde passer d'abord, puis on vient au-devant de lui, puis on se précipite à sa rencontre.

Rappelez-vous le retour de l'île d'Elbe ; cette marche de César y ressemble énormément.

Aussi, Cicéron écrit-il à Atticus :

« Pas un pouce de terrain en Italie dont il ne soit le maître. De Pompée, pas un mot ; mais, s'il n'est en mer en ce moment, tout passage doit lui être fermé.

» Du côté de César, ô célérité incroyable ! tandis que du nôtre...

» Mais e répugne à accuser celui dont les dangers font mon désespoir et mon supplice. »

Or, si Cicéron, après ce que nous avons lu, n'accuse pas Pompée, que diront ceux qui l'accusent ?

LV

Cependant, au milieu de tout cela, que devient Pompée ? que devient l'homme qui a refusé toute condition de paix ? que devient le vaniteux imperator qui n'avait, disait-il, qu'à frapper du pied pour faire sortir de terre des légions de cavalerie et d'infanterie?

Ce que devient Pompée, personne n'en sait rien. Pompée a disparu, on le cherche : dix millions de sesterces à qui retrouvera Pompée perdu.

Il y a un homme qui doit savoir où est Pompée.

C'est Cicéron.

Voyons, Cicéron, où est Pompée ? Vous en écrivez à Atticus en février, l'an 705 de Rome, quarante-huit ans avant Jésus-Christ. Qu'en dites-vous ?

« Il ne manque plus à notre ami, pour achever de se déshonorer, que de laisser Domitius à lui-même. On croit généralement qu'il arrivera à son secours. Moi, j'en doute.

» — Quoi donc ! direz-vous, il abandonnerait Domitius, un homme de cette importance, lui qui a trente cohortes à sa disposition ?

» Eh ! oui ; il l'abandonnera, mon cher Atticus, ou je me trompe fort. Sa peur est incroyable. Il ne songe qu'à fuir !... »

C'est écrit : *Nihil spectat nisi fugam !*

« Et voilà l'homme à qui, selon vous, je dois associer mon sort. Je sais que c'est votre pensée. Eh bien, moi, je vois de qui je dois m'éloigner ; par malheur, je ne vois pas qui je dois suivre.

» J'ai prononcé, prétendez-vous, une mémorable parole quand j'ai dit que je préférais être vaincu avec Pompée que de vaincre avec les autres.

» Oui, mais avec le Pompée d'alors, avec le Pompée tel

qu'il me paraissait du moins, non pas avec le Pompée qui fuit sans savoir pourquoi ni comment, qui a livré ce que nous possédions, qui a abandonné la patrie, et qui est prêt à abandonner l'Italie. L'ai-je dit? Eh bien, tant pis! c'est chose faite. Je suis vaincu.

» Au reste, je ne m'habituerai jamais à voir des choses que je n'aurais jamais crues possibles, ni à suivre un homme qui m'a enlevé aux miens et à moi-même.

» Adieu! je vous manderai exactement ce qui suivra. »

Voulez-vous savoir ce qui suit? Lisez:

« Pompée est retrouvé.

» O honte! ô malheur! car il n'y a de malheur, selon moi, que dans la honte; il s'était plu à grandir César, et voilà que, tout à coup, il se met à le craindre et ne veut à aucun prix la paix.

» Mais, il faut le dire en même temps, il ne fait absolument rien pour la guerre.

» Le voilà hors de Rome: i perd le Picénum par sa faute, il se laisse acculer dans l'Apulie, il va passer en Grèce; et pas un mot d'adieu à qui que ce soit, pas une parole sur une résolution si grave et si étrange.

» Mais voilà que Domitius lui écrit.

» Il adresse alors une lettre aux consuls: il semble que le sentiment de l'honneur se réveille en lui.

» Vous croyez que le héros, revenu à lui-même, va s'écrier:

» — Je sais ce qu'exigent le devoir et l'honneur. Que m'importent les dangers, la justice est pour moi!

» Bah! adieu l'honneur! le héros est en route, il se sauve, il court du côté de Brindes. On assure que, là-dessus, Domitius a fait sa soumission pour lui et tout ce qui est avec lui.

» Oh ! chose lugubre ! Je ferme ma lettre : la douleur m'empêche de continuer. J'attends de vos nouvelles. »

Pompée est retrouvé, comme vous voyez ; il fuit vers Brindes.

Oh ! il y est bien, à Brindes, c'est-à-dire à la pointe extrême de l'Italie. Tenez, il écrit de là à Cicéron :

Cnéius le Grand, proconsul, à Cicéron, imperator!

« J'ai reçu votre lettre ; si votre santé est bonne, je vous en félicite. J'ai reconnu, dans ce que vous me dites, votre vieux dévouement à la République. Les consuls ont rejoint l'armée que j'avais dans l'Apulie ; je vous conjure, par cet admirable patriotisme qui ne s'est jamais démenti, de venir nous joindre, afin de délibérer en commun sur les meilleures mesures à prendre dans la situation affligeante de la République.

» Prenez la voie Appia, et arrivez à Brindes le plus tôt possible. »

Et il continue de s'appeler Cnéius le Grand !

Je vous le disais bien, chers lecteurs, qu'on vous avait surfait Pompée.

Il va sans dire que Cicéron n'est pas le seul qui pense et qui dise que Pompée est un sot et un lâche.

Pompée un lâche ! quelle étrange association de mots ! mais, que voulez-vous ! je me suis engagé à vous donner les grands hommes en robe de chambre, et il en est des grand hommes comme des civets de lièvre : pour vous faire un grand homme, il me faut un grand homme.

Voyons, c'est Célius, cette fois, qui écrit à Cicéron :

« En vérité, as-tu jamais vu, dis-moi, un homme plus stupide que ton Cnéius Pompée? Causer un si grand bruit, un si profond ébranlement pour ne faire que des sottises !

» Et notre César, au contraire, quelle puissance d'action, mon cher, et surtout quelle modération dans la victoire ! As-tu jamais lu ou entendu raconter rien d'égal ? Qu'en dis-tu ? que te semble aussi de nos soldats, hein ? de nos soldats qui, dans des lieux inaccessibles, glacés par un hiver effroyable, vous font une campagne comme ils vous feraient une promenade ! Par Jupiter ! quels mangeurs de pommes !

» Comme vous vous moqueriez de moi si vous saviez ce qui m'inquiète, au fond, dans toute cette gloire dont il ne me revient rien ! Je ne puis vous dire cela que de vive voix. Tout ce que je sais, c'est que son intention est de m'appeler à Rome aussitôt qu'il aura chassé Pompée de l'Italie. Au reste, je pense qu'à l'heure qu'il est, la chose est faite, à moins que Pompée n'aime mieux se faire assiéger dans Brindes.

» Salut à votre fils Cicéron ! »

De son côté, César récrit à Cicéron. D'où? La lettre n'est pas datée. César sait-il bien lui-même où il est ? Il avance aussi vite que Pompée fuit.

« Le temps me presse ; nous sommes en marche et les légions ont pris les devants. Je ne veux cependant pas laisser partir Furnius sans vous envoyer un mot de gratitude. Ce que je vous demande instamment, ce que je vous demande en grâce, c'est de vous rendre à Rome. J'y serai bientôt, je l'espère. Puissé-je vous y voir et profiter de votre crédit, de vos lumières, de votre position, de tout ce que vous pouvez enfin !

» Je finis comme j'ai commencé : le temps vole ; pardonnez-moi de ne vous écrire que ce mot. Furnius vous dira le reste. »

Ainsi tout le monde veut Cicéron. Pompée le tire du côté de Brindes, César l'appelle du côté de Rome. Auquel entendra-t-il ? Oh ! s'il osait, comme il lâcherait Pompée et courrait à César !

— Oh ! si je n'étais engagé, dit-il ; mais j'ai de telles obligations à Pompée, que je ne puis supporter même l'ombre de l'ingratitude.

Il répond à César :

Cicéron, imperator, à César, imperator, salut!

« J'ai lu la lettre dont tu as chargé pour moi notre Furnius et où tu m'engages à revenir à Rome.

» Tu parles de profiter de mes lumières et de ma position.

» Mais tu ajoutes : de mon crédit et de tout ce que je puis.

» Ici, c'est autre chose, et je me demande quel sens tu attaches à ces paroles.

» Naturellement, je pense que ta haute sagesse ne peut t'inspirer que des sentiments de paix, de repos et de concorde, pour tes concitoyens.

» S'il en est ainsi, César, tu as raison de penser à moi, et je suis l'homme qu'il te faut, par position et par nature.

» Si donc mes pressentiments ne me trompent point, si tu éprouves quelque bienveillance pour Pompée, si tu as quelque désir de le voir revenir à toi et à la République, tu ne trouveras nulle part un meilleur agent que moi, qui jamais ne lui ai donné que de bons conseils à toutes les époques, ainsi qu'au sénat, quand je l'ai pu ; que moi, qui, la guerre déclarée, n'y ai pris aucune part active ; et je ne me suis point borné à une simple manifestation de mon opinion sur ce point, mais me suis appliqué à la faire partager aux autres.

» Aujourd'hui, je te l'avoue, César, je ne puis voir avec indifférence l'abaissement de Pompée ; car, depuis quelques années, j'ai fait de toi et de lui mes idoles, et je vous ai voué, à lui et à toi, une amitié profonde.

» Je t'en prie donc, César, je t'en conjure à genoux, dérobe un instant aux soins qui t'occupent, avise à ce qu'il me soit permis de me montrer loyal, reconnaissant, fidèle, enfin, au souvenir des plus grands services qu'un homme ait jamais reçus. Ménage donc le seul homme qui puisse servir de médiateur entre toi et lui, entre vous deux et nos concitoyens.

» Je t'ai déjà remercié d'avoir conservé la vie de Lentulus, d'avoir fait pour lui ce qu'il avait fait pour moi. Mais, depuis la lettre qu'il m'a écrite dans l'effusion de sa gratitude, il me semble que je partage avec lui le bienfait.

» Si telle est ma reconnaissance en ce qui touche Lentulus, fais, je t'en supplie, que je puisse t'en avoir une pareille à l'égard de Pompée. »

Allons, vous voyez qu'il y a du bon dans Cicéron. Mais tout cela n'aboutira à rien.

— Viens comme médiateur, dit César.

— Aurai-je mes coudées franches ? demande Cicéron.

— Je ne prétends pas te dicter ton rôle, répond César.

— Je te préviens que, si je vais à Rome, insiste Cicéron, je pousserai le sénat à t'empêcher de passer en Espagne, et de porter la guerre en Grèce. Je te préviens, en outre, qu'à chaque instant je récriminerai en faveur de Pompée.

— Alors, ne viens pas, réplique César.

Et, en effet, Cicéron reste à Formies, — jusqu'à nouvel ordre du moins.

Mais, à Formies, Cicéron est très-inquiet, car il reçoit un billet de Balbus.

Ne vous semble-t-il pas une Fronde antique, plus sérieuse que celle du XVIIe siècle, avec tous ses petits billets du matin ; seulement, au lieu d'être de M. de la Rochefoucauld et du cardinal de Retz, ils sont de Pompée et de César.

Cicéron reçoit donc ce petit mot :

Balbus à Cicéron, imperator, salut!

« J'ai reçu de César une toute petite lettre dont je t'envoie copie ; par sa brièveté, tu jugeras si son temps est pris, puisqu'il m'écrit si laconiquement sur des choses d'une telle importance.

» S'il arrive quelque chose de nouveau, je te l'écrirai à l'instant même.

César à Oppius et à Cornélius Balbus.

« Je suis arrivé dans Brindes à la pointe du jour, le
» 7 des ides de mars, et j'ai fait mes dispositions. Pompée
» est à Brindes ; il m'a envoyé M. Magius pour me parler

» de paix. J'ai répondu ce que vous allez voir ; je n'ai
» pas voulu mettre un instant de retard à vous prévenir ;
» dès que j'en reviendrai à l'espoir d'un arrangement, je
» vous en aviserai. »

» Maintenant, mon cher Cicéron, comprends-tu mes angoisses ! c'est la seconde fois qu'on me donne l'espoir de la paix et que je tremble de voir évanouir cet espoir ; absent par malheur, je ne puis que faire des vœux, et j'en fais de bien sincères ; si j'étais là, peut-être y pourrais-je quelque chose ; et, maintenant, je suis sur la croix de l'attente. »

Voilà tout le dessous des cartes ; passons au dessus. César a marché avec sa célérité ordinaire. Après avoir pris Corfinium, notre San-Perino moderne, que plusieurs historiens confondent à tort avec Corfou (Corcyra) ; après avoir rassuré sur leur existence, qu'ils croyaient singulièrement compromise, Domitius et Lentulus Spincer, il a suivi les bords de la mer Adriatique.

César, qui fait la guerre des Gaules, n'a de barques que celles avec lesquelles il a abordé en Angleterre, et il n'a pas eu le temps de leur faire franchir le détroit de Cadix et de les amener dans l'Adriatique.

César, disons-nous, a suivi les bords de la mer, et est arrivé à Brindes.

Il s'était fait précéder de Magius, intendant des maisons de Pompée, qu'il avait surpris en route et renvoyé à son maître.

Magius avait mission de dire à Pompée :

— César arrive : il dit qu'il est dans l'intérêt de la République que vous ayez une entrevue, mais seuls, sans témoins ; de loin et par intermédiaire, rien ne s'arrangera.

C'est à cette entrevue demandée par lui que fait allusion César quand il écrit à Balbus : « Il m'a envoyé Magius pour parler de paix. »

César avait avec lui six légions, dont deux complétement créées en route ; six légions, c'est-à-dire quarante mille hommes, à peu près. On voit que ses cinq mille fantassins et ses trois cents cavaliers avaient fait boule de neige.

Napoléon, lui aussi, part de l'île d'Elbe avec cinq cents hommes, la dixième partie de ce qui suivait César ; lui aussi est traité de brigand par les Lentulus de l'époque, lui aussi, enfin, arrive aux Tuileries avec une armée !

Alors, le siége commence, un de ces siéges gigantesques tels qu'en faisait César ; quelque chose comme le siége de la Rochelle en 1628, par le cardinal de Richelieu.

Écoutez bien ceci :

César se décide à fermer le port de Brindes. Il fait commencer une digue à son entrée la plus étroite ; mais, la profondeur de l'eau l'empêchant de continuer, il construit des radeaux de trente pieds carrés ; avec ces radeaux, qu'il rattachera à ses ouvrages de maçonnerie déjà commencés, il fermera le port. Afin qu'ils ne soient pas ébranlés par le choc des vagues, il les assujettit, aux quatre coins, avec des ancres ; puis, pour défendre ceux-ci, il en fait faire un second rang pareil au premier. Il les couvre de terre et de fascines pour aller et venir dessus plus à l'aise ; il les arme de parapets et de claies en flanc et sur le devant ; enfin, il y dresse des tours à deux étages, afin de les garantir du choc des vaisseaux et du feu.

A cela, Pompée oppose les gros bâtiments de charge qu'il a saisis dans le port, fait dresser sur ces bâtiments des tours à triple étage, qu'il remplit de machines et de toute sorte de dards; puis il les lance contre les radeaux pour les couler.

Alors, les géants luttent corps à corps, et tous les jours la lutte recommence.

Cependant, jusqu'au bout, César veut mettre les procédés de son côté.

Il envoie à Pompée un de ses lieutenants, Caninus Rébilus.

Rébilus est chargé de demander, de la part de César, une entrevue à Pompée. — Pompée aura tous les honneurs de l'entrevue, César en donne sa parole.

Pompée répond qu'il ne peut rien faire en l'absence des consuls.

En effet, les consuls sont à Dyrrachium.

C'était un échappatoire, César l'a bien compris.

Il continue son siége.

Au bout de neuf jours, les vaisseaux qui avaient transporté les consuls et une partie de l'armée à Dyrrachium, rentrent à Brindes, sans armée et sans consuls, bien entendu.

Ils reviennent chercher Pompée et ses vingt cohortes.

Pompée, alors, se prépare à la fuite.

Il fait barricader les portes de la ville, les avenues des places et des carrefours ; il fait barrer les rues par d'énormes fosses, et garnir de pieux le fond de ces fossés; puis il couvre le tout de claies, sur lesquelles il sème de la terre et du sable : ce sont autant de trappes où tomberont les soldats de César.

Enfin, une nuit, après avoir disposé ses archers le long

des murailles, il embarque sans bruit ses soldats, laisse des barques pour emporter les archers à leur tour, et, à minuit, il met à la voile, force le passage, et part, laissant seulement deux vaisseaux chargés de soldats échoués contre la digue.

Mais à peine Pompée et ses hommes sont-ils partis, à peine les archers qui gardent les murailles sont-ils embarqués, que, du haut de leurs maisons, les habitants de Brindes appellent à grands cris César et font signe à ses soldats de venir.

César comprend tout, accourt aux portes, que les habitants démolissent en dedans, tandis que ses soldats les enfoncent du dehors. Il va se précipiter à travers les rues à la poursuite de Pompée, mais les habitants le préviennent des pièges dressés dans les rues.

Il prend alors un grand détour, c'est-à-dire tourne la ville, arrive aux digues, les trouve fermées, et, au loin, voit la mer couverte de vaisseaux qui fuient.

C'était le soixantième jour depuis qu'il avait passé le Rubicon.

Alors, il reste un instant pensif.

Tentera-t-il de poursuivre Pompée?

C'est impossible : César n'a pas un vaisseau. D'ailleurs, la force de Pompée n'est pas là : la force de Pompée est en Espagne, où sont ses meilleures troupes. L'Espagne, c'est la citadelle de Pompée.

César dit alors un de ces mots comme en disent les hommes de génie, et qui résument toute une situation :

— Allons combattre une armée sans général, et nous reviendrons combattre un général sans armée.

Quelques jours après l'entrée de César à Brindes, Cicéron reçoit cette lettre :

Mœlius et Trébatius, à Cicéron, imperator, salut!

« Comme nous sortions de Capoue, nous apprenons en chemin que Pompée s'est embarqué le 16 des calendes d'avril avec toutes ses troupes.

» César est entré le lendemain dans la ville; il a fait un discours au peuple et est reparti à l'instant même pour Rome. Il peut y être avant les calendes, et ne compte y séjourner que peu de temps; de là, il partira pour l'Espagne. Nous croyons bien faire en vous avertissant de l'arrivée de César, et, à cet effet, nous vous renvoyons vos esclaves.

» Nous apprenons à l'instant que César couchera le 8 des calendes d'avril à Bénévent, et, le 6, à Simiesse.

» Nous tenons la chose pour certaine. »

César, en effet, suit le chemin indiqué et rentre à Rome.

A Rome, tout est calme; si calme, dit Cicéron, que les honnêtes gens s'étaient *remis à faire l'usure.*

Grande preuve de calme, en effet!

Comme Napoléon traversait la France en arrivant de Cannes à Paris sans tirer un coup de fusil, César avait traversé toute l'Italie, de Ravennes à Brindes et de Brindes à Rome, sans verser une goutte de sang.

Comparez maintenant à cette rentrée dans Rome les rentrées de Marius et de Sylla.

A cette heure, une nouvelle ère va commencer pour César; l'ère que vient de traverser malheureusement Pompée, celle dans laquelle les hommes donnent la véritable mesure de leur grandeur : l'ère de la dictature!

LVI

En arrivant à Rome, le premier soin de César fut de donner ordre au sénat de se réunir.

Le sénat se réunit.

César y apparut, non pas comme Louis XIV au parlement, un fouet à la main, mais calme, sans humilité comme sans orgueil.

Il avait cantonné ses troupes dans les environs, et était entré presque seul à Rome.

Il n'avait donc pas les allures d'un dictateur; il n'avait pas non plus la tenue d'un suppliant : il avait l'aspect d'un homme sûr de son droit.

Moralement, il avait fait son 18 brumaire.

Il représenta aux sénateurs qu'il n'avait jamais aspiré à aucune charge dont la porte ne fût ouverte à un citoyen romain; qu'il avait attendu le temps prescrit par les lois pour briguer un nouveau consulat; que, malgré l'opposition de ses ennemis et les criailleries de Caton, le peuple avait décidé qu'il le pourrait consulter, quoique absent.

Il parla de sa modération, de sa patience; il demanda qu'on se souvînt qu'il avait offert de licencier ses troupes si Pompée en faisait autant; il démontra l'injustice de ses ennemis, qui voulaient lui imposer, à lui, les lois qu'ils ne reconnaissaient pas pour eux-mêmes; il les accusa d'avoir préféré mettre l'Italie à feu et à sang plutôt que souffrir la moindre diminution de leur autorité; il leur reprocha ses deux légions enlevées. Il rappela la violence dont on avait usé envers les tribuns, et qui avait été telle, que Marc Antoine et Quintus Cassius s'étaient vus obligés de quitter Rome en habits d'esclave et de se venir mettre sous sa protection ; il rappela son insistance auprès de Pompée, pour en obtenir une entrevue, et tout régler à l'amiable et sans effusion de sang. Il pria, par toutes ces considérations, le sénat de prendre, avec lui, soin de la République ; il ajouta, cependant, que, si le sénat lui refusait son concours, il prendrait soin de la République tout seul, pensant qu'il lui serait plus facile de se passer du sénat, qu'au sénat de se passer de lui, c'est-à-dire que, sous une apparente modération, il se déclarait complètement le maître.

Toutefois, il proposa d'envoyer vers Pompée une députation qui lui offrirait un nouvel accommodement.

Le discours de César fut fort approuvé et même fort applaudi.

Mais, lorsqu'il s'agit de nommer une ambassade, personne n'en voulut faire partie.

Pompée avait dit tout haut dans le sénat :

— Je ne fais point de différence entre ceux qui demeurent dans Rome et ceux qui suivent le parti de César.

César avait été moins exclusif : il avait déclaré qu'il tenait pour son ami quiconque ne lui faisait pas la guerre.

Trois jours se passèrent en pourparlers et sans qu'on aboutît à rien.

Le troisième jour, César renonça à sa proposition. Peut-être fut-il bien aise de n'avoir pu décider tous ces trembleurs.

Pendant ce temps, la douceur de César, — douceur à laquelle on cherchait un motif politique, et dont on écartait la seule et véritable cause, à savoir qu'elle était dans son caractère, — pendant ce temps, disons-nous, la douceur de César, inaccoutumée, inconnue, inouïe, en pareille circonstance, rendait le courage à ses ennemis.

Il en résulta qu'au moment de son départ pour l'Espagne, quand il voulut prendre dans le trésor de l'État l'argent dont il avait besoin pour se mettre en campagne, le tribun Métellus s'y opposa.

— Et pourquoi cela? demanda César.
— Parce que les lois le défendent, répondit Métellus.
César haussa les épaules.
— Tribun, lui dit-il, tu devrais savoir que le temps des armes n'est pas celui des lois. Si tu souffres avec peine les choses que je vais faire, ôte-toi de mon passage; la guerre n'admet pas cette liberté de parole. Quand j'aurai déposé les armes, quand une convention sera faite, tu pourras alors discourir tout à ton aise. Je te dis cela par bonté, tribun, comprends-tu bien? car je suis ici par le droit du plus fort; car, toi et tous ceux qui êtes ici, vous êtes à moi, vous m'appartenez; je puis faire de vous ce que je veux, puisque, au bout du compte, vous êtes mes prisonniers.

Et, comme Métellus voulait élever la voix:
— Prends garde, lui dit César, car il me serait moins difficile de te faire tuer que de te dire que je vais le faire.

Métellus n'en voulut pas entendre davantage; il se retira.

César entra dans le temple de Saturne, trouva le trésor ouvert, — on se rappelle que le consul Lentulus avait fui si vite, qu'il n'avait pas eu le temps de le fermer, — et il y prit, sans difficulté, tout l'argent dont il avait besoin pour faire la guerre: Suétone dit trois mille livres d'or.

Sur le point de partir pour l'Espagne et d'y combattre

Afranius, Pétréius et Varon, les trois lieutenants de Pompée, il jeta un dernier regard autour de lui.

Voici ce qu'il vit :

Cotta tenait la Sardaigne; Caton, la Sicile; Tubéron, l'Afrique.

Il donna l'ordre à Valérius de s'emparer de la Sardaigne avec une légion; à Curion, de passer en Sicile avec deux légions, et, dès qu'il aurait reconquis la Sicile, d'aller l'attendre en Afrique.

Pompée était à Dyrrachium.

Disons tout de suite que Dyrrachium, c'est Durazzo.

Là, il rassemblait une armée et une flotte. — Plus tard, nous énumérerons cette flotte et dénombrerons cette armée.

Valérius partit pour la Sardaigne.

Avant même qu'il fût embarqué, les Sardes avaient chassé Cotta.

Celui-ci se sauva en Afrique.

Quant à Caton, il était à Syracuse.

Là, il apprend qu'Asinius Pollion — un des lieutenants de César — vient d'arriver à Messine.

Asinius Pollion commandait l'avant-garde de Curion.

Caton, qui ne savait encore rien de positif sur les événements de Brindes, lui envoie demander des explications sur la situation des affaires.

Asinius Pollion lui apprend alors que Pompée est complétement abandonné et qu'il est campé à Dyrrachium.

— Que les voies de la Providence divine sont obscures et impénétrables! s'écrie Caton. Lorsque Pompée ne mettait dans sa conduite ni raison ni justice, il a toujours été invincible, et, aujourd'hui qu'il veut sauver sa patrie et qu'il combat pour la liberté, le succès l'abandonne!

Puis, se recueillant en lui-même :

— J'ai assez de soldats, dit-il, pour chasser Asinius de la Sicile : mais il attend une armée plus nombreuse que celle qu'il a déjà ; je ne veux pas ruiner l'île en attirant la guerre dans son sein.

Qu'on nous pardonne cette pompe de langage : toutes les fois que nous citons Plutarque, nous citons un Grec, et un Grec de la décadence.

Revenons à Caton.

Il conseilla aux Syracusains d'embrasser le parti du plus fort, et prit la mer pour aller rejoindre Pompée à Dyrrachium.

Quant à Cicéron, il était toujours en Italie. Il avait toutes les peines du monde à faire son choix : il ne revenait pas à Rome trouver César, il n'allait pas à Dyrrachium joindre Pompée.

Cependant, il était à Cumes, tout prêt à s'embarquer. Il ne s'embarquait pas, disait-il, parce que le vent était mauvais.

Il reçut le même jour ce deux lettres, probablement le 1er mai ; l'une d'Antoine ; — on sait les motifs de haine qui existaient entre Antoine et Cicéron ; — l'autre de César.

Voici la première :

Antoine, tribun du peuple et propréteur, à Cicéron, imperator, salut!

« Si je ne t'aimais, et beaucoup plus que tu ne veux croire, je ne m'occuperais pas d'un bruit qui court ici, et que je crois parfaitement faux. Mais plus je te suis attaché, plus j'ai le droit de m'occuper d'une rumeur, fût-elle sans fondement.

» Tu vas passer la mer, toi à qui ton Dolabella et ta Tullie sont si chers, toi qui nous es si cher à tous, que, par Hercule! je te le jure, ton honneur et ta considération nous touchent comme toi-même.

» Je tiens à te convaincre que, César excepté, il n'y a personne pour qui j'aie plus d'affection que pour toi, et qu'il n'est personne, à ma connaissance, sur le dévouement de qui César compte plus que sur le tien.

» Je t'en supplie donc, mon cher Cicéron, ne t'engage dans aucune démarche qui te lie; garde-toi de qui a déjà été si ingrat envers toi, et ne va pas, pour suivre cet ingrat, fuir comme un ennemi l'homme qui, ne t'aimât-il point, voudrait encore, si grand est le cas qu'il fait de toi, te voir puissant et honoré.

» Je t'envoie cette lettre par Calpurnius, mon ami particulier, afin que tu saches à quel point j'ai à cœur tout ce qui se rapporte à ton salut et à ta gloire! »

Le même jour, nous l'avons dit, Cicéron recevait une seconde lettre de César, celle-là apportée par Philotime.

César, imperator, à Cicéron, imperator, salut!

« 17 avril.

» Il n'y a rien à craindre, n'est-ce pas? et tu n'es point homme à rien faire imprudemment; cependant, troublé par certains bruits, je juge à propos de t'écrire : Au nom de notre amitié, ne te rallie pas à une cause perdue! tu ne voulais pas de cette cause quand les chances étaient entières; refuser de te ranger du côté de la fortune, ce serait non-seulement outrager l'amitié, mais encore te faire tort à toi-même. Tout ne nous a-t-il pas réussi? tout ne leur a-t-il pas été contraire? Tu ne suivras pas une cause qui est la même que celle aux conseils de laquelle tu refuses de prendre part; il paraît que, sans m'en douter, j'ai commis quelque action bien condamnable, car rien de ce que tu pourrais faire contre moi ne sera plus grave que de faire quelque chose pour mon ennemi. Garde-toi donc de quitter l'Italie! j'en appelle à ton amitié; j'en ai le droit, il me semble. D'ailleurs, la neutralité n'est-elle pas, dans les circonstances où nous sommes, la situation qui convient à un homme de bien et de paix, à un bon citoyen? Quelques hommes qui pensent ainsi ont été jetés hors de la voie par un sentiment de crainte et de doute sur moi-même; mais toi, toi qui sais ma vie entière, qui peux en interroger toutes les actions, qui connais mon amitié, dis, que peux-tu faire de mieux que de t'abstenir? En marche pour Rome! »

Toutes ces instances échouèrent : Cicéron partait de Cumes vers le commencement de juin, et, le 11, il écrivait du port de Gaete à sa femme Terentia qu'un grand vomissement de bile venait de mettre fin à cette indisposition qui le clouait à terre, et qu'en femme pieuse et fervente qu'elle était, il la priait d'offrir un sacrifice à Apollon et à Esculape.

Quelle peur il avait de se compromettre, ce pauvre Cicéron! même avec les dieux, puisqu'il ne séparait pas plus Apollon d'Esculape qu'il ne séparait César de Pompée.

Les premières nouvelles que l'on a de lui après cette lettre sont de l'Epire, en date du mois de février de l'an 706 de Rome, quarante-sept ans avant Jésus-Christ Cicéron entrait dans sa soixantième année.

LVII

Suivons César en Espagne; — soyez tranquille, un ou deux chapitres nous suffiront pour toute cette guerre; il est vrai que la campagne ne fut pas longue : elle dura six semaines, je crois.

César commença par passer les Alpes.

Ce même Domitius Ahénobarbus, qui voulut s'empoisonner à Corfinium, à qui lui, César, avait donné la vie et qu'il avait laissé libre de ses actions, s'était empressé d'aller rejoindre Pompée, comme César l'avait prévu dans sa lettre à Cicéron; puis il avait réuni sept brigantins, les avait chargés d'hommes à lui, ramassés sur ses terres, et s'était jeté avec eux dans Marseille.

De son côté, Pompée, avant de quitter Rome, avait renvoyé à leurs familles quelques jeunes Marseillais qui, sous son patronage, étaient venus achever leur éducation à Rome, et les avait chargés de dire à leurs parents qu'il les priait de se souvenir des obligations qu'ils lui avaient et de ne point préférer les nouvelles faveurs aux anciennes.

Cette double circonstance avait fait de Marseille une ville hostile à César; Marseille, en conséquence, avait fait rentrer dans ses murs quelques montagnards des environs, avait fait des magasins de blé tiré de la campagne et des forteresses voisines, avait établi des ateliers pour forger les armes, radouber les navires, rétablir les brèches et les murailles, et, enfin, avait fermé ses portes à César.

César n'avait pas le temps de faire des sièges.

Il appelle près de lui les quinze principaux habitants de la ville, les conjure de ne pas être les premiers à lui déclarer la guerre, les exhorte à suivre l'exemple de l'Italie, qui non-seulement s'est soumise, mais encore est venue à lui. Il attendra leur réponse.

Ils reviennent dire que Marseille a appris que l'Italie était séparée en deux grandes factions : celle de César et celle de Pompée, et que Marseille, ville grecque, demande à rester neutre.

Or, comme ce n'était pas rester neutre que de recevoir dans ses murailles Domitius et ses hommes, César dresse ses tours et ses mantelets, fait construire douze galères à Arles, lesquelles sont construites et équipées en trente jours; et, après les avoir amenées devant la place, donne le commandement du siége à Trebonius, et celui de la flotte à Décimus Brutus. — Ne pas confondre avec Marcus Brutus, son cousin : tous deux assassineront César; mais ce n'est pas une raison pour confondre un assassin avec l'autre. — Puis il envoie Fabius, avec trois légions qui hivernaient à Narbonne, afin de gagner le passage des Pyrénées que garde Afranius; ordonne aux autres légions de le rejoindre lui-même, et se jette sur les traces de son avant garde.

Les trois lieutenants de Pompée tenaient l'Espagne, ainsi divisée entre eux :

Afranius gouvernait l'Espagne citérieure; Pétréius, l'Estramadure et le Portugal; Varon, le reste, depuis la forêt de Cafione jusqu'à la Guadiana.

A l'approche de César, Pétréius et Afranius se réunirent; ils campèrent près de Lérida.

Ils avaient cinq légions, quatre-vingts cohortes d'infanterie, cinq mille chevaux.

Fabius, lieutenant de César, avait, de son côté, six légions et trois mille chevaux.

De plus, César tirait des Gaules, tout en marchant à l'ennemi, trois mille cavaliers et une foule de Gascons et de Basques, très-bons soldats, surtout pour la guerre qu'il allait faire.

Le bruit courait que Pompée venait par l'Afrique et qu'il serait incessamment en Espagne avec une armée. C'était dix fois probable ; le contraire paraissait même impossible.

Soit qu'il manquât de numéraire, comme on dit de nos jours, soit qu'il voulût lier les chefs de son armée à sa propre fortune, César réunit ses officiers, leur emprunta tout l'argent qui ne leur était pas absolument nécessaire pour leur dépense personnelle, et, avec cet argent, paya ses soldats.

César entrait en Espagne par Perpignan, Mont-Louis, Puycerda. — Nous nous servons des noms modernes afin d'être plus intelligible, et que l'on puisse nous suivre, si l'envie en prenait à nos lecteurs, sur la première carte venue.

Il trouva Fabius établi sur la Sègre (*Sicoris*). La Sègre prend sa source aux montagnes qui enclosent le val d'Andore, coule au sud-ouest, va se mêler, à Balaguer, au rio Noguera, qui lui fait perdre son nom, continue sa route par Lérida, et va se jeter dans l'Èbre, à Menquinenza.

Fabius avait établi deux ponts sur la Sègre, à une lieue l'un de l'autre. Ces ponts servaient de passage aux fourrageurs, — le pays par lequel on venait de passer étant complétement ruiné.

Un des ponts se brise sous un convoi.

C'était deux jours avant l'arrivée de César.

Afranius et Pétréius, qui tenaient le cours de la rivière, reconnaissent l'accident en voyant la rivière charrier des débris : ils attaquent aussitôt les soldats de César.

Plancus, qui commandait le convoi, et qui, par la rupture du pont, se trouvait séparé du camp de Fabius, se retire sur une éminence et fait front des deux côtés.

Pendant le combat, on voit briller de loin les étendards de deux légions.

C'est Fabius qui vient au secours de Plancus.

Il a passé le second pont.

Afranius se retire.

Deux jours après, comme nous l'avons dit, César arrive avec une escorte de neuf cents chevaux.

Le pont avait été refait pendant la nuit de son arrivée; il s'achève sous ses yeux.

Le voilà arrivé, l'ennemi reconnaîtra sa présence à ses coups.

A deux mille ans de distance, c'est la tactique de Napoléon. On le croit à cent lieues : il arrive dans la nuit, il attaque le lendemain.

Il reconnaît les lieux, laisse six cohortes pour la garde du pont et du camp, et marche sur trois lignes à Afranius.

Afranius refuse le combat, et masse ses soldats sur une colline.

César campera au pied de cette colline.

Il passe la journée sous les armes, et, derrière la ligne de bataille qu'il présente, le reste de l'armée creuse un fossé que ne soupçonne même pas Afranius.

La nuit venue, il se retire au delà de ce retranchement. Le lendemain, il indique à trois légions les trois fossés qui restent à creuser; les légions se mettent à l'œuvre. Le soir, les trois fossés sont creusés.

Afranius a voulu les inquiéter dans leur travail ; mais, voyant César à moitié fortifié, il n'a pas osé quitter le bas de la montagne.

Quand le jour se lève, les fossés sont garnis de palissades.

César a un camp retranché, où il fait venir les bagages et les troupes restés dans l'autre.

Le lendemain, engagement entre César et Afranius. A la fin de la journée, chacun se vante de la victoire; ce qui arrive toujours quand personne n'a vaincu.

Deux jours après arrive un autre accident plus grave : les neiges fondent dans les Pyrénées; la Sègre déborde et entraîne les deux ponts de César.

Autant en arrivera à Napoléon dans l'île de Lobau, quelques jours avant Wagram.

Voilà César sans vivres et sans moyens de s'en procurer.

Quelque peu de blé qu'on achève de consommer; pas de bétail : tous les propriétaires de bestiaux ont conduit leurs troupeaux hors de la contrée. Le blé se vend quarante deniers le boisseau.

Joignez à cela les troupes légères espagnoles, accoutumées à passer le fleuve sur des outres, et qui, jour et nuit, harcèlent l'armée de César.

Quant à rebâtir les ponts, il n'y faut pas songer ; les eaux sont trop grosses, la rivière est trop rapide.

César est pris comme dans un piége. Pas un de ses soldats n'en échappera; on n'aura pas même besoin de les tuer : ils mourront de faim. La nouvelle en court jusqu'à Rome; de Rome, elle passe en Illyrie et en Grèce.

Il y a queue à la maison d'Afranius, à la villa Sacra; Afranius est le sauveur du monde! on envoie des messagers à Pompée, et beaucoup de sénateurs qui ont hésité jusque-là, se décident enfin, et prennent parti pour lui.

Seulement, on a compté sans le génie et l'activité de César.

César ordonne à ses soldats de faire de petits bateaux à l'imitation de ceux qu'ils ont vus en Angleterre.

Les soldats de César sont bons à tout; les voilà charpentiers.

Les fonds et les pièces principales de ces bateaux étaient de bois très-léger, le reste d'osier couvert de cuir; on les charge sur des chariots accouplés; puis, une belle nuit, on les traîne à cinq ou six lieues du camp.

Deux ou trois cents soldats passent, s'emparent d'une éminence et s'y fortifient.

Puis, pendant qu'ils défendent l'approche de la rivière, on fait passer une légion.

La légion passée, on dresse un pont qui est établi en deux jours, attendu qu'on y travaille des deux côtés, et que l'ennemi n'est plus là pour cribler de traits les travailleurs.

Après la légion, la cavalerie passe la Sègre et s'en va au galop surprendre l'ennemi au fourrage.

Puis arrive un convoi de vivres et de bagages, avec une escorte de six mille personnes de toute sorte : des archers de la Rouergue, de la cavalerie gauloise, des enfants de sénateurs et de chevaliers.

L'abondance rentre dans le camp de deux côtés à la fois.

Qui donc a dit que César était perdu ? On s'est trop pressé, là-bas, à Rome; et plus d'un qui avait déjà fait un pas vers Pompée, revient et fait deux pas vers César.

4.

LVIII

Sur ces entrefaites, arrive au camp la nouvelle d'une victoire navale.

On se rappelle les douze galères que César a fait construire à Arles; elles bloquent le port de Marseille, sous le commandement de Décimus Brutus.

Mais Domitius en a mis dix-sept en état, dont onze couvertes; plus, une quinzaine de barques.

On charge les barques d'archers et de montagnards.

La garnison monte en partie sur les galères, et l'on s'en vient droit et avec un bon vent attaquer les douze galères de César, à l'ancre près de l'île où est aujourd'hui le lazareth.

Par bonheur, les douze galères de César étaient chargées de soldats d'élite et d'officiers aguerris, qui s'étaient offerts volontairement à faire le siége.

Le combat fut long et acharné; les montagnards faisaient merveille.

Dans tous les pays du monde, les montagnards, — ces hommes rudes, accoutumés à gravir et à descendre les inégalités de l'écorce de la terre, — partout les montagnards sont d'excellents soldats. Voyez : Suisses, Tyroliens, Dalmates, Albanais, gens du Caucase, de l'Auvergne, des Pyrénées.

Il n'y avait pas jusqu'aux esclaves de Domitius, à qui leur maître avait promis leur liberté, qui ne combattissent comme des héros.

Le grand désavantage de la flotte de César, c'est que, bâtie avec du bois vert, elle était lourde et manœuvrait difficilement; d'autant plus difficilement qu'elle était montée non pas par des matelots, mais par des soldats qui ne connaissaient même pas les plus simples termes de marine.

Les vaisseaux ennemis, au contraire, étaient agiles comme des oiseaux de mer; ils étaient conduits par des pilotes habiles, manœuvrés par les premiers marins du monde; ils évitaient le choc des pesantes galères de César, tournaient autour d'elles, longeaient leurs flancs et brisaient, en passant, leurs rames.

Il est vrai que, de temps en temps, on en accrochait bien quelqu'une.

Alors, le combat devenait franc de part et d'autre.

Les montagnards phocéens, les esclaves de Domitius, tout cela rivalisait de courage avec les soldats de César.

Cependant, une fois accrochée, la galère ennemie pouvait se regarder comme prise, c'était une question de temps.

Les soldats de César sautaient dessus, combattaient corps à corps, et forçaient les équipages ennemis de se jeter à la mer.

Ils finirent donc par faire un grand carnage de l'armée opposante, lui prirent ou lui coulèrent bas neuf galères, et chassèrent le reste dans le port.

Cette fois, la victoire ne fit pas question : elle resta sans conteste aux césariens.

Pendant ce temps, les habitants d'Huesca (*Osca*) et de Calahorra (*Calagurris*), s'étant réunis, décidèrent d'envoyer des députés à César pour rechercher son alliance.

L'exemple est contagieux.

Voyant ce que faisaient leurs voisins, les gens de Tortose (*Tortosa*), de Tarragone (*Taraco*), et de Barcelone (*Barcino*) en firent autant.

César, comme on le comprend bien, les reçut à merveille.

Il leur demanda du fourrage et du blé qu'ils s'empressèrent de lui envoyer sur des bêtes de somme.

Il y eut plus : une cohorte, recrutée à Tortose, et qui servait sous les ordres d'Afranius, sachant l'alliance des gens de son pays avec César, quitta le camp du lieutenant de Pompée pour passer dans celui de son ennemi.

Cinq grandes villes se trouvèrent ainsi les alliées de César, prêtes à pourvoir à tous ses besoins, et, cela, juste au moment où l'on apprenait que Pompée n'avait point quitté et ne quitterait point Dyrrachium.

Dès lors, il était facile de voir l'hésitation et l'étonnement de l'ennemi.

Or, César, trouvant qu'un pont était un passage trop étroit pour les manœuvres qu'il méditait, résolut de faire un gué. — Nous l'avons dit, les travaux de César étaient des travaux de géant. Il fit creuser des fossés de trente pieds de large chacun, où se déchargeait le lit de la rivière; de sorte que, si haute que fût l'eau, elle baissa de plusieurs pieds.

A cette vue, Afranius et Pétréius comprirent qu'ils allaient avoir affaire non-seulement à toute l'armée de César, mais encore aux cinq villes ses alliées, et ils résolurent de se retirer derrière l'Èbre.

Au moment où les deux lieutenants pompéiens firent ce mouvement de retraite, l'eau était assez basse pour que la cavalerie passât, mais point encore l'infanterie.

Voyant que l'ennemi se retirait, César lança sur lui sa cavalerie.

Quant à le poursuivre avec l'infanterie, il n'y fallait point songer : il y avait cinq lieues à faire pour remonter jusqu'au pont, cinq lieues pour redescendre ; pendant ce temps, l'ennemi serait loin.

Mais l'infanterie de César se mit à éclater en murmures.

Des collines qui bordent la rivière, elle voyait la retraite de l'ennemi, les escarmouches de son arrière-garde avec la cavalerie césarienne, et elle criait à ses officiers :

— Dites à César de nous laisser passer au même endroit que la cavalerie ; puisque la cavalerie y a passé, nous y passerons certes bien aussi.

Alors, César, qui, de son côté, ne demandait pas mieux que de risquer quelque chose sur la foi du hasard, laissa dans le camp les plus faibles avec une légion, mit une ligne de chevaux au-dessus et au-dessous du gué, et s'élança le premier dans cette eau glacée.

Toute l'armée passa ayant de l'eau jusqu'au cou, mais sans perdre un seul homme.

Tous ceux qui avaient été entraînés par le courant furent sauvés par la cavalerie, qui formait la chaîne.

Arrivé sur l'autre rive, César forma ses troupes sur trois colonnes et se mit à la poursuite des pompéiens.

Dès lors, c'est un steeple-chase à qui gagnera le passage des montagnes, seule issue pour passer de la province de Lérida dans celle de Saragosse.

César fait un détour à travers champs, ravins, collines et montagnes, franchit des rochers où les soldats sont forcés de passer un à un, en déposant leurs armes, en marchant sur leurs mains, et reprenant leurs armes ensuite.

Enfin, quand Afranius arrive aux passages, il les trouve gardés.

Alors commence une lutte terrible.

Les soldats de César comprennent que leurs ennemis

sont en leur pouvoir. Pour en finir d'un coup, ils veulent les exterminer.

Mais César s'apitoie sur tant de braves gens qui vont mourir pour garder leur parole engagée : il se contente de les envelopper, de tirer autour d'eux des lignes de circonvallation, de les affamer.

Il peut les détruire ; il les laisse vivre. Il lui faut des amis, non des victimes.

Les soldats ennemis reconnaissent son intention.

Des pourparlers s'établissent entre les soldats de César et ceux de Pompée ; les bas officiers s'en mêlent. Ceux de Pompée avouent qu'ils doivent la vie à César ; que, depuis longtemps, si César voulait, ils n'existeraient plus. Ils demandent s'ils peuvent se fier à sa parole, et, sur l'assurance qui leur en est donnée, ils dépêchent leurs centurions à César.

Alors, on croit la paix faite ; césariens et pompéiens se mêlent, se serrent la main, s'embrassent ; les soldats de Pompée emmènent ceux de César sous leurs tentes ; les soldats de César en font autant de ceux de Pompée.

Quand, tout à coup, Afranius et Pétréius apprennent ce qui se passe, prennent une garde espagnole dont ils sont sûrs, tombent sur les soldats romains qui sont dans leur camp, et les égorgent à l'exception de ceux que leurs soldats cachent eux-mêmes et font évader dans la nuit.

César apprend ce carnage, fait, de son côté, prendre les soldats pompéiens, et, sans leur faire aucun mal, aucune menace même, les renvoie à Afranius.

Ce sont autant d'apôtres qu'il aura dans le camp ennemi.

Cependant, ni Afranius ni Pétréius ne peuvent pousser

plus avant. Ils prennent la résolution de revenir à Lérida et se remettent en marche.

Mais César les suit, les harcèle avec sa cavalerie, les affame avec ses coureurs.

Ils tuent leurs bêtes de somme, qu'ils ne peuvent plus nourrir, et les mangent, puis se remettent en route.

César, par une marche habile, les accule dans une mauvaise position.

Il faut combattre.

Les lieutenants préfèrent un siége à une bataille; ils se fortifient.

César les enveloppe alors par un de ces terribles fossés dont ses légions ont l'habitude de sillonner le sol.

Afranius et Petréius peuvent calculer, en mangeant leurs chevaux comme ils ont mangé leurs mules, combien il leur reste de jours avant de mourir de faim.

Enfin, ils demandent à parlementer, s'avouent vaincus, et supplient César de ne pas abuser de la victoire.

César fait grâce à tout le monde, n'impose à ses ennemis d'autre condition que celle de quitter la province et de licencier les troupes.

On discute sur l'époque du licenciement.

Mais, alors, les soldats se mêlent de la négociation.

— Tout de suite! tout de suite! crient-ils de tous côtés.

César, pour faciliter l'accommodement, payera l'arriéré de la solde due aux soldats de Pompée.

Puis il permet à chaque homme, soldat ou officier, de reprendre dans son camp à lui, César, tout ce qu'il a perdu de précieux dans la campagne. César indemnisera ses soldats.

Dès lors, il n'y a plus de discussion: la voix des soldats

couvre celle des chefs ; on se fiera à César, puisque César est plus généreux qu'on ne lui demandait de l'être.

Ceux qui veulent rester avec César restent avec lui, ceux qui veulent se retirer se retirent.

De son côté, Varon, se voyant seul contre une armée trois fois forte comme la sienne, songe à ouvrir des pourparlers avec César.

D'ailleurs, la province qu'il commande se soulève contre lui; les villes dans lesquelles il veut entrer lui ferment leurs portes; une de ses légions l'abandonne.

Il écrit qu'il est prêt à faire sa soumission.

César va au-devant de lui jusqu'à Cordoue, reçoit de ses mains un état de la province, des vaisseaux, des munitions et de l'argent qu'elle renferme; se fait donner l'argent, indemnise les citoyens des pertes qu'ils ont subies et des contributions qu'on a levées sur eux; rembourse tout le monde jusqu'à Hercule, dont on avait enlevé le trésor ; et, là, à Cadix, retrouve cette même statue au pied de laquelle, quinze ans auparavant, il pleurait, parce qu'il n'avait rien fait à l'âge où Alexandre avait conquis le monde.

La guerre d'Espagne terminée, César s'embarque à Cadix sur les vaisseaux de Varon, arrive par mer à Tarragone, y trouve les députés d'une grande quantité de villes espagnoles, leur accorde tout ce que ces députés lui demandent, à quelques-unes même plus qu'elles ne demandaient; et, par terre, se rend de là à Narbonne, et de Narbonne à Marseille.

Là, il apprend qu'à Rome, et en son absence, sur la proposition de Lépidus, il a été nommé dictateur!

LIX

Ce Lépidus, nous le retrouverons : c'est lui qui, plus tard, avec Antoine et Octave, formera le second triumvirat.

Cependant, la peste et la famine étaient dans Marseille; on ne mangeait dans la ville que de l'orge gâté et du vieux millet. Une des tours était à bas, et une grande portion de la muraille, fort ébranlée, menaçait de faire brèche. Domitius comprit qu'il était temps de quitter Marseille, ou que Marseille le quitterait.

Il équipa trois navires, sortit par un mauvais temps, sacrifia deux de ses vaisseaux, et avec le troisième passa à travers la flotte de Décimus Brutus.

Marseille, alors, s'offrit à merci.

Les Marseillais savaient, par la dernière guerre d'Espagne, comment il fallait agir avec César.

César se fit livrer les armes, les vaisseaux, les machines, l'argent de l'épargne, et pardonna à la ville en faveur de sa mère Phocée.

Puis il partit pour Rome.

Il était temps qu'il y arrivât : les lieutenants de César avaient cette ressemblance avec ceux de Napoléon, qu'ils se faisaient battre partout où n'était pas César.

Curion avait passé de Sicile en Afrique, laissant deux légions en Sicile, et emmenant avec lui cinq cents chevaux et deux légions.

Quintilius Varus, qui tenait l'Afrique pour Pompée, avait fait alliance avec le Numide Juba; celui-ci haïssait Curion pour deux raisons : la première, c'est que son père s'était lié autrefois d'une amitié particulière avec le père de Pompée ; la seconde, c'est que, pendant son tribunat, Curion avait confisqué son royaume.

Curion commença par battre Varus, et Domitius, qui était venu rejoindre celui-ci.

Mais, Juba ayant réuni les Numides aux deux pompéiens, Curion fut enveloppé et défait.

Au milieu de la mêlée, Domitius, qui était son ami, poussa jusqu'à lui et l'invita à se sauver avec les quelques hommes qui lui restaient, lui promettant qu'il lui ferait faire place, et protégerait sa retraite.

Mais Curion répondit :

— Comment veux-tu que je me retrouve en présence de César, après avoir fui ?

Et, se rejetant avec les siens au plus fort du combat, il se fit tuer.

Curion, qui payait si mal ses dettes, acquitta scrupuleusement, comme on voit, celle qu'il avait contractée envers César.

De son côté, Antoine, resté à Rome, n'avait pas augmenté la popularité du maître.

Il avait passé le temps en orgies et en amours, « se rendant, dit Plutarque, insupportable aux citoyens à cause de sa paresse, n'étant nullement ému des injustices qu'ils éprouvaient, traitant rudement ceux qui venaient se plaindre à lui ; enfin, corrompant des femmes de condition libre. »

Aussi, à son retour à Rome, César reçut-il de grandes plaintes sur son lieutenant ; mais il pensa qu'en temps de guerre, il fallait bien accorder quelques petites licences à ses amis. Il écouta les plaintes ; seulement, il n'y fit point droit, et maintint Antoine dans ses commandements.

En passant par Plaisance, il avait fait une exécution qui avait fort coûté à son cœur. Une de ses légions s'était révoltée, réclamant cinq mines que César lui avait promises à Brindes. Les rebelles croyaient César encore à Marseille, même en Espagne, et menaçaient leurs préteurs, quand, tout à coup, César apparut au milieu d'eux.

— Soldats, dit-il, vous vous plaignez de la longueur de la guerre. Si elle traîne en longueur, ce n'est point ma faute, il me semble : c'est celle des ennemis qui fuient devant nous. Quand vous étiez dans la Gaule, vous vous êtes enrichis sous mon commandement. Il s'agit, un jour, d'entreprendre ou de ne pas entreprendre cette guerre : tous, d'un commun accord, vous vous prononçâtes pour l'affirmative ; et, maintenant que m'y voici engagé, vous parlez de m'abandonner ! Puisqu'il en est ainsi, au lieu d'être, comme par le passé, clément et libéral, je serai terrible. Vous ne voulez pas de César, vous aurez Pétréius. La neuvième légion, qui est cause de cette révolte, sera décimée !

A peine les soldats eurent-ils entendu ces fermes paroles de César, qu'ils se mirent à gémir et à supplier ; de leur côté, les préteurs tombèrent à genoux, implorant César les mains jointes.

Lui, écouta un instant et réfléchit.

— C'est bien, dit-il, choisissez cent vingt hommes parmi vous ; je ne connais pas les coupables, et vous les connaissez.

On fit sortir des rangs cent vingt hommes.

César les fit placer sur une seule ligne ; puis, appelant le préteur :

— Comptez deux fois jusqu'à dix, dit-il, et que chaque dixième homme sorte des rangs.

Douze hommes sortirent.

— Faites exécuter ces douze hommes, dit César.

Un d'eux éleva la voix.

— Je veux bien mourir, dit-il; mais je ne suis pas coupable.

— Tu n'es pas coupable? demanda César.

— Interrogez mes compagnons.

— Est-ce vrai qu'il n'est pas coupable? fit César.

— C'est vrai, répondirent ceux-ci tout d'une voix.

— Et pourquoi te trouves-tu parmi ceux qui sont désignés pour mourir?

— Un ennemi m'a faussement dénoncé.

— Quel est cet ennemi?

Le condamné le nomma.

— Est-ce vrai? demanda César.

— C'est vrai! répondirent les onze autres condamnés.

— Alors, sors des rangs, dit César, et que celui qui t'a faussement dénoncé meure à ta place!

Ce qui fut exécuté.

Indulgent envers ses ennemis, qu'il lui fallait conquérir, César crut devoir être sévère envers les siens, qu'il lui fallait garder.

Les douze révoltés furent mis à mort.

De retour à Rome, il reçut du sénat confirmation de son titre de dictateur.

Son premier soin fut de rappeler les bannis.

Tout ce qui restait encore d'exilés du temps de Sylla rentra à Rome. Les enfants de ceux qui étaient morts en exil furent remis en possession de leurs biens paternels.

Puis César se trouva face à face devant le grand monstre des guerres civiles : l'abolition des dettes.

Les débiteurs demandaient à grands cris les *tabulæ novæ,* c'est-à-dire la banqueroute. Cette demande était cause qu'il n'y avait plus ni argent ni crédit sur la place. Le numéraire, qu'on n'exile pas, s'était exilé de lui-même, et celui-là est un proscrit qui ne rentre pas facilement.

En courant, César fit une cote mal taillée, comme on dit de nos jours : une petite faillite de vingt-cinq pour cent; c'est-à-dire que les débiteurs furent autorisés à céder leurs biens au prix qu'ils avaient avant la guerre civile et à imputer sur le capital les intérêts payés.

Quant à la dictature, il ne la garda que onze jours, se fit élire consul avec Servilius Isauricus, qui venait, à son avis, de lui donner un bon conseil, et tourna les yeux vers l'Orient.

LX

Le conseil que venait de donner Isauricus à César était de marcher droit contre Pompée.

Pison, au contraire, donnait à son beau-fils le conseil opposé : il voulait que César envoyât des ambassadeurs à son ennemi, et essayât une fois encore d'un accommodement.

En effet, pour un homme qui ne se fût pas fié à son génie comme faisait César, le conseil était prudent.

Tout le temps que César avait employé à vaincre l'Espagne, à soumettre Marseille, à apaiser des séditions, à calmer Rome en passant, à régler les intérêts des débiteurs et des créanciers en repassant, Pompée l'avait employé à réunir une gigantesque armée.

Caton l'avait rejoint; Cicéron l'avait rejoint.

Il n'y avait pas jusqu'à Marcus Brutus, dont il avait brutalement tué le père, — nous avons raconté l'événement à propos des guerres civiles de Sylla, — il n'y avait pas jusqu'à Marcus Brutus qui, sacrifiant son ressentiment à la patrie, ne l'eût rejoint.

Étrange aveuglement de gens intelligents, cependant, qui appelaient Pompée *la patrie!* — ce qui prouve qu'il y aura toujours deux patries dans une nation : la patrie du peuple et la patrie de l'aristocratie.

Maintenant, disons en quelques mots de quelles forces disposait Pompée.

Pompée avait eu une année entière pour se préparer à la guerre.

Pompée avait une flotte immense, qu'il avait tirée des Cyclades, de Corfou, d'Athènes, du Pont, de la Bithynie, de la Syrie, de la Cilicie, de la Phénicie et de l'Égypte : cinq cents vaisseaux de guerre, sans compter les brigantins et les bâtiments légers.

Pompée avait neuf légions romaines : cinq qui, d'Italie, étaient passées avec lui à Dyrrachium; une vieille de Sicile, qu'on appelait la Jumelle, parce qu'elle était composée de deux légions; une autre de Candie et de Macédoine, formée de vétérans qui s'étaient établis en Grèce; enfin, les deux dernières avaient été levées en Asie, par Lentulus; et, pour en remplir les vides, on avait fait des recrues en Thessalie et en Béotie, dans l'Achaïe et dans l'Épire.

On en attendait deux autres que Scipion devait amener

de Syrie; outre ces deux autres, trois mille archers de Candie, et deux cohortes de frondeurs de six cents hommes chacune.

Il avait quatorze mille hommes de cavalerie : sept mille appartenant à la fleur des chevaliers romains; sept mille amenés par les alliés; cinq cents venant de la Cappadoce, commandés par Ariobarsane; cinq cents venant de la Thrace, commandés par Safale, fils du roi Cotys; six cents venant de la Galatie, commandés par ce vieux Déjotarus que Crassus avait trouvé bâtissant une ville, et trois cents autres commandés par Castor et le fils de Donilas; deux cents venant de la Macédoine, commandés par Rascypolis; cinq cents Gaulois et Germains, laissés par Gabinius comme garde au roi Ptolémée Aulétès, et amenés par le jeune Pompée; huit cents que celui-ci avait levés, soit de son argent, soit dans les propriétés de son père et les siennes; deux cents venant de la Comagène, la plupart archers à cheval, envoyés par Antiochus; enfin, le reste composé de volontaires ou soudoyés de divers pays et particulièrement de la Thrace, de la Thessalie, de la Macédoine.

Pour l'argent, Dieu merci! on n'en manquait pas : on avait les caisses des publicains de Rome et les trésors des satrapes de l'Orient.

L'Orient était le fief du vainqueur de Mithridate. Rois et peuples étaient les clients de Pompée.

La Grèce fit pour lui son dernier effort. Elle craignait César et son armée de barbares : ces Gaulois surtout dont les ancêtres étaient venus assiéger le temple de Delphes.

Quant aux vivres, on en regorgeait : on avait pour greniers l'Asie, l'Égypte, la Thessalie, Candie et Cyrène.

On tenait toute la mer avec l'immense flotte, qui se divisait en six escadres.

Le jeune Pompée commandait celle d'Égypte; Lélius et Triasius, celle d'Asie; Cassius, celle de Syrie; Marcellus et Pomponius, celle de Rhodes; Libon et Octavius, celles d'Illyrie et d'Achaïe.

Bibulus, l'inepte mais brave Bibulus, le gendre de Caton, avait le commandement général.

Il est vrai que toute cette armée, composée d'éléments si divers, avait grand besoin d'être disciplinée; mais, nous l'avons dit, pour arriver à ce résultat, Pompée avait eu une année entière.

Pendant cette année, il avait sans relâche exercé ses troupes; lui-même, toujours en activité comme s'il n'eût eu que vingt-cinq ans, — et il en avait cinquante-huit, — faisait les mêmes exercices que ses soldats.

Or, c'était pour ceux-ci un grand encouragement que de voir, à cet âge, leur ancien général s'exercer à pied, tout armé; puis, montant à cheval, tirant et remettant son épée au fourreau pendant que son cheval l'emportait à toute bride, lancer le javelot non-seulement avec adresse, mais encore avec force, et à une telle distance, que les jeunes gens essayaient vainement de faire ce que faisait Pompée.

Et remarquez que tout cela se passait en présence de quatre ou cinq rois d'Orient, et des hommes les plus renommés de l'Occident : des Caton, des Cicéron, des Marcus Brutus et du vieux Tédius Sextius, qui, tout sexagénaire et boiteux qu'il était, avait quitté Rome pour venir, disait-il, la retrouver dans le camp de Pompée.

Pompée comptait bien aussi que Rome était avec lui.

Mais la chose sur laquelle il comptait surtout, c'était de ne pas être attaqué avant le printemps. On était au mois de novembre.

Il songea qu'il pouvait prendre ses quartiers d'hiver et les faire prendre à ses soldats.

Il réunit sénateurs et chevaliers.

— Seigneurs et citoyens, dit-il, l'histoire nous apprend que les Athéniens abandonnèrent jadis leur ville pour mieux résister à l'ennemi et mieux défendre leur liberté parce que Thémistocle pensait que les murailles et les maisons ne constituaient pas, pour un peuple, ce qu'on appelle la VILLE. Et bientôt après, en effet, Xercès vaincu, Salamine immortalisée, les Athéniens rentrèrent dans Athènes, et la réédifièrent plus belle et plus glorieuse qu'elle n'avait jamais été. Nous fîmes de même, nous autres Romains, quand les Gaulois envahirent l'Italie : nos pères abandonnèrent la ville, puis se retirèrent à Ardée, et Camille et eux pensèrent comme Thémistocle que la *patrie* était là où ils étaient. C'est en souvenir de ces deux grands événements, et conseillés par eux, qu'à notre tour nous avons abandonné l'Italie pour venir où nous sommes. Mais, au nom de la patrie, nous chasserons, nous aussi, César de Rome ; et il faut l'en chasser, entendez-vous bien ! car que croyez-vous qu'il fasse, s'il était victorieux ? Pensez-vous que celui qui prend les armes contre la patrie s'épargnât aucune cruauté, aucune violence ? L'homme que sa rapacité, son avarice, son amour de l'argent ont fait exécrer dans les Gaules, se fera-t-il scrupule de fouiller dans la bourse des citoyens, comme il a fouillé dans le trésor public ?... Quant à moi, dans cette grande crise de la patrie, marquez-moi ma place ; je combattrai au rang que vous me désignerez, je combattrai comme soldat ou comme capitaine ; tout ce que je demande aux dieux, c'est que, si l'on me reconnaît quelque expérience de la guerre, quelque courage personnel, quelque connaissance en tactique militaire, si l'on veut bien se souvenir que je n'ai jamais été vaincu, tout ce que je demande aux dieux, c'est de contribuer dans une mesure quelconque à la vengeance de la patrie !

Après ces paroles, Pompée se tut, et tous d'une seule voix le proclamèrent imperator et le réclamèrent pour leur chef suprême.

Alors, Pompée les remercia et leur dit que, selon toute probabilité, César, arrêté par les mauvais temps et l'impétuosité de la mer, n'entreprendrait pas de toute la saison de venir en Illyrie, mais demeurerait à Rome pour faire confirmer sa dictature.

En conséquence, tout en ordonnant à ses officiers de mer de bien garder le passage, il envoya ses soldats hiverner en Macédoine et en Thessalie.

Mais, en même temps que Pompée faisait ce discours à son armée et à ses partisans, César, après onze jours seulement de halte à Rome, était arrivé à Brindes presque seul, sans matériel et sans vivres, et, rassemblant une vingtaine de mille hommes, il leur disait :

— Camarades, vous êtes venus avec moi pour faire de grandes choses, n'est-ce pas ? Eh bien, pour ceux qui ont fermement arrêté une pareille résolution, il n'y a ni hiver ni tempête. Ceux-là, rien ne doit les arrêter : ni l'absence de vivres, ni le défaut de machines, ni la lenteur de nos compagnons. Rien ne doit donc nous empêcher de poursuivre notre guerre, et la seule chose qui soit indispensable au succès, c'est la célérité. Je suis donc d'avis que nous laissions ici nos valets, nos serviteurs, nos bagages, que nous montions sur les premiers navires que nous trouverons, pourvu qu'il y en ait assez pour nous porter tous tant que nous sommes, et que nous profitions au contraire de l'hiver, qui les rassure, pour tomber sur nos ennemis au moment où ils s'y attendront le moins. Quant au petit nombre, le courage y suppléera! Restent les vivres. Le camp de Pompée est dans l'abondance : chassons Pompée de son camp, et nous ne manquerons de rien ; le monde sera à nous! Rappelez-vous ceci : c'est que nous sommes citoyens, et que nous avons affaire à des esclaves. — Maintenant, quiconque ne voudra pas risquer la même fortune que celle de César sera libre d'abandonner César.

Il n'y eut qu'un cri pour répondre à ce discours :

— Partons!

Huit jours après, sans vivres, sans machines de guerre, avec vingt-cinq ou trente mille hommes seulement, sans attendre les troupes auxquelles il avait donné rendez-vous à Brindes, César monta sur une cinquantaine de vaisseaux qu'il promit de renvoyer pour chercher une vingtaine de mille hommes restés en arrière, et, passant au milieu de cette immense flotte de Bibulus, il s'en alla débarquer dans un endroit désert, — près d'Apollonie, sur les grèves, au milieu des rochers, tous les ports étant gardés par les pompéiens.

Il venait avec vingt-cinq mille hommes en assiéger cent cinquante mille!

Et, cependant, ses légions, parties des bords de la Sègre, avaient franchi la Narbonnaise, la Gaule transalpine, avaient traversé Rome comme une étape ordinaire, s'étaient engagés sur la via Appia, et marchaient sur Brindes tout en murmurant :

— Jusqu'où cet homme veut-il nous conduire? combien de temps nous trainera-t-il encore à sa suite? quand mettra-t-il un terme à nos travaux? croit-il donc que nous ayons des jarrets d'acier et des corps de fer, pour nous pousser d'un bout du monde à l'autre, de l'est à l'ouest, du nord au midi, de l'orient à l'occident? Mais le fer et l'acier s'usent eux-mêmes par les coups qu'ils donnent et qu'ils reçoivent. Aux cuirasses elles-mêmes, aux glaives eux-mêmes il faut du repos : les cuirasses pour qu'elles résistent, les glaives pour qu'ils ne s'émoussent pas. César, en voyant nos blessures, devrait songer qu'il commande à des hommes mortels, et que nous ne pouvons souffrir des fatigues au-dessus de l'humanité. Un dieu même se lasserait à faire ce que nous avons fait. On dirait, à voir la rapidité de sa marche, qu'il fuit l'ennemi au lieu de le poursuivre. Assez, César ! assez !

Et, découragés, les malheureux s'asseyaient au revers de la route et secouaient la tête aux exhortations de leurs chefs.

Ne vous semble-t-il pas entendre les plaintes de ces vétérans que Napoléon poussait du Nil au Danube, du Mançanarès au Volga?

Mais, quand les vétérans de César arrivèrent à Brindes et qu'ils virent que César était parti sans eux, ils se retournèrent vers leurs chefs, et, pleurant de colère :

— C'est votre faute, dirent-ils, si nous ne sommes point partis avec lui. Il fallait nous presser par les routes, au lieu de nous laisser reposer comme des lâches et des paresseux. Ah! nous sommes des misérables, nous avons trahi notre général.

Et, comme on leur dit que les cinquante vaisseaux qui conduisaient en Grèce César et leurs compagnons les devaient venir rejoindre, ils allèrent s'asseoir sur les falaises pour voir de plus loin les voiles désirées blanchir à l'horizon.

LXI

Ce qui avait donné cette grande confiance dans César, c'était d'abord son génie, mais c'était ensuite un présage. — César, qui, lorsqu'ils annoncèrent sa mort, avait juré de ne plus les écouter, croyait cependant aux présages ; comme tous les grands hommes, il était superstitieux : chez certains génies, la superstition n'est point de la faiblesse, c'est de l'orgueil.

Au moment de quitter Rome, César fit un sacrifice à la Fortune. Le taureau qui devait être immolé échappa à ses gardiens et s'enfuit hors de la ville avant d'avoir reçu aucun coup : puis, rencontrant un étang, il le traversa à la nage.

— Que veut dire cela ? demanda César aux devins.

— Cela veut dire, expliquèrent ceux-ci, que tu es perdu si tu restes dans Rome, et si tu ne traverses pas à l'instant la mer, vaste étang qui te sépare de Pompée ; tandis qu'au contraire, de l'autre côté de la mer, t'attendent la victoire et la fortune.

César partit, chargeant Antoine de lui amener le reste de son armée.

Dès le lendemain de son départ, qui était la nouvelle de toute la ville, les enfants de Rome se divisèrent en deux camps, les uns césariens, les autres pompéiens, et, à coups de pierres, commencèrent une petite guerre.

Une grande bataille fut le résultat de cette petite guerre, et l'on remarqua que les pompéiens eurent le dessous.

César, cependant, était à Apollonie, que la garnison pompéienne n'avait même pas tenté de défendre.

Il y a plusieurs Apollonies, ou plutôt, il y avait alors plusieurs Apollonies. La première en Macédoine, au sud-ouest de Thessalonique : c'est aujourd'hui Polina ; la deuxième, en Thrace, à l'entrée du golfe formé par le Pont-Euxin : c'est aujourd'hui Sizeboli; la troisième, dans la Cyrénaïque, située sur le bord de la mer, au nord de Cyrène, à laquelle elle servait de port : c'est aujourd'hui Marza-Sousa ; la quatrième dans l'île de Crète, patrie du philosophe Diogène, et que l'on appelait aussi Eleuthera; la cinquième, en Palestine, près de Césarée, et qu'on appelle aujourd'hui Arzouf; enfin, la sixième, en Illyrie, près de l'embouchure de l'Aous, aujourd'hui le Vouissa.

C'est dans cette dernière qu'était César.

Là, il attendait le reste de son armée, qui ne venait pas.

Les hommes comme César n'aiment point à attendre. Il dépêcha d'abord des messagers à Brindes, avec ordre de dire à ses soldats de s'embarquer à l'instant même, et de ne point ménager les vaisseaux.

— Je n'ai pas besoin de vaisseaux, disait-il, j'ai besoin d'hommes.

Au bout de quelque temps, ne voyant pas arriver ses soldats, il résolut de les aller chercher lui-même.

C'est alors qu'il tenta une de ces folles entreprises qui lui avaient si souvent réussi dans la Gaule.

Il envoya trois de ses esclaves sur les bords de l'Aous, distant de deux milles seulement, avec charge de dire au premier batelier venu que César voulait expédier un messager en Italie, et qu'il eût à donner une place à ce messager dans le premier bateau qui partirait pour Brindes. S'il n'y avait point de bateau en partance, les esclaves en loueraient un, et autoriseraient le patron à prendre, outre l'envoyé de César, autant de passagers qu'il lui plairait : plus il y aurait de passagers, mieux l'envoyé de César pourrait garder l'incognito.

Au bout d'une heure, les esclaves rentrèrent, disant à César que tout serait prêt pour le soir même.

César invita ses amis à dîner, comme il avait fait à Ravennes, au moment de partir pour Rome; puis, comme à Ravennes, il les quitta au milieu du banquet, disant qu'on ne fît point attention à lui, et qu'il allait revenir.

Mais, passant sous sa tente, il prit le costume d'un esclave, se rendit seul au bord du fleuve, et, reconnaissant le bâtiment à des signes qui lui avaient été indiqués, il dit au patron :

— Me voici; je suis le messager de César.

Le patron le reçut dans sa barque, où attendait sept ou huit passagers.

César hâta le départ autant qu'il put : il était important de profiter de la nuit pour passer inaperçu au milieu de la flotte pompéienne.

Tout alla bien, grâce aux avirons et au courant, tant qu'il ne s'agit que de descendre le fleuve; mais, à mesure que l'on approchait de l'embouchure, les flots de plus en plus soulevés, s'engouffrant entre les deux rives, formaient une espèce de flux qui empêchait la barque d'avancer, ou ne lui permettait du moins d'avancer qu'à grand'peine.

Enfin, arriva un moment où tous les efforts devinrent inutiles.

Un coup de mer brisa le gouvernail, et le patron, épouvanté, donna aux rameurs l'ordre de remonter le fleuve.

Ce fut alors que César, se levant et écartant son manteau, dit le fameux mot historique :

— Ne crains rien, tu portes César et sa fortune !

Une pareille révélation rendit le courage au batelier et aux rameurs; tous les efforts furent réunis, et l'on parvint à franchir l'espèce de barrage qui fermait la sortie du fleuve.

Mais, une fois en mer, il devint impossible de gouverner la barque, et le vent et les vagues la jetèrent sur la plage.

Sur ces entrefaites, le jour était venu, et l'on courait le risque d'être pris par l'ennemi.

— O Fortune! Fortune! murmura César, m'abandonnerais-tu?

Puis il donna l'ordre de remettre la barque au fleuve; et, à l'aide du vent qui le poussait à l'intérieur, et des rames qui domptaient le courant, il eut, en moins d'une demi-heure, franchi les quelques milles qui le séparaient de son camp.

Son retour fut une fête. On le savait parti, on le croyait perdu! Les uns louèrent son courage, les autres blâmèrent sa témérité.

Ses soldats accoururent en foule autour de lui. Un d'eux fut député par les autres pour porter la parole au nom de ses compagnons.

— César, dit-il, que t'ont fait ceux que tu appelais tes amis, que tu désespères de vaincre avec eux, et que tu vas, par une inquiétude injurieuse, chercher ceux qui sont absents? Nous sommes moins nombreux que l'ennemi, c'est vrai; mais nous comptais-tu quand il fallait combattre les Gaulois? César, ton armée redemande ta confiance, qu'elle n'a pas mérité de perdre.

Ce qui empêchait Antoine de sortir de Brindes, c'était la vigilance de Bibulus.

Bibulus mourut, et le gouvernement de la mer fut donné à Libon.

Antoine, apprenant cette mort, résolut de profiter du trouble qu'elle devait jeter dans l'armée navale; et, tandis que Gabinius tournait par terre, il alla heurter franchement les vaisseaux qui fermaient le port de Brindes. Ses navires, à lui, portaient vingt mille fantassins et huit cents chevaux.

La ligne qui tenait la mer et bloquait le port, fut brisée du choc! Antoine et ses vaisseaux passèrent; mais la flotte tout entière de Libon se rallia et se mit à sa poursuite. Par bonheur, le vent du sud repoussait l'ennemi au fond du golfe; il est vrai que le même vent portait les vaisseaux d'Antoine vers des rochers où ils ne pouvaient manquer de se briser : ils en étaient déjà si près, qu'Antoine et ses hommes se regardaient comme perdus, quand, tout à coup, le vent fit une saute et passa du midi au nord-est. Antoine orienta rapidement ses voiles, et, en longeant la côte, la vit toute couverte des débris de la flotte de Pompée.

Il profita de l'occasion, fit bon nombre de prisonniers, s'empara du port de Lissus, voisin de celui de Dyrrachium et arriva au camp de César avec le double prestige de lui amener un gros renfort et de lui apporter de bonnes nouvelles.

Pendant ce temps, une sorte de miracle avait seul sauvé César.

Pompée, qui, avec toutes ses forces, avait résolu de l'écraser, marchait dans cette intention contre Apollonie; mais, sur son chemin, ayant rencontré la rivière d'Apsus il y lança deux hommes pour sonder le gué.

Un des soldats de César, qui vit ces deux hommes à l'eau, s'y jeta à son tour, les attaqua et les tua tous les deux.

Pompée résolut d'établir un pont.

Le pont fut établi ; César le laissa faire : à un moment donné, il comptait attaquer ceux qui seraient passés.

Il n'eut point cette peine : deux ou trois cents hommes n'eurent pas plus tôt gagné l'autre rive, que le pont s'effondra ! tous ceux qui étaient dessus tombèrent à l'eau et se noyèrent ; ceux qui étaient déjà passés furent tués par les soldats de César, depuis le premier jusqu'au dernier.

Pompée regarda ce double événement comme un mauvais présage, et se retira.

LXII

Antoine et ses vingt mille hommes arrivés, César se décida à prendre l'offensive.

Pompée s'était retiré à Asparague, près de Dyrrachium.

César suivit Pompée, prit en passant la ville des Parthéniens, où Pompée avait une garnison, et, le troisième jour, se trouvant en face de son rival, lui livra la bataille...

Nous voici arrivés à la dernière lutte, à la lutte suprême ; qu'on nous permette donc de nous arrêter une minute en face d'événements sur lesquels le monde entier, haletant d'angoisse, eut les regards fixés.

La question, réduite à ses termes les plus simples, était celle-ci :

L'aristocratie triomphera-t-elle avec l'élève de Sylla ? le peuple triomphera-t-il avec le neveu de Marius ? — L'Italie sera-t-elle couverte de proscriptions avec Pompée ? le monde subira-t-il la clémence de César ?

Nous ne sommes point un faiseur de théories, un chercheur d'allusions ; nous sommes un enregistreur de faits.

On comprend l'attente générale.

Les yeux du monde entier étaient fixés sur ce petit point de l'Épire. La Gaule, l'Espagne, l'Afrique, l'Égypte, la Syrie, l'Asie, la Grèce, le monde enfin, nous l'avons dit, regardait haletant. L'Orient et l'Occident, le Nord et le Midi se demandaient : « Que va-t-il advenir de nous ? »

L'Occident, c'est-à-dire la force de l'avenir, était pour César ; l'Orient, c'est-à-dire la majesté du passé, était pour Pompée. Le Nord n'existait pas encore ; le Midi n'existait plus.

Le troisième jour, disons-nous, César, se trouvant en face de Pompée, lui offrit la bataille.

Pompée, attiédi par les deux présages que nous avons rapportés, demeura dans son camp.

César attendit une partie de la journée, et, voyant que Pompée refusait le combat, fit rentrer ses troupes dans le sien.

Il venait d'arrêter un nouveau plan.

Par des sentiers étroits, difficiles, comme ceux qu'il avait suivis en Espagne, il prit le chemin de Dyrrachium ; son intention était d'isoler Pompée de cette place, c'est-à-dire de lui couper les vivres et les munitions.

Pompée, lui voyant faire un grand détour, crut, comme Afranius et Pétréius l'avaient cru sur les bords de la Sègre, que le défaut de vivres forçait César à la retraite. Il envoya des coureurs sur ses traces, et attendit.

Les coureurs revinrent dans la nuit, annonçant que César ne battait point en retraite, mais que, par une courbe immense, il revenait se placer entre Pompée et Dyrrachium.

Pompée ordonna de lever le camp à l'instant même, et, par le plus court chemin, se rabattit sur la ville.

César, qui s'était bien douté de cette manœuvre, marchait à pied à la tête de ses soldats, les encourageant, franchissant tout le premier les obstacles, n'accordant que de courtes haltes, pressant le départ, et expliquant l'importance d'un mouvement rapide.

Le surlendemain, au point du jour, on aperçut en même temps les murs de Dyrrachium et les soldats de Pompée ; seulement, on avait sur ceux-ci une heure d'avance. — C'est ce qui était arrivé en Espagne à Afranius et à Pétréius.

Pompée, s'apercevant qu'il était prévenu, posa son camp sur un roc qui dominait la mer et abritait une espèce de port où il réunit ses vaisseaux : par eux, il tirait des vivres d'Asie et des autres points de l'Orient qui lui étaient soumis.

César, au contraire, était isolé et réduit aux ressources locales. Il ne pouvait faire venir des vivres de l'Orient, qui ne lui appartenait pas ; il n'en pouvait faire venir de l'Occident, dont il était séparé par les cinq cents vaisseaux de Pompée. Il envoya des messagers pour en acheter en Épire, imposa toutes les villes voisines en nature, et fit rechercher le blé qui se trouvait à Lissus, dans la ville des Parthéniens et dans tous les bourgs et châteaux environnants.

Mais il était dans un pays de montagnes peu propre à l'agriculture : le blé manquait partout. D'ailleurs, Pompée, en observation comme un aigle du haut de son roc, et plus fort que César en cavalerie, voyait de loin arriver les convois, lançait sur eux sa cavalerie légère et les pillait.

César résolut d'assiéger à la fois Dyrrachium et Pompée, la ville et l'armée.

C'était là un plan gigantesque qui eût été un rêve pour tout autre homme que César, pour tous autres soldats que les soldats de César.

S'il réussissait, qu'allait penser le monde de cette nouvelle qui se répandrait sur lui ?

Pompée refuse le combat, et César assiége Pompée !

En huit jours, il bâtit douze forts sur la croupe des montagnes dont Pompée occupait le sommet. Il relia ses forts par des fossés et des lignes de communication ; c'était une de ces immenses circonvallations telles qu'il en traçait dans les Gaules.

Comme Pompée ne voulait ni quitter la côte, ni s'éloigner de Dyrrachium, comme il ne pouvait empêcher les travaux de César qu'en livrant bataille, et qu'il n'était point disposé à livrer bataille, il ne lui restait qu'à occuper le plus de pays possible pour disloquer, en les écartant, les troupes de César ; ce qui lui était facile, ayant le double d'hommes de son adversaire.

Pompée fit donc bâtir, de son côté, vingt-quatre forts qui embrassaient près de quatre lieues de circuit.

Dans ces quatre lieues, il faisait paître ses chevaux comme dans un parc, tandis que, par sa flotte, le blé, la viande et le vin lui arrivaient en abondance.

César traça une ligne de six lieues, et bâtit trente-six forts !

Pompée, comme on le comprend bien, ne lui laissait pas accomplir tranquillement ce travail.

Dès que César voulait occuper quelque hauteur nouvelle, Pompée envoyait contre lui ses frondeurs et ses archers ; mais les soldats de César, la plupart Gaulois, Espagnols ou Germains, étaient ingénieux comme des Français modernes. Les travailleurs s'étaient fait des casques en feutre, en cuir, en toile piquée, qui amortissaient les coups.

C'était un spectacle étrange que cette armée manquant de tout, et forte de quarante mille hommes seulement, assiégeant une armée de plus de quatre-vingt mille hommes, qui avait de toutes choses en abondance.

Estomacs du nord et du couchant, ayant besoin de nourriture cependant, mais soutenus par César, ne se plaignant pas, et mangeant de l'orge, des légumes, de l'herbe même au lieu de pain. Et, comme il arriva un moment où l'orge et les légumes manquèrent, ceux qui avaient été avec Valérius, en Sardaigne, découvrirent une racine qui, détrempée dans le lait, faisait une espèce de pain, et, quoiqu'ils n'eussent pas trop de ce pain, les soldats de César le jetaient par-dessus les retranchements des soldats de Pompée, afin que ceux-ci pussent voir de quelle nourriture savaient vivre leurs ennemis.

Puis ils criaient d'un fort à l'autre :

— Ah! nous te tenons enfin, Pompée! et, maintenant que nous te tenons, nous mangerons des écorces d'arbre plutôt que de te lâcher!

Pompée faisait cacher le pain que jetaient les soldats de César, pour que toute cette belle jeunesse de Rome qui l'avait suivi, ne vît point à quels barbares elle avait affaire, et quelles bêtes féroces il lui faudrait un jour combattre.

Caton et Cicéron étaient à Dyrrachium ; ils voyaient tout cela de la ville.

Cicéron, avec son esprit railleur, ne laissait pas s'écouler un jour sans larder Pompée de quelques-uns de ces mots sanglants comme il les savait dire. On peut voir dans Plutarque la liste de ces plaisanteries, assez peu compréhensibles pour nous.

Quant à Caton, qui, derrière son cynisme, cachait un cœur d'homme, et qui avait l'âme trop douce pour la guerre civile, il ne se sentait point, comme Cicéron, l'envie de plaisanter sur de pareils malheurs, et il avait fait décréter que nulle ville ne serait pillée, fût-elle prise d'assaut, que nul soldat romain ne serait mis à mort après le combat.

Et il attendait dans cette espérance.

Pauvre Caton ! pourquoi n'avait-il point autant d'esprit que Cicéron ! il aurait eu moins de cœur.

LXIII

Voyons un peu ce qui se passe à Rome.

César n'a pas contenté tout le monde, en empêchant les débiteurs de faire banqueroute complète. Vous comprenez bien que toute cette armée — j'ai oublié de vous raconter cela — qui, sur un geste que fit César en étendant la main à laquelle il portait son anneau, et ses cinq doigts ouverts, crut qu'on promettait à chaque homme cinq mille sesterces et l'anneau de chevalier ; vous comprenez bien que cette armée avait ses jours de mauvaise humeur : vous avez vu une légion se révolter à Plaisance et une autre sur la *via Appia*.

Or, le seul cadeau qu'eût reçu l'armée, c'étaient deux mille sesterces, cinq cents francs par tête.

Mais, une fois en face de l'ennemi, l'armée ne se plaignait plus ; elle mangeait son pain d'herbe, se préparait à manger son pain d'écorce d'arbre, et se faisait tuer.

Ceux qui se plaignaient, c'était la queue de Catilina et de Clodius ; c'étaient les débiteurs insolvables qui s'étaient réfugiés dans le camp de César pour fuir le Clichy de l'époque, et chercher les *tabulæ novæ*.

Voulez-vous avoir une idée de ce qui effrayait Rome ? — et remarquez que je cite, pour qu'on ne croie pas que je fais des allusions ; hélas ! toutes les révolutions se ressemblent, qu'elles aient lieu cinquante ans avant Jésus-Christ, ou dix-huit cents ans après : les mêmes intérêts font naître les mêmes hommes, et qu'ils s'appellent Rullus ou Babœuf, c'est toujours la même théorie ; voulez-vous, dis-je, avoir une idée de ce qui effrayait Rome, César étant le maître ? Lisez l'écrivain d'Amiterne, l'homme qui, surpris en conversation criminelle, comme disent nos voisins les Anglais, avec la femme de Milon, Fausta, s'est jeté de dépit dans le parti démocratique de Clodius ; qui a été un des principaux agents des troubles dont la mort de son chef a été l'occasion ; qui a été exclu du sénat par le censeur pour cause d'immoralité ; qui a été le correspondant et l'affidé de César à Rome ; qui a été le rejoindre dans son camp, à la suite d'Antoine, de Curion et de Cassius ; qui, nommé plus tard, après la mort de Juba, proconsul de Numidie, pillera la province comme doit faire tout bon proconsul, et reviendra chargé de tant de richesses, qu'il se fera moraliste et historien dans sa belle villa du mont Quirinal, aux immenses jardins. Lisez Salluste !

Ses ouvrages étaient : 1° sa grande *Histoire*, en cinq livres, comprenant tous les événements qui s'étaient passés à Rome depuis la mort de Sylla jusqu'à la conspiration de Catilina ; elle est perdue, et nous n'en connaissons que des fragments ; 2º sa *Guerre de Catilina ;* 3º sa *Guerre de Jugurtha ;* 4º *Deux Lettres politiques à César ;* l'une écrite la veille de son entrée à Rome, à son retour d'Afrique; l'autre, après la bataille de Pharsale.

Lisez ce qu'il dit à César :

« Des hommes souillés de dissolutions et de crimes, qui te croyaient prêt à leur livrer la République, sont venus en foule dans ton camp, menaçant du pillage les citoyens inoffensifs, non-seulement du pillage, mais encore du meurtre, et, avec le meurtre, de tout ce que l'on peut attendre d'âmes dépravées. Mais, quand ils ont vu que tu ne les dispensais pas de payer leurs dettes, que tu ne leur livrais pas les citoyens comme des ennemis, ils ont tout quitté; un petit nombre seulement d'entre eux se sont cru plus en sûreté dans ton camp que dans Rome, tant ils avaient peur de leurs créanciers ! Mais il est incroyable combien d'hommes, et quels hommes ! ont déserté ta cause pour celle de Pompée, et ont choisi son camp comme un inviolable asile pour les débiteurs. »

Un de ces hommes dont veut parler Salluste était le préteur Cœlius, dont nous avons déjà, je crois, prononcé le nom,

Lui comptait fort sur les *tabulæ novæ*.

Homme d'esprit en somme, — les hommes d'esprit ont parfois beaucoup de dettes, — c'était lui qui, disputeur acharné, disait à l'un de ses clients trop obséquieux qui soupait en tête-à-tête avec lui et qui était toujours de son opinion :

— Dis donc une fois non, au moins, afin que nous soyons deux !

6

Or, Cœlius, une fois César embarqué pour la Grèce, s'aperçoit que le parti de César est le parti des usuriers.

Au mois d'avril 705, il écrit à Cicéron :

« Au nom de tout ce qui vous est cher, au nom de vos enfants, n'allez pas, je vous en conjure, mon cher Cicéron, vous perdre et vous compromettre par quelque coup de tête. Je ne vous ai rien dit à l'aventure, je ne vous ai rien conseillé à la légère, j'en atteste les dieux et les hommes, j'en jure par notre amitié!

» Si vous avez quelque tendresse pour nous, pour votre fils, pour votre famille; si vous ne voulez pas briser nos dernières espérances, si ma voix et celle de votre excellent gendre ont sur vous quelque pouvoir, si vous ne voulez pas jeter le trouble dans nos existences, de grâce, ne nous mettez pas dans l'alternative de haïr et de répudier un parti dont le triomphe doit nous sauver; ou, si vous suivez le parti contraire, de former des vœux contre votre propre personne; faites cette réflexion, que vous avez déjà trop tardé à vous prononcer pour n'être pas suspect. Braver, lorsqu'il est vainqueur, l'homme que vous ménagiez quand sa fortune était chancelante; vous unir dans leur fuite à ceux que vous n'avez pas soutenus dans leur existence, serait agir en insensé. Prenez garde, en voulant trop être du parti des bons, de ne point être assez du bon parti! Attendez du moins les événements d'Espagne; l'Espagne est à nous, c'est moi qui vous le dis, aussitôt que César y aura mis le pied; et, s'ils perdent l'Espagne, que leur reste-t-il, je vous prie? »

Et Cœlius va en Espagne, et il combat pour César, et il revient à Rome avec César, et il compte sur les *tabulæ novæ* qu'établira César; mais point! Cœlius est trompé dans son attente. César, au lieu d'autoriser la banqueroute tout entière, n'autorise qu'une pauvre petite faillite de vingt-cinq pour cent.

Ce n'est point là-dessus qu'avait compté Cœlius.

Aussi, un an après, mars 706, écrit-il à Cicéron :

« Ah! mon cher Cicéron, que n'ai-je été avec vous à Formies, au lieu d'aller en Espagne avec César! que n'ai-je rejoint Pompée avec vous!

» Plût au ciel que Curion eût été de ce parti-là, comme Appius Claudius; Curion, dont l'amitié m'a engagé dans cette cause détestable. Oui, je le sens, l'affection, d'un côté, et le ressentiment, de l'autre, ont concouru à me faire perdre la tête. Ce n'est point que je doute de notre cause; mais mieux vaut mourir que d'avoir affaire à ces gens-là. Sans la crainte de vos représailles, il y a longtemps que nous ne serions plus ici.

» A Rome, sauf *quelques usuriers,* tout est pompéien, les individus comme les ordres. J'ai mis dans vos intérêts jusqu'à la canaille, qui nous était si dévouée, et même ce qui s'appelle le peuple. Attendez, je vous ferai vaincre en dépit de vous-même : je veux être un second Caton. Dormez-vous, que vous ne vous apercevez pas combien nous prêtons le flanc, combien nous sommes faibles? Aucun intérêt ne m'excite en ce moment; mais je suis vindicatif, selon mon habitude, si l'on me traite indignement.

» Que faites-vous là-bas? Voulez-vous livrer bataille? Prenez garde, c'est le fort de vos adversaires. Je ne connais pas vos troupes; mais celles de César savent se battre et ne craignent ni le froid ni la faim. Adieu! »

Je vous disais bien que c'était un homme d'esprit que

Cœlius. Après avoir prévu que César prendrait l'Espagne, le voilà prévoyant que César battra Pompée; — ce qui ne l'empêche pas, tant il est vindicatif, de faire la guerre à César.

Tout à coup, on apprend au camp de César que l'ami Cœlius fait des siennes à Rome.

D'abord, il fait mettre son siége près de celui de l'autre préteur, Caïus Trébonius, qui était chargé de rendre la justice aux citoyens; puis il annonce qu'il recevra les plaintes des débiteurs qui en appelleront à lui de la sentence des arbitres et de l'ordonnance de César.

Personne ne se présente pour appeler.

Alors, Cœlius propose un édit par lequel il permet aux débiteurs de s'acquitter en six payements sans aucun intérêt.

Mais le consul Servilius Isauricus, que César a laissé derrière lui à Rome, s'oppose à cette mesure.

Que fait Cœlius? Il casse son premier édit et en proclame deux autres, dans l'espérance de soulever une sédition.

Point : le peuple ne bouge pas.

Pourtant, il faut à Cœlius son émeute; attendez, voici ce qu'il invente. Tant que la guerre durera, les locataires ne seront pas tenus de payer leurs loyers.

Ah! pour le coup, les locataires crient vivat; on s'assemble sur le Forum; il y a *émotion*, comme on disait alors.

Pendant cette émotion. Trébonius est tiré à bas de son tribunal, et, en tombant sur les marches, il se fend la tête.

Le consul intervient; il fait son rapport, et Cœlius est chassé du sénat.

Cœlius veut haranguer le peuple et monte à la tribune;
les licteurs l'en font descendre.

Cœlius crie tout haut qu'il va aller rejoindre César et se
plaindre à lui, et, sous main, il dépêche un courrier a
Milon pour que celui-ci fasse une pointe en Italie avec les
mecontents qu'il pourra réunir. — Vous vous rappelez
Milon qui est exilé à Marseille et qui y mange des rougets?

Milon lève une centaine d'hommes et entre en Italie.

Cœlius le rejoint avec quelques gladiateurs qui lui restent de ses jeux, et les voilà tous deux battant la campagne, publiant qu'ils agissent au nom de Pompée, et qu'ils
sont nantis de lettres que leur a apportées Bibulus. Notez
que Bibulus était mort; mais ils ne le savaient pas.

Tous deux publient l'abolition des dettes; personne ne
remue.

Milon délivre quelques esclaves, et avec eux va mettre
le siége devant une ville de Calabre.

Il y est tué d'un coup de pierre que lui lance par-dessus
la muraille le préteur Quintus Pédius, qui s'est enfermé
dans la ville avec une légion.

Quant à Cœlius, il va mettre le siége devant Thurium.
Là, pendant qu'il sollicite des cavaliers espagnols et gaulois, auxquels il offre de l'argent, de quitter le parti de
César pour celui de Pompée, un de ces cavaliers, qui sans
doute ne le trouve pas assez éloquent, ou auquel il semble
trop prolixe, lui passe son sabre au travers du corps.

Ainsi finissent Milon et Cœlius, et leur échauffourée
avec eux.

6.

LXIV

César et ses quarante mille hommes tenaient donc assiégés Pompée et ses cent mille soldats.

Pompée résolut de faire une double sortie : une de son camp, une de Dyrrachium.

Le but de ces deux sorties était pour Pompée de se saisir d'une montagne hors de la portée du trait des soldats de César, et d'y cantonner une partie de ses troupes.

Il attaqua les césariens sur trois points, tandis que la garnison de Dyrrachium en faisait autant.

On combattait donc sur six points à la fois.

Partout Pompée fut repoussé.

Il perdit deux mille hommes et un grand nombre de volontaires et de capitaines, entre autres Valérius Flaccus, fils de Lucius Valérius, qui avait été préteur en Asie.

César perdit en tout vingt soldats et prit six enseignes.

Quatre centurions, qui défendaient un fort sur lequel s'étaient acharnés les soldats de Pompée, perdirent chacun un œil, et, ce qui donnera une idée de la violence de l'attaque, racontèrent que, dans le fort seulement, ils avaient trouvé trente mille flèches. Le seul bouclier du centurion Scæva en était percé de deux cent trente. — Nous avons déjà raconté comment ce vaillant, l'œil crevé, avait tué deux soldats de Pompée en faisant semblant de se rendre. — Un nommé Minutius reçut cent vingt flèches sur son bouclier et eut le corps percé de part en part en six endroits.

César donna au premier vingt-quatre mille sesterces de

récompense, et, du huitième rang, le fit passer au premier.

Il honora et récompensa le second d'une manière différente, mais de façon à le satisfaire grandement, car il guérit de ses neuf blessures.

Les autres reçurent double paye et double ration.

Sur ces entrefaites, Scipion arrive d'Asie.

César, qui ne manquait aucune occasion de tenter un accommodement, lui envoie Appius Claudius, qui était son ami.

Scipion, on se le rappelle, était le beau-père de Pompée, et avait grande influence sur son gendre.

Par malheur, près de Scipion se tenait ce fameux Favorinus, ce *singe* de Caton, qui donnait des carottes, des navets et des concombres à ses jeux; il empêcha Scipion d'écouter Claudius.

Cependant la situation de Pompée empirait; il y avait disette d'eau pour les hommes, disette de fourrage pour les chevaux. César avait détourné toutes les sources, les hommes n'avaient qu'une demi-ration d'eau, les chevaux et les bêtes de somme n'avaient que des feuilles et des racines de roseaux pilés. Encore en priva-t-on bientôt les bêtes de bagage, afin de garder cette nourriture, si mauvaise qu'elle fût, pour les chevaux.

Les mules et les ânes moururent; l'odeur des cadavres fit naître une espèce d'épidémie dans le camp.

On fit venir des fourrages par mer; mais on ne pouvait se procurer que de l'orge, au lieu d'avoine, et les chevaux, presque tous de la Grèce et du Pont, n'étaient point accoutumés à cette nourriture.

Enfin, Pompée eut honte et résolut de tenter une sortie.

Le hasard le favorisa.

Il y avait dans le camp de César deux chevaliers allobroges, fils d'un chef nommé Albucile; tous deux braves, tous deux ayant bien servi dans les guerres des Gaules et obtenu pour récompense les premiers grades; en outre, par la protection de César, ils avaient été admis au sénat avant l'âge voulu par la loi.

Ils étaient en grande estime près de César, qui leur avait donné des terres prises sur l'ennemi; mais tout cela ne leur suffit point. Ils commandaient à des cavaliers de leur pays, et ils retinrent la paye de leurs hommes, disant que César ne la leur avait pas donnée.

Ceux-ci s'en vinrent se plaindre à César.

César les interrogea, et il apprit que non-seulement les deux Gaulois ne payaient pas leurs hommes avec l'argent qu'ils recevaient de lui, mais encore que l'état qu'ils donnaient de leurs hommes était exagéré, et que, depuis un an, ils portaient sur le papier deux cents hommes et deux cents chevaux qui n'avaient jamais existé.

César pensa que le moment était mal choisi pour faire un éclat. Mais il les appela près de lui et les réprimanda en particulier, leur fit honte de cette concussion, leur disant que l'on pouvait se fier à la générosité de César, et eux surtout plus que tous les autres, puisqu'ils avaient déjà eu la preuve de cette générosité.

Ces reproches les blessèrent. Ils rentrèrent sous leur tente, tinrent conseil, et résolurent de changer de parti et de passer à Pompée.

Ils décidèrent, en outre, que, pour être mieux reçus de celui-ci, ils tueraient Volusius, général de la cavalerie.

Mais, soit que l'occasion manquât au projet, soit qu'ils y trouvassent trop de difficultés, ils se contentèrent d'emprunter à leurs amis le plus d'argent possible, comme s'ils voulaient rendre aux soldats celui qu'ils avaient détourné; ils en achetèrent des chevaux dont Pompée manquait, à cause de la mortalité qui s'était mise dans son camp, et passèrent à l'ennemi avec tous ceux qui consentirent à les suivre, une centaine d'hommes à peu près.

Pompée n'était point habitué à de pareilles désertions. Aussi leur fit-il grande fête et les promena-t-il par tout le camp.

Puis, le soir, il les appela sous sa tente, apprit d'eux le fort et le faible du camp, et nota les distances où les corps de garde se trouvaient les uns des autres.

Bien renseigné, Pompée remit la surprise au lendemain.

La nuit venue, il fit embarquer bon nombre d'archers et d'infanterie légère avec des fascines pour combler les fossés; puis il tira soixante cohortes du camp et les mena le long de la mer, à l'endroit du camp de César qui était le plus près du rivage et le plus éloigné de son quartier.

Le point que Pompée avait résolu d'attaquer était défendu par le questeur Lentulus Marcellinus et la neuvième légion.

Lentulus Marcellinus était malade, et Fulvius Postumus lui était donné pour le soutenir et, au besoin, le remplacer.

Il y avait de ce côté deux retranchements au camp de César : un premier, opposé à l'ennemi, dont le fossé était de quinze pieds et le rempart de dix; l'autre, à cent pas de distance, non-seulement était moindre, mais encore était inachevé sur un point.

Pompée savait tous ces détails.

Or, Pompée porta toutes ses forces sur ce point.

Dès l'aube du jour, la neuvième légion fut attaquée.

A la nouvelle de cette attaque, Marcellinus envoya du renfort; mais le renfort était trop faible, et il était déjà trop tard.

Puis les plus braves ont leurs heures de panique. Pour ne pas être déshonorés par cette panique, les Romains la mettaient sur le compte d'un dieu.

Tout s'enfuit.

L'enseigne principal se fit tuer; mais, avant de mourir, il remit son étendard à un cavalier.

— Tiens, dit-il, tu témoigneras à César que je ne l'ai rendu qu'en mourant et qu'à un Romain !

Heureusement, Antoine accourut avec deux cohortes.

Mais un grand massacre était déjà fait.

César, prévenu à son tour par la fumée qui s'élevait des forts, et qui était le signal convenu en cas de surprise, accourut de son côté.

D'ailleurs, ni Antoine ni César ne parvinrent à rallier les fuyards.

César manqua y périr.

Il voulait arrêter un soldat grand et robuste et l'obliger de faire face à l'ennemi; le soldat leva l'épée pour frapper César.

Par bonheur, l'écuyer de César vit la menace, et, d'un coup de son glaive, abattit l'épaule du soldat.

César croyait tout perdu; et tout l'était en effet, si Pompée n'eût pas douté de sa fortune, s'il n'eût pas donné aux césariens le temps de réunir leurs efforts.

Les soldats de Pompée se retirèrent en bon ordre; mais, pour repasser les fossés, ils n'eurent pas besoin de pont ; ces fossés étaient pleins de morts.

César eut deux mille hommes tués et quatre ou cinq cents faits prisonniers; et, le soir, il disait à ses amis :

— La victoire était aujourd'hui aux pompéiens, si Pompée avait su vaincre!

LXV

César passa une mauvaise nuit, pareille à celle que Napoléon dut passer après la rupture du pont de Lobau. Tous deux confiants dans la fortune, avaient fait à peu près la même faute.

César se reprochait d'être venu présenter la guerre à Pompée sur une côte aride où ses soldats mouraient de faim, tandis qu'il n'avait aucune chance d'affamer ceux de Pompée, nourris par une flotte.

Il pouvait transporter la guerre en Thessalie et en Macédoine, contrées fertiles, où ces estomacs germains et gaulois eussent trouvé largement à se repaître; il n'en avait rien fait.

Au reste, peut-être était-il temps encore. Scipion avait été envoyé en Macédoine avec deux légions. Si César faisait mine de l'y suivre, bien certainement Pompée, plus amoureux que jamais de sa femme Cornélie, ne laisserait pas César égorger son beau-père et ses deux légions; si, au contraire, Pompée contre l'attente de César, traversait la mer et retournait en Italie, César tournait par l'Illyrie et venait lui présenter le combat sous les murs de Rome.

Il commença donc par pourvoir au traitement des blessés et des malades; puis il fit partir blessés, malades et bagages pendant la nuit, sous la conduite d'une légion, avec ordre de ne s'arrêter que lorsqu'on serait à Apollonie.

Le gros de l'armée ne devait se mettre en marche que vers les trois heures du matin.

Mais, quand l'armée fut instruite de ce départ, et sut que César prenait cette résolution parce qu'elle avait mal combattu, ce fut un deuil parmi les soldats. La neuvième légion, qui, prise de peur, avait si facilement cédé, vint tout entière devant la tente de César, lui demandant de la punir.

César infligea quelques punitions légères et consola ses soldats.

— Vous ferez plus bravement une autre fois, dit-il; mais je dois donner à votre effroi le temps de se calmer.

Les soldats insistaient pour prendre leur revanche à l'instant même.

César s'y refusa absolument, et donna de nouveau l'ordre de se mettre en route à trois heures du matin.

On marchait sur l'ancien camp d'Apollonie.

L'ordre fut exécuté dans le sens où il avait été donné.

César sortit le dernier avec deux légions, trompettes en tête. — Sortir sans bruit, ce n'était plus battre en retraite, c'était fuir.

Au point du jour, Pompée lança sa cavalerie sur l'arrière-garde de César.

Ce fut une grande fête dans le camp de Pompée.

César avait eu beau faire sonner la trompette : César n'était pas en retraite, il était en fuite, il était vaincu.

On avait fait cinq cents prisonniers : au mépris de la loi que Caton avait fait rendre, et qui disait qu'aucun soldat romain ne serait tué hors du champ de bataille, Labiénus, qui avait juré de ne poser les armes que lorsqu'il aurait vaincu son ancien général, Labiénus obtint de disposer d'eux; Pompée feignit de croire que c'était pour leur faire grâce et les lui livra.

— Eh bien, mes vieux compagnons, leur dit Labiénus, depuis que nous nous sommes quittés, nous avons donc pris l'habitude de fuir ?

Et il les fit tuer depuis le premier jusqu'au dernier.

Comme l'avait prévu César, Pompée se mit à sa poursuite.

Plusieurs avaient conseillé à Pompée de repasser en Italie, de reprendre l'Espagne, et de rentrer ainsi dans la possession des plus belles provinces de l'empire ; mais abandonner Scipion, mais livrer l'Orient aux barbares, mais ruiner les chevaliers romains, en laissant à César la Syrie, la Grèce et l'Asie, impossible !

D'ailleurs, César n'était-il pas en fuite ? ne valait-il pas mieux le rejoindre et terminer la guerre par une action générale ?

Pompée écrivit aux rois, aux généraux et aux villes, comme s'il était déjà vainqueur. Sa femme Cornélie était à Mitylène avec son fils ; il lui envoya des courriers qui étaient chargés de lui remettre des lettres dans lesquelles il annonçait à Cornélie que la guerre était finie, ou à peu près.

Quant aux amis de Pompée, leur confiance était chose curieuse. Ils se disputaient déjà les dépouilles de César ; le grand pontificat surtout, qu'il allait laisser vacant, soulevait bien des ambitions. Qui allait être grand pontife à sa place ? Lentulus Spinter et Domitius Ahénobarbus y avaient bien des droits ; mais Scipion était beau-père de Pompée.

En attendant, et pour ne pas perdre de temps, quelques-uns envoyèrent à Rome leurs amis ou leurs intendants, pour leur retenir, dans le voisinage du Forum, des maisons du seuil desquelles, pour ainsi dire, ils pussent briguer les charges qu'ils comptaient demander.

On faisait dans le camp de Pompée ce que, dix-huit siècles plus tard, on fit à Coblence.

Domitius avait dans sa poche une loi des suspects et un projet de tribunal révolutionnaire.

— Dressez vos tables de proscription, disait Cicéron : ce sera toujours autant de fait.

— Nos tables de proscription, répondaient les autres émigrés, pour quoi faire ? Bon pour Sylla de perdre son temps à dresser des tables; nous ne proscrirons point par tête, nous proscrirons par masses.

Mais Pompée, lui, n'était pas si pressé d'en venir à une bataille définitive.

Il savait à qui il avait affaire, il connaissait de longue main ces hommes invincibles sous les armes et accoutumés à vaincre ensemble; seulement, ils avaient vieilli, et on pouvait les miner avec du temps, les briser par la fatigue. Pourquoi compromettrait-il ses conscrits contre ces vétérans?

Mais Pompée n'était pas maître de faire ce qu'il voulait.

Il y avait tant d'hommes illustres, tant d'hommes de nom, tant d'hommes de rang dans cette armée de Pompée, que tout le monde était le maître, excepté Pompée.

Caton seul était de son avis. Il voulait temporiser, tout obtenir de la lassitude et des négociations; il avait sans cesse devant les yeux les deux mille cadavres de Dyrrachium et les cinq cents prisonniers égorgés par Labiénus.

Il s'était, ce jour-là, retiré dans la ville en pleurant et en couvrant sa tête de sa robe, en signe de deuil.

Cicéron raillait plus que jamais, et bien souvent Pompée avait souhaité que ce railleur impitoyable passât dans le camp de César.

Il est vrai que les autres secondaient de leur mieux Cicéron ; quand ils voyaient Pompée suivre pas à pas César, de l'Épire à l'Illyrie, ils lui reprochaient de vouloir éterniser sa position de dictateur.

— Il se plaît, disaient les mécontents, à avoir à son lever une cour de rois et de sénateurs !

Domitius Ahénobarbus ne l'appelait jamais qu'Agamemnon, c'est-à-dire le roi des rois.

— Mes amis, disait Favonius, nous ne mangerons point, cette année, de figues de Tusculum.

Afranius, qui avait perdu l'Espagne, et qui était accusé de l'avoir vendue, appelait Pompée le grand trafiqueur de provinces.

— Défaisons-nous d'abord de César, disaient les chevaliers, et, ensuite, nous nous déferons de Pompée.

Celui-ci avait tellement peur que, César vaincu, Caton ne s'élevât pour lui demander de déposer le commandement, qu'il ne lui avait donné aucune commission importante, et, marchant à la poursuite de César, l'avait laissé à Dyrrachium.

Caton en était réduit à l'état d'un gardeur de bagages.

Mais, enfin, le concours de railleries et d'imprécations devint si fort contre Pompée, qu'il résolut d'attaquer César dès que celui-ci s'arrêterait.

César s'arrêta dans les plaines de Pharsale.

LXVI

C'était là qu'allait se décider le sort du monde.

Les premiers jours de retraite avaient été pour César des jours d'effroyable lutte.

Le bruit de sa défaite s'était répandu et le livrait à un mépris général : on lui refusait vivres et fourrages, et cela dura jusqu'à ce qu'il eût pris la ville de Gomphes, en Thessalie.

Dès lors, il se trouva dans l'abondance, à ce point que ses soldats, qui, depuis cinq mois, mouraient à peu près de faim, célébrèrent, grâce aux nombreuses amphores trouvées dans les caves de la ville, une bacchanale qui dura trois jours.

Enfin, comme nous l'avons dit, arrivé à Pharsale, César s'arrêta.

Pompée établit son camp sur une hauteur, en face de celui de César.

Cependant, là, le doute le reprit.

Il eut un présage, et l'on sait l'influence qu'avaient les présages sur les événements du monde antique.

En sortant du conseil où l'on venait d'arrêter le combat pour le lendemain, et où Labiénus, commandant de la cavalerie, avait renouvelé le serment solennel de ne déposer ses armes qu'après la chute complète de César, il rentra dans sa tente, se coucha et s'endormit.

Alors, il fit un rêve.

Il rêva qu'il était à Rome, au théâtre, où le peuple le recevait avec de grands applaudissements, et qu'en sortant du théâtre, il ornait de riches dépouilles la chapelle de Vénus Nicéphore.

Or, ce songe, qui, au premier abord, semblait n'avoir rien que de favorable, pouvait cependant cacher un double sens.

César était fils de Vénus; ces dépouilles dont Pompée ornait la chapelle de Vénus n'étaient-elles pas ses propres dépouilles, à lui?

Toute la nuit, le camp fut troublé par des terreurs paniques; deux ou trois fois, les sentinelles coururent aux armes, croyant qu'on les attaquait.

Un peu avant le jour, et comme on posait des gardes, on vit au-dessus du camp de César, où régnaient le plus grand calme et le plus profond silence, s'élever une vive lumière qui vint fondre sur le camp de Pompée.

Trois jours auparavant, César avait fait un sacrifice pour la purification de son armée.

Après l'immolation de la première victime, le devin lui annonça que, dans trois jours, il en viendrait aux mains avec l'ennemi.

— Outre cette annonce, demanda César, vois-tu dans les entrailles quelque signe favorable?

— Tu répondras à cette question mieux que moi, lui dit le devin. Les dieux indiquent un grand changement, une révolution des choses établies, le contraire de ce qui est à cette heure. Es-tu heureux, tu seras malheureux; es-tu malheureux, tu seras heureux; es-tu vainqueur, tu seras vaincu; es-tu vaincu, tu seras vainqueur.

Ce ne fut point seulement dans les deux camps et autour des deux camps que se produisirent les prodiges.

A Tralles, il y avait, dans le temple de la Victoire, une statue de César; le sol d'alentour, déjà ferme par lui-même, était, en outre, pavé d'une pierre très-dure. Malgré ce sol, et par les interstices de la pierre, il sortit un palmier près du piédestal de la statue.

A Padoue, Caius Cornélius, homme fort renommé dans l'art de la divination, et ami intime de Tite-Live l'historien, se tenait assis sur son siége augural et suivait le vol des oiseaux.

Il sut l'instant de la bataille et annonça à ceux qui

l'entouraient que l'engagement venait de commencer.

Puis, se remettant à ses observations et ayant de nouveau examiné les signes, il se leva avec enthousiasme et en s'écriant :

— Tu triomphes, César!

Et, comme on doutait de la prophétie, il déposa sa couronne et annonça qu'il ne la remettrait sur sa tête que quand l'événement aurait justifié sa prédiction.

Et, cependant, malgré tout cela, César s'apprêtait à lever le camp et à continuer sa retraite vers la ville de Scotusse.

Il s'effrayait de l'infériorité de ses forces : il n'avait que mille cavaliers, Pompée en avait huit mille; il n'avait que vingt mille hommes d'infanterie, Pompée en avait quarante-cinq mille.

On annonça à César qu'il se faisait un certain mouvement dans le camp ennemi et que Pompée paraissait décidé à présenter la bataille.

César réunit ses soldats. Il leur annonça que Cornificius, distant de deux journées seulement, lui amenait deux légions; que Cœlénus avait autour de Mégare et d'Athènes quinze cohortes qui allaient se mettre en marche pour le rejoindre. Il leur demanda s'ils voulaient attendre ces renforts ou livrer seuls la bataille.

Alors, tous et d'une seule voix, ses soldats le conjurèrent de ne pas attendre, et, tout au contraire, si l'ennemi hésitait, d'inventer quelque stratagème pour le décider à combattre.

Au reste, ce qui donnait ce courage aux soldats de César, c'est que, depuis leur départ de Dyrrachium, César les avait constamment exercés, et que constamment ils avaient eu l'avantage dans leurs rencontres avec l'armée ennemie.

N'ayant, comme nous l'avons dit, que mille cavaliers à opposer aux sept ou huit mille cavaliers de Pompée, César avait choisi dans son infanterie légère les soldats les plus jeunes et les plus agiles ; il les mettait en croupe derrière les cavaliers, et, au moment de soutenir la charge, les fantassins sautaient à terre, et, au lieu de mille hommes, les soldats de Pompée avaient tout à coup affaire à deux mille.

Dans une de ces escarmouches, un de ces deux frères allobroges qui étaient passés dans le camp de Pompée et avaient été cause de la défaite de Dyrrachium, avait été tué.

Mais, nous l'avons dit, Pompée avait évité jusque-là un engagement général.

Le matin de la bataille de Pharsale, il était résolu d'attaquer.

Quelques jours auparavant, en plein conseil, et comme Domitius venait de dire que tout sénateur qui n'avait pas suivi Pompée méritait la peine de mort, ou tout au moins l'exil ; comme il venait de donner aux juges nommés d'avance trois tablettes : l'une de mort, l'autre d'exil, la troisième d'amende, Pompée, mis en demeure de livrer bataille, avait demandé quelques jours encore.

— As-tu donc peur ? avait demandé Favonius. Alors, cède le commandement à un autre, et va garder les bagages à la place de Caton.

Pompée avait répondu :

— La peur m'arrête si peu, que je veux, avec ma cavalerie seule, enfoncer et détruire l'armée de César !

Et, comme plusieurs qui, au milieu du délire général, avaient conservé la raison, demandaient à Pompée comment il s'y prendrait :

— Oui, répondit celui-ci, je sais bien qu'au premier abord, cela peut paraître incroyable ; mais mon plan est des plus simples : avec ma cavalerie, j'envelopperai son aile droite, que je hacherai ; puis je prendrai l'armée en queue, et vous verrez que, presque sans combat, nous arriverons à une victoire éclatante!

Alors, Labiénus, à son tour, pour confirmer ce que disait Pompée, et pour redoubler la confiance du soldat, ajouta :

— Ne croyez pas avoir affaire aux vainqueurs de la Gaule et de la Germanie ; je sais ce que je dis, ayant eu part à cette conquête. Il reste peu de soldats de ces grandes batailles du Nord et de l'Occident. Une partie s'est couchée sur le champ de bataille même, l'autre a été enlevée par la maladie, soit en Italie, soit en Épire ; des cohortes entières sont occupées à garder des villes. Ceux que nous avons devant nous viennent des bords du Pô et de la Gaule cisalpine ; ainsi, le jour où il plaira à Pompée de nous faire combattre, chargeons hardiment.

Ce jour-là était venu.

Au moment où César faisait plier ses tentes, au moment où déjà les soldats chassaient devant eux les valets et les bêtes de somme, des coureurs de César vinrent lui dire qu'il se faisait un grand tumulte parmi les pompéiens et que tout portait à croire qu'ils se préparaient au combat. D'autres arrivèrent bientôt, criant que les premiers rangs de Pompée se mettaient en bataille.

Alors, César, montant sur un tertre pour être vu et entendu du plus grand nombre possible :

— Amis, cria-t-il, le jour est enfin venu où Pompée nous présente la bataille, et où nous allons combattre, non plus contre la faim et la disette, mais contre des hommes!

Vous avez désiré ce jour avec impatience ; vous m'avez promis de vaincre ; tenez votre parole. — Halte partout !

Puis il ordonna d'élever devant sa tente le drapeau écarlate, signal du combat.

A peine les Romains l'eurent-ils aperçu, qu'ils coururent aux armes ; et, comme le plan de la bataille était fait d'avance, et que chaque chef de corps avait reçu ses ordres, centurions et décurions conduisirent les soldats aux postes désignés, et, suivis de leurs hommes, « chacun d'eux, dit Plutarque, prit sa place avec autant d'ordre et de tranquillité que si l'on n'eut arrangé qu'un chœur de tragédie. »

LXVII

Or, voici la place qu'occupait chacun :

Pompée commandait l'aile gauche [1] ; il avait avec lui les deux légions que César lui avait renvoyées des Gaules.

Antoine était en face, et, par conséquent, commandait l'aile droite des Romains.

Scipion, beau-père de Pompée, commandait le centre, avec les légions de Syrie, et avait devant lui Calvinus Lucius.

Enfin, Afranius commandait l'aile droite de Pompée ; il menait sous ses ordres les légions de Cilicie et les cohortes amenées d'Espagne, que Pompée regardait comme ses meilleures troupes. Il avait devant lui Sylla.

---

[1] Plutarque dit l'aile droite, mais César lui-même dit positivement l'aile gauche, et, en pareille occasion, César me semble devoir être cru.

Cette aile droite des pompéiens avait son flanc couvert d'un ruisseau de difficile abord, c'est pourquoi Pompée avait amassé à son aile gauche ses frondeurs, ses archers et toute sa cavalerie.

Puis peut-être n'était-il pas fâché d'avoir toute sa force active sur le point où il se trouvait lui-même.

. César se plaça en face de Pompée, prenant, selon son habitude, sa place dans la dixième légion.

En voyant s'amasser devant lui toute cette multitude de frondeurs, d'hommes de trait et de cavalerie, César comprit que le plan de son ennemi était de commencer l'attaque de son côté et de chercher à l'envelopper.

Alors, il fit venir du corps de réserve six cohortes, qu'il plaça derrière la dixième légion, avec ordre de ne point bouger et de se cacher autant que possible à l'ennemi jusqu'au moment où sa cavalerie chargerait. En ce moment, ces six cohortes s'élanceraient au premier rang, et, au lieu de lancer de loin les javelots, comme font d'ordinaire les plus braves, pressés qu'ils sont d'en arriver à un combat corps à corps, chaque homme porterait le fer de sa lance à la hauteur du visage de l'ennemi. Il leur ferait signe avec un étendard, lorsqu'il serait temps pour eux d'exécuter cette manœuvre.

César était convaincu que toute cette élégante jeunesse, tous ces danseurs beaux et fleuris (καλοὺς καὶ ἀνθηροὺς) ne pourraient supporter la vue du fer.

Ces hastaires étaient au nombre de trois mille.

Pompée à cheval étudiait, du haut d'une colline, l'ordonnance des deux armées.

Voyant alors que l'armée de César attendait tranquillement le signal et que, au contraire, la plus grande partie de ses hommes, à lui, au lieu de se tenir immobiles à leur rang, s'agitaient dans le plus grand désordre, et, cela, faute d'expérience, il craignit que, dès le commencement de l'action, ses troupes ne rompissent leur ordonnance.

Il envoya donc des courriers à cheval chargés d'ordonner aux premiers rangs de rester fermes à leur poste, de se serrer les uns contre les autres et d'attendre ainsi l'ennemi.

« Ce conseil, dit César, avait été donné à Pompée par Triarius, et je ne l'approuve aucunement ; car il y a, dans l'homme, une certaine ardeur et une impétuosité naturelle qui se rallument par le mouvement, qu'il faut tâcher d'entretenir plutôt que de laisser éteindre. »

Il résolut donc, quoique le plus faible, de profiter de cet avantage que lui laissait Pompée, et de commencer l'attaque.

Alors, après avoir donné le mot de ralliement, qui était *Vénus la Victorieuse*, tandis que Pompée donnait le sien, qui était *Hercule l'Invincible*, il jeta un dernier regard sur toute sa ligne.

En ce moment, il vit un soldat, volontaire dans l'armée, mais qui, l'année précédente, avait été capitaine dans la dixième légion, qui s'écriait :

— Suivez-moi, compagnons, car le moment est venu de tenir à César tout ce que nous lui avons promis.

— Eh bien, Crastinus, lui demanda César, — César, comme deux mille ans plus tard Napoléon, connaissait par leur nom tous les soldats de son armée, — eh bien, Crastinus, lui demanda César, que penses-tu de la journée d'aujourd'hui ?

— Rien que de bon et de glorieux pour toi, imperator,

répondit Crastinus ; en tout cas, tu ne me reverras que mort ou victorieux.

Puis, se retournant vers ses compagnons :

— Allons, dit-il, à l'ennemi, enfants! à l'ennemi!

Et il s'élança le premier avec cent vingt hommes.

Alors, et pendant que ces cent vingt hommes partaient ainsi les premiers pour attaquer les cinquante-deux mille hommes de Pompée, il se fit un instant au-dessus des deux armées ce funèbre silence qui précède les batailles décisives, et dans lequel il semble qu'on n'entende autre chose que le battement des ailes de la mort.

Au milieu de ce silence, Crastinus et ses hommes, arrivés à vingt pas des pompéiens, lancèrent leurs javelots.

Ce fut comme un signal; des deux côtés, les trompettes et les buccins retentirent.

Toute la ligne d'infanterie de César s'élança aussitôt pour soutenir les cent vingt braves qui lui montraient le chemin, lançant des javelots en courant et en poussant de grands cris.

Puis, les javelots lancés, les césariens tirèrent leurs épées et fondirent sur les pompéiens, qui les reçurent fermes et sans bouger.

Pompée, comme s'il n'eût attendu que cette certitude, que son armée soutiendrait vaillamment le premier choc, pour reprendre toute assurance, Pompée alors donna l'ordre à sa cavalerie de charger l'aile droite de César et de l'envelopper.

César vit venir à lui cette masse de chevaux dont le galop faisait trembler la terre, et, en la voyant venir, ne dit que ces trois mots :

— *Amis, au visage!*

Chaque soldat entendit et fit un signe de tête, indiquant qu'il avait compris.

Comme l'avait prévu César, cette trombe vivante d'hommes et de chevaux balaya devant elle ses mille hommes de cavalerie.

Dans les intervalles des cavaliers de Pompée étaient les hommes de trait.

La cavalerie de César rejetée en arrière, les premiers rangs de sa dixième légion ébranlés, les huit mille cavaliers de Pompée lancèrent leurs escadrons pour envelopper César.

C'était le moment que celui-ci attendait. Il fit lever l'étendard qui devait donner le signal à ses trois mille hommes de réserve.

Ceux-ci, qui avaient conservé leurs javelots, avancèrent, se servant de cette arme comme les soldats modernes font de la baïonnette, les portant aux yeux de l'ennemi et répétant le cri de César :

— *Au visage, compagnons ! au visage !*

Et, en même temps, sans s'occuper des chevaux, sans chercher à blesser les hommes ailleurs, ils dardaient le fer de leurs lances dans la figure des jeunes chevaliers.

Ceux-ci tinrent un instant, plutôt par étonnement que par courage ; puis, préférant être déshonorés à être défigurés, ils lâchèrent leurs armes, firent tourner bride à leurs chevaux et s'enfuirent, tenant leur visage entre les deux mains.

Ils coururent ainsi, sans se retourner jusqu'aux montagnes, laissant à la boucherie leurs hommes de trait, qui furent tous exterminés.

Alors, ne se donnant pas même la peine de poursuivre ces fuyards, César lança en avant sa dixième légion, avec ordre d'attaquer de front l'ennemi, tandis que lui, avec sa cavalerie et ses trois mille hastaires, l'attaquerait en flanc.

Le mouvement se fit avec une régularité merveilleuse. Il est vrai que César, habitué à payer de sa personne, le dirigeait.

Cette infanterie pompéienne, dont l'ordre était de tourner l'ennemi aussitôt que les chevaliers auraient mis en désordre l'aile droite de César, se voyait elle-même tournée! Elle tint un instant, mais bientôt se débanda et suivit l'exemple de la cavalerie.

A l'instant même, tous ces alliés qui étaient venus au secours de Pompée, tous ces chevaliers, tous ces Galates, tous ces Cappadociens, tous ces Macédoniens, tous ces Candiotes, tous ces archers du Pont, de la Syrie, de la Phénicie, toutes ces recrues de la Thessalie, de la Béotie, de l'Achaïe, de l'Épire, se mirent à crier d'une seule voix, mais en dix langues différentes :

— Nous sommes vaincus!

Et, tournant le dos, ils s'enfuirent.

Il est vrai que Pompée leur avait donné l'exemple.

— Comment! Pompée, Pompée le Grand?

Eh! mon Dieu! oui.

Lisez Plutarque; je ne veux pas même m'en rapporter à César.

Notez que Pompée n'avait pas même attendu si longtemps que nous le disons. Voyant ses chevaliers en déroute, il avait mis son cheval au galop et était rentré au camp.

Lisez toujours Plutarque.

Or ceux-là ayant pris la fuite, Pompée vit la poussière qui s'élevait sous les pieds de leurs chevaux et comprit ce qui arrivait à ses chevaliers.

» Il serait difficile de dire quelle pensée lui traversa l'esprit ; mais, pareil à un insensé, semblable à un homme pris de vertige, oubliant tout à coup qu'il était le grand Pompée, sans dire un seul mot, sans donner un dernier ordre, il se retira lentement, en tout point semblable à Ajax, et pouvant aussi bien que lui être désigné par ces vers d'Homère :

« Jupiter, le père des dieux, assis sur un siége élevé,
» jeta dans Ajax la crainte, et celui-ci s'arrêta frappé
» d'étonnement ; et, rejetant en arrière son bouclier, cou-
» vert de sept peaux de bœuf, il s'enfuit hors de la foule
» en regardant çà et là. »

» Tel Pompée ! »

En arrivant au camp, il cria tout haut aux officiers de service, afin que les soldats le pussent entendre :

— Prenez garde à la défense des portes ; je vais faire le tour du retranchement pour donner le même ordre partout.

Puis il se retira dans sa tente, désespérant du succès de la bataille, mais attendant avec résignation l'événement.

LXVIII

L'événement fut celui qu'il était facile de prévoir.

Cette fuite de tous ces barbares, ces cris : « Nous sommes vaincus ! » poussés dans dix langues différentes, retentirent dans le reste de l'armée, et la désorganisèrent.

Alors, le massacre commença.

Mais César, voyant que la bataille était gagnée et la journée à lui, rassembla tout ce qu'il avait de trompettes et de hérauts d'armes, et les dissémina par le champ de bataille, avec ordre de sonner et de crier :

— Grâce aux Romains! ne tuez que les étrangers.

En entendant cette courte mais expressive proclamation, les Romains s'arrêtèrent et tendirent les bras aux soldats qui venaient à eux l'épée haute.

Ceux-ci jetèrent leurs épées et se précipitèrent dans les bras de leurs vieux compagnons.

On eût dit que l'âme miséricordieuse de César avait passé dans le corps de chaque soldat de son armée.

Cependant quelques pompéiens avaient suivi les chefs, qui essayaient de les rallier.

Deux ou trois mille hommes, en outre, étaient restés à la garde du camp.

Beaucoup de fuyards y avaient cherché un refuge, et là pouvait se réformer une armée qui, le lendemain, serait encore aussi considérable que celle de César.

César réunit les soldats épars sur le champ de bataille. Il renouvela aux vaincus la promesse du pardon; et, quoique la nuit fût près de venir, quoique les hommes combattissent depuis midi, quoiqu'ils fussent brisés par la chaleur du jour, il fit un dernier appel à leur courage et les conduisit à l'assaut des retranchements.

— Qu'est-ce que ce bruit? demanda Pompée, assis dans sa tente.

— César! César! crièrent en passant des hommes tout effarés et qui couraient aux retranchements.

— Quoi! jusque dans mon camp! s'écria Pompée.

Et, se levant, il jeta ses insignes de général, monta sur

le premier cheval qu'il rencontra, sortit par la porte Décumane et s'élança à toute bride sur le chemin de Larisse.

Les soldats firent meilleure défense que n'avait fait le chef.

Il est vrai que la meilleure des troupes auxiliaires, les soldats thraces étaient là.

Mais eux-mêmes, quand ils virent passer les fuyards qui jetaient leurs armes et même leurs drapeaux, ils ne songèrent plus, comme les autres, qu'à battre en retraite.

Vers les six heures du soir, le camp fut forcé.

Les fuyards se réfugièrent dans la montagne.

Les vainqueurs entrèrent dans le camp, trouvèrent les tables toutes dressées, couvertes de vaisselle d'or et d'argent. Partout il y avait des jonchées de feuilles et de fleurs, et, entre autres, la tente de Lentulus était toute tapissée de lierre.

C'était bien tentant pour des hommes à l'œuvre depuis la moitié du jour ; mais César leur rappela que mieux valait en finir tout de suite avec l'ennemi, et eux-mêmes crièrent :

— En avant !

César laissa un tiers de ses hommes à la garde du camp de Pompée, un autre tiers à la garde du sien, et lança le troisième tiers par un chemin plus court que celui que l'ennemi avait pris ; de sorte qu'après une heure de course, il lui coupa la retraite.

Les fugitifs furent obligés de faire halte sur une éminence au pied de laquelle coulait un ruisseau.

César s'empara à l'instant même du cours d'eau, et, pour empêcher l'ennemi de se désaltérer, il occupa quatre mille hommes à creuser un fossé entre la montagne qu'ils occupaient et le ruisseau.

Alors, mourant de soif, voyant que la retraite leur était coupée, s'attendant à chaque instant à être attaqués par derrière, les pompéiens dépêchèrent vers César des parlementaires.

Ils demandaient à se rendre.

César dit que, le lendemain matin, il recevrait leur soumission, et qu'en attendant, ceux qui avaient soif pouvaient venir boire.

Les pompéiens descendirent par groupes.

En se joignant, pompéiens et césariens se reconnaissaient pour de vieux amis, se tendaient la main, se jetaient dans les bras les uns des autres, comme si, trois heures auparavant, ils ne venaient pas de s'entr'égorger.

La nuit se passa en reconnaissances de ce genre.

Ceux qui avaient des vivres en donnaient à ceux qui n'en avaient pas; on alluma des feux; de sorte qu'on eût pu croire que tous ces hommes étaient venus pour une fête.

Le lendemain matin, César apparut au milieu d'eux.

Beaucoup de sénateurs avaient profité de la nuit pour se sauver.

Il fit à la fois signe de la main et du sourire à ceux qui restaient.

— Relevez-vous, leur dit-il; César ne connaît pas d'ennemis le lendemain d'une victoire !

Tous se pressèrent autour de lui, serrant les mains qu'il leur tendait, et baisant le bas du manteau de bataille jeté sur ses épaules.

Césariens et pompéiens revinrent au camp, confondus les uns avec les autres.

César visita le champ de bataille.

Il n'avait guère perdu que deux cents hommes.

Alors, il demanda ce qu'était devenu ce Crastinus qui lui avait promis qu'il ne le reverrait que mort ou vainqueur, et qui, si bravement, avait commencé l'attaque.

Voici ce qu'il apprit :

Crastinus, en le quittant, s'était, comme nous l'avons dit, élancé contre l'ennemi, entraînant sa cohorte sur ses pas; il avait taillé en pièces les premiers qu'il avait trouvés sur son passage, et avait pénétré au plus épais des bataillons ennemis. Là, il avait combattu avec acharnement; mais, comme il continuait de crier : « En avant pour Vénus la Victorieuse! » un pompéien lui avait donné dans la bouche un si rude coup d'épée, que la pointe de l'épée était sortie par derrière la tête. Crastinus était mort sur le coup.

« On trouva, dit César lui-même, quinze mille ennemis morts ou mourants sur le champ de bataille; » et, au nombre de ceux-ci, son ennemi acharné Lucius Domitius.

On fit vingt-quatre ou vingt-cinq mille prisonniers; c'est-à-dire que l'on pardonna à vingt-quatre ou vingt-cinq mille hommes, dont une partie fut incorporée dans l'armée de César.

On prit huit aigles et cent quatre-vingts drapeaux.

Cependant, une grande inquiétude préoccupait le vainqueur.

Avant le combat, et même pendant le combat, il avait recommandé aux officiers et aux soldats de ne pas tuer Brutus, mais de l'épargner au contraire, et de le lui amener s'il se rendait volontairement; s'il se défendait contre ceux qui tenteraient de l'arrêter, on devait le laisser fuir.

On se rappelle que Brutus était fils de Servilia, et que César avait longtemps été l'amant de Servilia.

Après la bataille, il demanda des nouvelles de Brutus.

On l'avait vu combattre, mais on ne savait point ce qu'il était devenu.

César fit chercher et chercha lui-même parmi les morts.

Après la bataille, en effet, Brutus s'était retiré dans une espèce de marais, plein d'eau stagnante et de roseaux; puis, pendant la nuit, il avait gagné Larisse.

Là, ayant appris le souci que César avait eu de sa vie, il lui écrivit quelques mots pour le rassurer.

César lui envoya aussitôt un messager, lui mandant de le venir joindre.

Brutus vint.

César lui tendit les bras, le pressa sur son cœur en pleurant, et ne se contenta point de lui pardonner, mais encore il le traita avec plus d'honneur que pas un de ses amis.

Le soir de la bataille, César fit trois dons à ses soldats, avec liberté à ceux-ci de les répartir à ceux qui avaient le mieux fait.

Les soldats lui attribuèrent le premier don, comme à celui qui avait le mieux combattu; le second fut octroyé au chef de la dixième légion; enfin, le troisième fut donné à Crastinus, tout mort qu'il était.

Les objets dont se composait cette récompense militaire furent enterrés avec Crastinus, dans une tombe que César lui fit élever, près mais en dehors de la fosse commune.

On avait trouvé dans la tente de Pompée toute sa correspondance.

César la brûla sans en lire une seule lettre.

— Que fais-tu? demanda Antoine.

— Je brûle ces lettres, répondit César, pour n'y pas trouver des motifs de vengeance.

Et, quand les Athéniens vinrent lui demander grâce :

— Combien de fois encore, leur dit-il, la gloire de vos ancêtres servira-t-elle d'excuse à vos fautes ?

Au reste, il avait dit, en regardant le champ de bataille couvert de morts, un mot qui était une excuse envers les dieux et peut-être envers lui-même.

— Hélas ! avait-il dit, ce sont eux qui l'ont voulu ! si César eût licencié son armée, malgré tant de victoires, Caton l'accusait, et César était condamné.

Maintenant, la question est là : Valait-il mieux être Thémistocle banni que César victorieux ?

LXIX

Suivons le vaincu dans sa fuite ; nous reviendrons ensuite au vainqueur.

Quand Pompée, qui n'avait avec lui que quelques personnes, se fut éloigné du camp, il quitta son cheval, et, voyant qu'on ne songeait point à le poursuivre, il marcha lentement, tout entier aux sombres réflexions qui devaient l'occuper en un pareil moment. — Figurez-vous Napoléon après Waterloo ; et encore, chez Napoléon, c'était la nécessité : il avait été forcé de combattre ; Pompée, lui, avait repoussé tout accommodement.

La veille encore, il pouvait se partager le monde avec César, prendre, à son choix, l'Orient ou l'Occident ; et, s'il voulait absolument la guerre, venger chez les Parthes la défaite de Crassus, suivre dans l'Inde la route d'Alexandre. Mais, Romain, aller se heurter à des Romains! mais, Pompée, aller combattre César!

Hier, Pompée était maître de la moitié du monde; aujourd'hui, il n'est pas sûr de l'heure présente, pas maître de sa propre vie!

Où se réfugiera-t-il? Il sera temps d'y songer plus tard; il faut fuir d'abord.

Il traversa Larisse, la ville d'Achille, sans s'y arrêter; puis il entra dans la vallée de Tempé, que, vingt ans plus tard, devait chanter Virgile, grandissant au milieu de guerres civiles qui lui laisseront un si terrible souvenir!

Pressé par la soif, il se jette le visage contre terre, et boit au fleuve Pénée; puis, se relevant, il traverse la vallée et se rend au bord de la mer.

Là, il passa la nuit dans une pauvre cabane de pêcheur; puis, dès le matin, montant dans un bateau avec les personnes de condition libre qui l'accompagnaient, il renvoya ses esclaves en leur disant d'aller trouver César, et leur assurant qu'ils n'avaient rien à craindre de lui.

Il côtoyait le rivage lorsqu'il aperçut un grand navire marchand prêt à lever l'ancre; il ordonna aux rameurs de nager vers ce bâtiment.

Le patron était un Romain qui n'avait jamais eu de relations personnelles avec Pompée, et qui ne le connaissait que de vue; il s'appelait Péticius.

Tout à coup, on vint dire à cet homme, qui s'occupait de son chargement, que l'on apercevait un bateau faisant force de rames pour arriver au navire, et que ce bateau portait des hommes qui secouaient leurs toges, et tendaient les mains comme des suppliants.

— Oh! s'écria-t-il, c'est Pompée!

Et il courut sur le port.

— Oui, dit-il aux matelots, oui, c'est lui... Allez et recevez-le avec honneurs, malgré le malheur qui lui est arrivé.

Les matelots, du haut de l'escalier du navire, firent signe à celui qui paraissait commander dans la barque qu'il pouvait monter à bord.

Pompée monta.

Il avait avec lui Lentulus et Favonius.

Étonné de la réception qu'on lui faisait, Pompée commença par remercier Péticius ; puis :

— Il m'a semblé que tu m'avais reconnu avant que je t'eusse appris mon nom, dit-il ; m'as-tu vu déjà, et savais-tu que je vinsse en fugitif?

— Oui, répondit Péticius, je t'avais vu à Rome ; mais, avant que tu vinsses, je savais que tu allais venir.

— Et comment cela ? demanda Pompée.

— Cette nuit, je t'ai vu en rêve, non pas comme à Rome, chef ou triomphateur, mais humilié, mais abattu et me demandant l'hospitalité sur mon navire. C'est pourquoi, voyant dans une barque un homme qui réclamait du secours et faisait des gestes de suppliant, je me suis écrié : « C'est Pompée ! »

Pompée ne répondit rien, et se contenta de pousser un soupir. Il s'inclinait devant la puissance des dieux, qui avaient envoyé ce songe, présage de la vérité.

En attendant le repas, Pompée demanda de l'eau tiède pour laver ses pieds, et de l'huile pour les frotter ensuite.

Un matelot lui apporta ce qu'il demandait.

Il regarda autour de lui, puis sourit tristement : il n'avait plus un seul domestique. Il commença de se déchausser lui-même.

Alors, Favonius, cet homme rude qui avait dit à Pompée : « Frappe du pied maintenant ! » Favonius, qui disait : « Adieu, pour cette année, aux figues de Tusculum ! » Favonius se précipita à genoux, les larmes aux yeux, et, malgré la résistance de Pompée, le déchaussa lui-même, lui lava les pieds et le frotta d'huile.

Et, à partir de ce moment, il ne cessa d'avoir soin de lui, et de lui rendre tous les services que lui eût rendus non-seulement le valet le plus fidèle, mais encore l'esclave le plus soumis.

Deux heures après avoir reçu Pompée à son bord, le patron du bateau vit sur le rivage un homme qui faisait des signes de détresse.

On alla à cet homme avec un canot, on le prit, et on l'amena : c'était le roi Déjotarus.

Le lendemain, au point du jour, on leva l'ancre et l'on démarra.

Pompée passa devant Amphipolis.

A sa prière, on mit le cap sur Mitylène : il voulait y prendre Cornélie et son fils.

On jeta l'ancre devant l'île, et l'on envoya un courrier.

Hélas ! ce courrier n'était point tel que Cornélie devait l'attendre, après cette première lettre datée de Dyrrachium, et qui annonçait la défaite et la fuite de César.

Le courrier la trouva toute pleine de joie.

— Des nouvelles de Pompée ! s'écria-t-elle ; oh ! bonheur ! sans doute m'annonce-t-il que la guerre est finie ?

— Oui, dit le courrier en secouant la tête, finie... mais non pas de la façon que vous l'entendez.

— Qu'y a-t-il donc ? demanda Cornélie.

— Il y a que, si vous voulez saluer une dernière fois votre époux, madame, reprit le messager, il faut me suivre et vous attendre à le voir dans l'état le plus misérable, et sur un vaisseau qui ne lui appartient même pas.

— Dis-moi tout ! s'écria Cornélie. Ne vois-tu pas que tu me fais mourir ?

Alors, le messager lui raconta Pharsale, la défaite et la fuite de Pompée, et l'accueil qui avait été fait à son mari sur le bâtiment où il l'attendait.

Au dernier mot de ce récit, Cornélie se jeta à terre, et s'y roula longtemps, égarée et muette; puis, enfin, revenue à elle-même et sentant qu'en un pareil moment, il y avait autre chose à faire que de gémir et de pleurer, elle traversa la ville en courant, et gagna le rivage.

De loin, Pompée la vit accourir.

Il alla au-devant d'elle, et la reçut dans ses bras, toute défaillante.

— O cher époux! s'écria-t-elle, je te revois, et c'est l'œuvre de ma mauvaise fortune, et non de la tienne, je te revois perdu sur une seule barque, toi qui, avant les noces de Cornélie, traversas la mer avec cinq cents vaisseaux! Pourquoi viens-tu me chercher, moi, ton mauvais génie? pourquoi ne m'abandonnes-tu pas à mon destin, moi qui t'inonde d'une si grande infortune?... Oh! que j'eusse été heureuse de mourir avant d'avoir appris que Publius, l'époux de ma virginité, avait péri chez les Parthes, et que j'eusse été sage, n'ayant pas eu ce bonheur de mourir de la main des dieux, de mourir de la mienne, plutôt que de devenir une calamité pour Pompée le Grand!

Pompée la pressa dans ses bras plus tendrement qu'il n'avait fait encore.

— Cornélie, lui dit-il, tu n'avais connu jusqu'ici que les faveurs de la fortune; cette fortune est restée longtemps près de moi comme une maîtresse fidèle, et je n'ai point à me plaindre : étant né homme, je suis soumis à l'inconstance du sort. Ne désespérons point, chère épouse, de remonter du présent au passé, puisque nous sommes bien descendus du passé au présent.

Alors, Cornélie fit venir ses serviteurs et ses effets les plus précieux.

Les habitants de Mitylène, sachant que Pompée était dans le port, vinrent le saluer, et le prièrent d'entrer dans leur ville; mais lui refusa, en disant :

— Soumettez-vous avec confiance à César : César est bon et clément.

Puis il discuta pendant quelques instants avec le philosophe Cratippe sur l'existence de la providence divine.

Il doutait; il faisait plus que douter : il niait.

A notre avis, c'est, au contraire, la défaite de Pompée et la victoire de César qui nous paraîtraient une intervention visible de la providence divine dans les choses humaines.

LXX

Pompée, à Mitylène, se trouvait encore trop près de Pharsale; il continua sa route sans s'arrêter dans les ports, excepté pour y faire de l'eau et y prendre des vivres.

La première ville où il fit halte fut Attalie, dans la Pamphylie. Là, cinq ou six galères le rejoignirent; elles venaient de la Cilicie, et lui permirent de reformer quelques troupes. Il eut même bientôt auprès de lui soixante sénateurs; c'était un noyau autour duquel se rassemblèrent les fugitifs.

En même temps, Pompée apprit que sa flotte n'avait reçu aucun échec, et que Caton, après avoir recueilli un grand nombre de soldats, était passé en Afrique.

Ce fut alors qu'il se plaignit à ses amis et se fit à lui-même les plus vifs reproches, d'avoir livré la bataille avec sa seule armée de terre, laissant oisive sa flotte, qui faisait sa principale force, ou du moins de ne s'être pas fait un refuge de sa flotte, au cas d'une défaite sur terre ; cette flotte, à elle seule, lui eût rendu à l'instant même une armée plus puissante que celle qu'il eût perdue.

Forcé d'agir avec les seules forces qui lui restaient, Pompée essaya au moins de les augmenter. Il envoya ses amis demander secours dans quelques villes ; il alla lui-même dans d'autres pour recruter des hommes et équiper des vaisseaux ; mais, en attendant que chacun lui tînt les promesses qu'on venait de lui faire, connaissant la célérité des mouvements de César, la promptitude avec laquelle celui-ci était accoutumé d'user de la victoire, craignant de le voir apparaître d'un moment à l'autre, et de n'avoir pas même le moyen de lui résister, il se mit à chercher quel lieu du monde pouvait lui offrir un asile.

Ses amis furent assemblés, et l'on tint conseil sur ce sujet.

Lui, Pompée, parmi tous les royaumes étrangers, choisissait celui des Parthes ; c'était, selon lui, la puissance la plus propre à le protéger, à le défendre, et même à lui donner des troupes pour reconquérir sa position perdue ; mais on lui fit observer qu'à cause de sa grande beauté, Cornélie ne serait point en sûreté chez ces barbares, qui avaient tué le jeune Crassus, son premier époux.

Cette raison détourna Pompée de prendre le chemin de l'Euphrate.

Puis ne faut-il pas que les destins s'accomplissent!

Un ami de Pompée fit la proposition de se retirer près du roi numide Juba, et de rejoindre Caton, qui, nous l'avons dit, était déjà en Afrique avec des forces considérables.

Mais Théophane de Lesbos insista pour l'Égypte et pour les Ptolémées. L'Égypte n'était qu'à trois journées de navigation, et le jeune roi Ptolémée, dont Pompée avait rétabli le père sur le trône, et qui était lui-même pupille de Pompée, avait à celui-ci de trop grandes obligations pour ne pas se faire le plus dévoué de ses serviteurs.

Le mauvais génie de Pompée fit prévaloir cette dernière proposition.

En conséquence, Pompée partit de Chypre, avec sa femme, sur une galère de Séleucie; les autres personnes de sa suite montaient des bâtiments longs ou des navires marchands.

La traversée fut heureuse; l'haleine de la mort poussait les vaisseaux!

Les premières informations prises apprirent à Pompée que Ptolémée était à Péluse, et faisait la guerre à sa sœur Cléopâtre.

Pompée se fit précéder par un de ses amis, chargé de prévenir le roi de son arrivée et de lui demander, au nom de Pompée, un asile en Égypte.

Ptolémée, qui avait quinze ans à peine, était, depuis deux ans, le mari de sa sœur Cléopâtre, qui en avait dix-neuf. Cléopâtre, en vertu de son droit d'aînesse, avait voulu exercer l'autorité; mais les confidents de Ptolémée avaient excité une sédition contre elle et l'avaient éloignée.

Voilà quel était l'état des choses au moment où arriva le messager de Pompée.

Les confidents de Ptolémée qui avaient chassé Cléopâtre

étaient un eunuque, un rhéteur et un valet de chambre.

L'eunuque se nommait Pothin; le rhéteur, Théodote de Chio; le valet de chambre, Achillas.

Ce respectable conseil fut réuni pour délibérer sur la demande de Pompée.

La délibération et la décision furent dignes de l'assemblée.

Pothin était d'avis que l'on refusât l'hospitalité à Pompée; Achillas était d'avis qu'on le reçût; mais Théodote de Chio, trouvant une occasion de faire briller sa science de rhéteur, posa ce dilemme :

— Il n'y a aucune sûreté dans l'un ou l'autre des deux avis : recevoir Pompée, c'est se donner César pour ennemi, et Pompée pour maître; renvoyer Pompée serait, si Pompée reprenait jamais le dessus, se créer, de ce côté-là, une haine mortelle.

Le meilleur parti, selon le rhéteur, était donc de faire semblant de le recevoir, et de le tuer tout simplement.

— Cette mort, continua l'honorable orateur, obligera César... Puis, ajouta-t-il en souriant, *les morts ne mordent pas.*

Cet avis réunit tous les suffrages, et Achillas fut chargé de son exécution.

En conséquence, il prit avec lui deux Romains, nommés Septimius et Salvius, qui avaient été autrefois, l'un chef de cohorte, l'autre centurion sous Pompée; on leur adjoignit trois ou quatre esclaves, et l'on se rendit à la galère de Pompée.

Tous ceux qui montaient cette galère étaient réunis sur le pont, et attendaient une réponse au message envoyé à Ptolémée.

On s'attendait à voir venir au-devant de l'illustre fugitif

la galère royale elle-même, et on la cherchait au loin des yeux. Aussi, lorsque, en place de cette galère, on aperçut une misérable barque montée par sept ou huit hommes, ce mépris parut suspect à tout le monde, et il n'y eut qu'une voix pour conseiller à Pompée de gagner le large pendant qu'il en était temps encore.

Mais Pompée était au bout de ses forces comme au bout de sa fortune.

— Attendons, dit-il ; il serait ridicule de fuir devant huit hommes.

Alors, le bateau s'approcha, et Septimius, reconnaissant son ancien chef, se leva et le salua du titre d'imperator.

En même temps, au nom du roi Ptolémée, Achillas l'invitait en grec à passer de la galère sur le bateau, la côte étant vaseuse, et la mer, hérissée de bancs de sable, n'ayant pas la profondeur nécessaire à son bâtiment.

Pompée hésitait ; mais, sur ces entrefaites, on voyait armer les vaisseaux de Ptolémée, et ses soldats se répandre sur le rivage. Était-ce pour faire honneur à Pompée ? On pouvait le croire. D'ailleurs, au point où l'on en était arrivé, montrer de la défiance, c'était fournir soi-même aux assassins l'excuse de leur crime.

Alors, Pompée, embrassant Cornélie, qui pleurait d'avance sa mort, ordonna à deux centurions de sa suite, à Philippe, un de ses affranchis, et à un de ses esclaves, nommé Scéné, de monter les premiers ; et, comme Achillas lui tendait la main de dessus le bateau, il se retourna vers sa femme et son fils, prenant congé d'eux par ces deux vers de Sophocle :

> Quiconque marche vers un tyran est son esclave,
> Quand même il eût été libre en s'approchant de lui !

LXXI

Ce furent les dernières paroles que Pompée échangea avec ceux qui lui étaient chers.

Puis il se fit un moment de silence solennel pendant lequel il passa du bâtiment dans la barque; puis, enfin, la barque se détacha du bâtiment et rama vers le rivage.

Le bâtiment resta immobile, tous les amis de Pompée groupés autour de sa femme et de son fils, et le regardant s'éloigner.

Le trajet était long du bâtiment au rivage. Dans la petite barque, perdue sur l'immense lac, tout le monde gardait le silence.

Ce silence pesait sur le cœur de Pompée comme celui de la mort.

Il essaya de le rompre; il regarda tous ces hommes les uns après les autres, pour voir si un seul parmi eux lui parlerait le premier.

Tous restèrent muets et sombres comme des statues.

Enfin, son regard s'arrêta sur Septimius, qui, nous l'avons dit, l'avait, en arrivant, salué du titre d'imperator.

— Mon ami, lui dit-il, me trompé-je, ou ma mémoire est-elle fidèle? Il me semble que tu as fait autrefois la guerre avec moi.

Septimius répondit par un signe de tête affirmatif, mais sans accompagner ce signe d'un seul mot, sans paraître le moins du monde être sensible à ce souvenir de Pompée.

Le bruit produit par la parole du fugitif s'éteignit sans écho dans tous ces cœurs d'eunuques et d'esclaves.

Pompée poussa un soupir, et, prenant ses tablettes, où il avait écrit d'avance en grec le discours qu'il devait adresser à Ptolémée, il le relut et le corrigea.

Cependant, à mesure que la barque approchait de terre, on voyait les officiers du roi se réunir sur le point du rivage où elle paraissait devoir aborder.

Cette démonstration rassurait un peu Cornélie et les amis de Pompée, qui demeuraient là pour voir ce qui allait arriver.

Mais cet éclair d'espoir n'eut point une longue durée.

La barque venait de toucher terre.

Pompée se leva pour aborder, et, en se levant, s'appuya sur l'épaule de Philippe, son affranchi.

Mais, en ce moment même, par un mouvement rapide comme la pensée, Septimius tira son épée et la lui passa au travers du corps.

Voyant ce premier coup porté, Salvius et Achillas tirèrent leurs épées à leur tour.

Alors, Pompée, qui, malgré la blessure terrible qu'il avait reçue, était resté debout, comme si un géant de sa taille ne pouvait tomber sous un seul coup, Pompée jeta un dernier regard vers sa femme et son fils, prit sa robe des deux mains, s'en voila le visage, et, sans prononcer une parole, sans faire un geste qui fût indigne de lui, poussant un simple soupir, il reçut tous les coups sans se plaindre et sans essayer de les éviter.

Il était âgé de cinquante-neuf ans, accomplis de la veille; il mourait donc le lendemain du jour anniversaire de sa naissance.

A la vue de l'assassinat, ceux qui étaient sur le navire poussèrent des cris affreux qui retentirent jusqu'au rivage.

L'enfant pleurait sans savoir pourquoi ; Cornélie se tordait les bras de désespoir. Mais, quoiqu'elle insistât pour qu'on lui rendît au moins le corps de son époux, les ancres des vaisseaux furent levées, toutes les voiles mises dehors, et, grâce à un grand vent de terre, les navires s'éloignèrent comme une volée d'oiseaux de mer.

Les Égyptiens, qui avaient d'abord décidé de les poursuivre, furent bientôt forcés de renoncer à leur dessein : les navires fugitifs avaient une trop grande avance sur eux.

Les assassins coupèrent la tête de Pompée pour la porter à leur roi et lui prouver que son ordre était exécuté.

Quant au corps, ils le jetèrent tout nu sur le rivage, le laissant en cet humble état exposé aux regards des curieux, tentés de mesurer la grandeur humaine à la taille d'un cadavre sans tête.

Philippe seul, l'affranchi de Pompée, demanda à ne point quitter le corps de son maître, et sauta près de lui à terre.

Les assassins s'éloignèrent avec la tête.

Alors, Philippe lava pieusement le corps dans l'eau de la mer, le revêtit de sa propre tunique, et ramassa sur le rivage les débris d'un bateau de pêcheur, débris presque pourris de vétusté, « mais qui suffirent cependant, dit Plutarque, à composer un bûcher à un cadavre qui n'était pas même entier. »

Pendant qu'il ramassait ces débris et composait ce bûcher, un vieillard s'approcha de lui.

C'était un Romain déjà vieux, et qui, dans sa jeunesse, avait fait ses premières armes sous Pompée, jeune aussi alors.

Il savait déjà la nouvelle terrible, et, s'arrêtant devant l'affranchi :

— Qui es-tu, lui demanda-t-il, ô toi qui te disposes à faire les obsèques du grand Pompée?

— Hélas! répondit Philippe, je suis un bien humble serviteur, mais un serviteur fidèle : je suis un des affranchis de Pompée!

— Soit, dit le vétéran; mais tu n'auras pas seul l'honneur de le mettre au tombeau; souffre que, te rencontrant ici, je m'associe à toi pour ce pieux devoir. Je n'aurai pas à me plaindre, les dieux m'en sont témoins, de mon séjour sur cette terre étrangère, puisque, après tant de malheurs, j'étais réservé à cette gloire de toucher et d'ensevelir le corps du plus grand des Romains.

Telles furent les funérailles de Pompée le Grand.

Le lendemain, un autre navire, venant de Chypre, longeait les côtes d'Egypte. Un homme se tenait debout sur le pont, couvert d'une armure et enveloppé d'un manteau militaire, pensif, les bras croisés et les yeux fixés sur le rivage.

Il vit le feu du bûcher qui commençait à s'éteindre, et, près de ce feu mourant, l'affranchi Philippe assis et la tête dans ses mains.

— Quel est, murmura-t-il avec un sentiment de profonde tristesse, celui qui est venu terminer ici sa destinée et s'y reposer de ses travaux?

Puis, comme personne ne pouvait lui répondre, un instant après jetant un profond soupir :

— Hélas! dit il, c'est peut être toi, illustre Pompée!

Bientôt après, il débarqua, fut pris et mourut en prison.

Seulement, bien peu s'en préoccupèrent; son nom s'était perdu dans le nom, son infortune s'était perdue dans l'infortune de Pompée le Grand!

De son côté, César, après avoir rendu la liberté à toute la Thessalie, en considération de la victoire remportée à Pharsale, s'était mis à la poursuite de Pompée.

Arrivé en Asie, il avait, en faveur de Théopompe, auteur d'un traité sur la Mythologie, accordé la même faveur aux Cnidiens, et déchargé tous les habitants de l'Asie du tiers des impôts.

Au fur et à mesure qu'il avançait, il apprenait les prodiges qui avaient précédé ou accompagné sa victoire.

A Élide, l'image de la Victoire, placée dans le temple de Minerve, et qui regardait la déesse, s'était, le jour du combat, tournée d'elle-même vers la porte du temple; à Antioche, on avait par trois fois entendu un son de trompettes avec des cris militaires, de sorte que l'on prit les armes pour monter sur les remparts; à Pergame, les tambours qui étaient dans le sanctuaire avaient battu d'eux-mêmes sans que personne les touchât; enfin, à Tralles, on lui montra le palmier qui avait poussé dans le temple de la Victoire.

Il était à Cnide, quand il apprit que Pompée avait relâché à Chypre. A partir de ce moment, il en augura que le vaincu se retirerait en Égypte.

Alors, il cingla vers Alexandrie, avec une quinzaine de galères, huit cents chevaux et deux légions, l'une qu'il avait fait venir de l'armée de Calénus, qui était en Achaïe, et l'autre qui l'avait suivi.

Ces deux légions ne faisaient en tout que trois mille deux cents soldats; le reste était demeuré par les chemins.

Mais, si peu nombreuse que fût son armée, César, après sa victoire de Pharsale, se croyait en sûreté partout.

Ce fut avec ces forces seulement qu'il entra dans le port d'Alexandrie.

A peine avait-il posé le pied sur le rivage, qu'il vit venir à lui une députation dont l'orateur, après lui avoir fait toute sorte de compliments, ouvrit un pan de sa robe et fit rouler à ses pieds la tête de Pompée.

A cette vue, César détourna la tête avec horreur et ne put retenir ses larmes.

On lui offrit le cachet de Pompée ; il le prit avec vénération.

Ce cachet avait pour empreinte un lion tenant une épée.

Il combla de présents tous les amis de Pompée, qui, après sa mort, s'étant dispersés dans la campagne, avaient été pris par le roi d'Égypte, et il se les attacha.

En outre, il écrivit à Rome que le fruit le plus doux et le plus réel de sa victoire était de sauver tous les jours quelques-uns de ses concitoyens qui avaient porté les armes contre lui.

LXXII

Le premier soin, nous dirons presque le premier devoir de César, en arrivant en Égypte, fut de recueillir les cendres de Pompée et d'envoyer à Cornélie l'urne qui les contenait.

Cornélie les déposa dans cette belle maison d'Albe dont plusieurs fois nous avons eu l'occasion de parler.

César avait frappé du pied la terre à l'endroit où était tombé Pompée, et il avait dit :

— Je bâtirai ici un temple à l'Indignation.

Et, plus tard, en effet, ce temple fut bâti. Appien le vit,

et raconte que l'empereur Trajan faisant la guerre aux Juifs, en Égypte, ceux-ci l'abattirent parce qu'il les gênait.

Cependant, César était assez embarrassé. Il avait donné rendez-vous à plusieurs vaisseaux à Alexandrie; d'un autre côté, les vents étésiens le retenaient et il avait grande envie de prendre sa belle et de faire mourir les trois meurtriers de Pompée : Pothin, Achillas et le sophiste Théodote.

Puis, disons-le, il avait fort entendu vanter la beauté de Cléopâtre, et César était fort curieux de ces sortes de prodiges.

Cléopâtre avait alors dix-sept ans. Deux ans auparavant, ce même Ptolémée Aulétès, le joueur de flûte, que nous avons vu venir à Rome pour y implorer la protection de Pompée, était mort.

Il avait laissé un testament en double : un duplicata avait été envoyé à Pompée à Rome; l'autre était resté dans les archives d'Alexandrie.

Par ce testament, le vieux roi laissait le trône à son fils et à sa fille aînés, Cléopâtre et Ptolémée, qui, outre qu'ils étaient frère et sœur, étaient époux. Ptolémée n'avait alors que quinze ans.

Le testateur invitait Pompée à veiller, au nom du peuple romain, à ce que son testament fût exécuté.

Or, depuis un an, le pouvoir de Pompée était passé aux mains de César.

De plus, comme nous l'avons vu, Pompée venait d'être assassiné par ce même Ptolémée dont il était chargé de soutenir les droits.

Il y avait encore un autre frère, âgé de onze ans, et une autre sœur, nommée Arsinoé, âgée de seize ans, au moment où César entra dans Alexandrie.

Celui-ci fit inviter Cléopâtre et Ptolémée, qui avaient chacun une armée, à licencier leurs troupes et à venir plaider leur procès devant lui.

En signe de ses bonnes dispositions en faveur des deux jeunes princes, César, créancier du roi mort pour une somme de dix-sept millions cinq cent mille drachmes, César, disons-nous, leur faisait remise de sept millions; seulement, il déclarait avoir besoin des dix millions cinq cent mille drachmes restants, et exigeait qu'ils lui fussent payés.

César attendait l'effet de l'invitation faite à Ptolémée et à Cléopâtre, quand on lui annonça qu'un homme demandait à lui faire hommage d'un tapis comme il prétendait que César n'en avait jamais vu.

César ordonna de faire entrer l'homme qui demandait à lui parler.

Il entra effectivement, portant sur son épaule un tapis qu'il déposa aux pieds de César.

Ce tapis était serré par une courroie.

L'homme desserra la courroie, le tapis se déroula de lui-même et César en vit sortir une femme.

C'était Cléopâtre.

Connaissant son pouvoir, qu'elle avait déjà exercé particulièrement sur le jeune Sextus Pompée, elle s'était, aussitôt qu'elle avait appris la convocation de César, jetée dans un bateau avec le seul Apollodore de Sicile, qu'elle tenait pour son meilleur ami, et elle était arrivée vers les neuf heures du soir en face du palais.

Mais, n'espérant pas y entrer sans être reconnue, elle avait dit à Apollodore de la rouler dans un tapis et de la porter ainsi à César.

Ce tour de grisette enchanta le vainqueur de Pharsale.

Cléopâtre n'était pas précisément belle; elle était mieux que cela : elle était charmante. Sa taille était petite, mais admirablement prise. Il ne fallait pas qu'elle fût bien grande, en effet, pour tenir dans un tapis roulé. Elle était toute grâce, toute coquetterie, tout esprit; elle parlait le latin, le grec, l'égyptien, les langues de la Syrie et de l'Asie, elle tenait de l'Orient des habitudes de magnificence qui liaient ceux qui la voyaient avec des chaînes d'or et de diamant; c'était, enfin, la réalisation de la fable de la Sirène.

Il faut croire qu'elle ne fit pas languir César; car, lorsque, le lendemain, Ptolémée arriva, *« il s'aperçut, dit Dion Cassius, à certaines privautés de César avec sa sœur, que sa cause était perdue. »

Cependant, le jeune renard rusa; il fit semblant de ne rien voir; mais, au premier moment propice, il disparut, quitta le palais, et se prit à courir par les rues d'Alexandrie, en disant qu'il était trahi.

Aux cris du jeune roi, le peuple prit les armes.

De son côté, Pothin expédia un messager à Achillas, qui commandait l'armée de Péluse, en l'invitant à marcher sur Alexandrie.

L'armée égyptienne était de vingt-cinq mille hommes, non pas Égyptiens : c'eût été une plaisanterie pour César qu'une pareille armée! mais elle était composée des débris de celle de Gabinius, — c'est-à-dire de vétérans romains qui s'étaient accoutumés à cette vie licencieuse d'Alexandrie, qui s'y étaient mariés, et qui, en conservant la valeur des Romains, y avaient pris les habitudes de l'Orient; — de pirates de la Cilicie, restes de ceux-là qu'avait dispersés Pompée; enfin, de fugitifs et de bannis.

César, en entendant ces cris de mort poussés contre lui,

en comptant ses trois mille deux cents soldats, comprit que la situation était grave; il envoya à Achillas deux ex-ministres du feu roi, deux anciens ambassadeurs à Rome.

On les nommait Sérapion et Dioscoride.

Achillas, avant qu'ils eussent ouvert la bouche, les fit massacrer.

C'était, comme on le voit, une déclaration de guerre en règle à César.

César l'accepta.

Il avait contre lui Achillas et ses vingt-cinq mille hommes; mais il avait pour lui cet allié puissant qu'on appelle l'Amour.

Puis, à tout hasard, il avait mis la main sur le petit roi Ptolémée et sur l'eunuque Pothin.

César commença par concentrer ses troupes, et se retira, avec Cléopâtre, dans ce que l'on appelait le palais royal.

Un théâtre attenait au palais; César en fit sa citadelle.

Au fur et à mesure que César se retirait, les troupes d'Achillas s'avançaient dans la ville; mais il y eut un point où les troupes de César cessèrent de reculer.

Alors, on combattit.

Achillas essaya de forcer le palais et donna plusieurs assauts; mais partout il fut repoussé.

Il essaya de s'emparer des galères de César.

César en avait cinquante. c'étaient des bâtiments pris sur la flotte de Pompée, à trois et à cinq rangs de rames, parfaitement équipés.

Vingt-deux autres gardaient, en outre, le havre.

Or, en se rendant maîtres de ces vaisseaux, les Égyptiens tenaient César prisonnier, interceptaient le port et la mer, et lui retranchaient les vivres.

Chacun se battit donc de son mieux : les soldats d'Achillas, en hommes qui sentent l'importance de la position qu'ils veulent prendre ; les soldats de César, en hommes qui savent que leur vie dépend de leur courage.

Les attaques d'Achillas furent repoussées de tous côtés.

Alors, César, voyant qu'avec le peu de forces qu'il avait, il ne pouvait conserver ses galères, les brûla toutes, jusqu'à celles qui étaient dans l'arsenal.

Puis, en même temps, il débarqua des troupes au phare.

Ce phare était une tour d'une merveilleuse hauteur qui donnait son nom à l'île sur laquelle elle était bâtie.

Cette île était jointe à la ville d'un côté par une jetée de neuf cents pas, bâtie par les rois précédents, avec un pont à chaque bout. Elle avait un faubourg qui était à lui seul de la grandeur d'une ville ; ce faubourg était habité par une population de bandits et de pirates, courant sus à tous les vaisseaux égarés.

La tour du phare avait cette importance immense, que, le port étant excessivement étroit, on ne pouvait y entrer que sous le bon plaisir de ceux qui habitaient la tour.

Au reste, au bout de trois jours, César avait achevé un de ces prodigieux ouvrages de fortification dont il avait l'habitude.

Il avait relié, par des murailles, toute la circonvallation de la ville qu'il occupait.

Par le théâtre, il communiquait avec le port et avec l'arsenal.

De leur côté, les Égyptiens avaient bloqué César en fermant toutes les rues et tous les carrefours avec des murailles de quarante pieds de haut, bâties de gigantesques quartiers de pierre ; puis, dans les lieux bas, ils avaient élevé des tours de deux étages, les unes incrustées dans le sol, les autres se mouvant sur des roues, et pouvant se traîner partout où il était besoin.

Sur ces entrefaites, César jouait son rôle de conciliateur.

Le jeune Ptolémée, enfant rusé et venimeux, avait fait semblant, sur les instances de César, de se raccommoder avec sa sœur, et avait consenti à partager le trône avec elle.

César, au milieu de toute cette lutte contre Alexandrie, donna un grand festin pour célébrer la réconciliation.

Au milieu du repas, un de ses esclaves qui lui servait de barbier, et qui était l'homme du monde le plus timide et le plus soupçonneux, vint lui parler bas à l'oreille.

Cinq minutes après, César sortit.

Le barbier l'attendait dans le corridor.

Tout en courant le palais, tout en furetant, tout en écoutant, le barbier avait entendu des voix qui parlaient tout bas.

Il s'était approché et avait surpris un complot d'assassinat qui se tramait entre Pothin et les envoyés d'Achillas.

César avait toute confiance dans celui qui lui dénonçait ce complot.

— C'est bien, dit-il, il y avait longtemps que j'attendais une occasion de venger le meurtre de Pompée : la voici venue, je ne la laisserai pas échapper. Que l'on tue Pothin.

Il vit partir les hommes chargés d'exécuter cet ordre, et rentra en souriant dans la salle du festin, où il reprit sa place près de Cléopâtre.

Un instant après, un centurion entra et lui dit tout bas :

— C'est fait.

César fit un signe de tête indiquant qu'il était satisfait, et le centurion se retira.

Le même soir, Ptolémée sut la mort de son confident; mais, au lieu d'avoir l'air de le regretter, il félicita César d'avoir échappé au danger dont le menaçait la trahison de ses serviteurs.

Cette mort, au reste, causa une telle épouvante parmi ceux qui eussent eu envie de conspirer contre César, que la jeune sœur de Cléopâtre, Arsinoé, s'enfuit la nuit suivante et passa au parti d'Achillas, avec son gouverneur Ganymède.

Elle avait un espoir : c'est que, sa sœur Cléopâtre étant la maîtresse de César, et son frère Ptolémée en étant le prisonnier, elle se ferait déclarer reine.

Et, en effet, les troupes l'accueillirent avec de grandes acclamations.

Mais bientôt la discorde se mit entre elle et Achillas.

Ce que voyant Arsinoé, elle fit assassiner Achillas par Ganymède. Celui-ci reprit le commandement échappé aux mains d'Achillas, répandit, au nom de sa jeune maîtresse, de grandes sommes d'argent dans l'armée, et se chargea de continuer cette dangereuse tâche d'une lutte contre César.

C'était le second meurtrier de Pompée qui expiait son meurtre.

Finissons-en tout de suite avec ces odieux personnages.

Quant à Théodote le sophiste, après être parvenu à se dérober à la justice de César, il s'enfuit d'Égypte, et erra longtemps misérable et détesté; mais, après la mort de César, Marcus Brutus, s'étant rendu maître de l'Asie, découvrit la retraite où se cachait Théodote, et, étant parvenu à s'en emparer, le fit mettre en croix.

Nous verrons plus tard que les meurtriers de César finirent tous à peu près aussi malheureusement que ceux de Pompée.

Si Pompée, qui niait la Providence à Mitylène, eût pu voir la mort de Pothin, d'Achillas et de Théodote, il n'eût plus douté!

LXXIII

Nous voici arrivés au dénoûment de cette Fronde antique entreprise pour les beaux yeux d'une femme.

Alors, comme aujourd'hui, — quoique l'Alexandrie de nos jours ne soit pas précisément située sur l'emplacement de l'Alexandrie d'autrefois, — alors, comme aujourd'hui, la ville d'Alexandre recevait par des aqueducs l'eau du Nil, et cette eau était distribuée dans des puits et des citernes où elle avait eu le temps de déposer son limon. Les gens du peuple, qui n'avaient ni puits ni citernes, la buvaient trouble, au risque des inconvénients sanitaires qui pouvaient résulter de ce défaut de clarification.

Or, l'ennemi, étant maître du fleuve, entreprit de boucher tous les conduits par lesquels l'eau du Nil venait dans les quartiers occupés par les Romains, et, après un travail effroyable, il y réussit.

Mais, comme César était approvisionné d'eau, que les puits étaient pleins, que les citernes débordaient, cette suspension dans le service des aqueducs l'inquiéta médiocrement.

L'ennemi devina bientôt les causes de cette sécurité.

Alors, il eut l'idée de faire monter l'eau de la mer à

l'aide de roues et de machines. Cette eau salée, en se répandant à l'intérieur des puits et des citernes, corromprait l'eau douce, et César et sa garnison périraient par la soif.

En effet, sous la pression des machines inventées par ces prodigieux architectes qu'on appelait les Égyptiens, l'eau monta et gagna les premiers réservoirs.

Les soldats qui venaient puiser à ceux-là crurent qu'ils se trompaient lorsqu'ils trouvèrent l'eau saumâtre ; ils le crurent d'autant mieux que, dans les autres puits plus éloignés, l'eau restait potable.

Enfin, peu à peu, l'eau de tous les puits et de toutes les citernes fut corrompue.

On vint annoncer cette terrible nouvelle à César.

— Eh bien, demanda celui-ci le front et la voix calmes, que disent les soldats de cet accident ?

— Ils sont désespérés, imperator, répondit celui qui apportait la nouvelle, et se voient déjà réduits à l'extrémité.

— Et sans doute ils me blâment ? répondit César.

Le messager hésita.

— Oh ! parle franchement, reprit l'imperator.

— Eh bien, tous pensent que tu devrais essayer de quitter l'Égypte sur les vaisseaux qui te restent, et encore craignent-ils que l'embarquement ne soit impossible.

— C'est bien, dit César ; nous nous retirerons, mais victorieux.

— Et l'eau ? demanda le centurion.

— Prends dix hommes, dit César ; va à cinq cents pas du rivage de la mer, et creuse jusqu'à ce que tu trouves de l'eau : ou cette côte n'est pas faite comme celle des autres pays, ou, avant d'être à quinze pieds de profondeur, tu trouveras des sources.

Le centurion suivit l'ordre donné, creusa et trouva l'eau.

Mille ans après Moïse, César venait de renouveler le miracle des eaux jaillissantes ; tous deux avaient deviné le secret des puits artésiens.

Sur ces entrefaites, la trente-septième légion, que César avait recomposée des débris de celle de Pompée, débarqua un peu au-dessus d'Alexandrie.

Elle n'avait pu, à cause des vents opposés, entrer dans le port.

Elle ancra donc tout le long de la plage ; mais, comme elle manquait d'eau et qu'elle ne savait où en puiser, elle en fit demander à César.

César monta sur les quelques galères qui lui restaient avec trois ou quatre cents hommes, sortit du port et alla lui-même droit à sa flotte, qui était à deux ou trois lieues d'Alexandrie.

Arrivé à la Chersonèse, il débarqua quelques-uns de ses soldats pour faire de l'eau ; mais, la cavalerie ennemie ayant pris deux ou trois hommes qui s'étaient écartés pour piller, elle apprit de ces hommes que César était lui-même sur les galères.

Quelques instants après, Ganymède en était averti.

Il fit embarquer immédiatement deux ou trois mille soldats sur une vingtaine de bâtiments, et vint attaquer César.

César ne se souciait point d'accepter le combat, pour deux raisons : la première, c'est que la nuit allait tomber dans deux heures, et qu'alors l'avantage serait à l'ennemi, qui connaissait mieux la côte que lui ; la seconde, c'est que des soldats qui, comme les siens, combattaient surtout pour être remarqués de César, devaient nécessairement mal combattre dans l'obscurité.

Dès qu'il vit venir à lui les vaisseaux ennemis, il relâcha donc sur la côte.

Mais il arriva qu'une galère de Rhodes ne put suivre le mouvement et se trouva investie par quatre galères ennemies, renforcées de plusieurs barques.

César était en sûreté et pouvait laisser la galère se tirer d'affaire comme elle pourrait ; mais, on le sait, il n'était pas l'homme de ces sortes de ménagements : il mit le cap de son bâtiment sur la galère attaquée, et rama droit vers elle.

Au bout d'un combat d'une heure, où César paya de sa personne comme un simple matelot, il avait pris une galère à quatre rangs de rames, en avait coulé une autre à fond et mis une troisième hors de combat; les autres, effrayées, s'enfuirent tout éperdues.

César profita de leur terreur, remorqua les vaisseaux de charge avec ses galères, qui, marchant à la rame, marchaient contre le vent, et rentra avec eux dans le port.

Ces sortes de luttes se renouvelaient tous les jours avec des fortunes diverses.

Tantôt César battait les Égyptiens, tantôt il était battu par eux.

Un jour, sa galère fut tellement pressée, et il se trouva tellement accablé de traits, chaque ennemi visant à sa robe de pourpre, qu'il fut obligé de se dépouiller de sa robe, de se jeter à la mer, et de faire un trajet de plus de trois cents pas à la nage, ne se soutenant que d'une main, et portant de l'autre des papiers qu'il élevait hors de l'eau.

Sa robe de pourpre, trophée de la journée, tomba aux mains des Égyptiens.

Tout cela se passait sous les yeux de Cléopâtre : comme

ces chevaliers du moyen âge qui rompaient des lances pour les beaux yeux de leurs belles, César avait ouvert une espèce de tournoi dans la folle et perfide Alexandrie, cette ville légère comme Athènes, superstitieuse comme Memphis.

Sur ces entrefaites, César reçut une députation de l'ennemi.

Les Égyptiens lui faisaient dire qu'ils étaient las de la domination d'Arsinoé, qui n'était qu'une enfant, et de Ganymède, qui n'était qu'un affranchi ; que, en conséquence, s'il voulait leur renvoyer Ptolémée, ils se consulteraient avec lui sur leurs intérêts, et seraient probablement les premiers à proposer la paix.

César connaissait la perfidie de la nation, mais il fallait en finir : tandis qu'il s'amusait à batailler dans ce coin du monde, il sentait que le reste de l'univers lui échappait.

Il fit venir Ptolémée, et, lui prenant la main, il lui montra quelle confiance il avait en lui de le renvoyer ainsi aux révoltés, et l'invita à prier ses hommes de rentrer dans le devoir ; mais lui — le jeune prince — se prit à pleurer. Il supplia César de ne pas le bannir de sa présence, lui affirmant que sa présence lui était plus chère que ses États.

César, qui n'était ni faux ni cruel, se laissa prendre à ces larmes, l'embrassa comme il eût fait de son enfant et le fit conduire aux avant-postes ennemis.

Mais à peine y fut-il, que les larmes tarirent pour faire place à la menace, et que César comprit qu'il avait un ennemi de plus.

Par bonheur, on a vu que César ne les comptait pas.

LXXIV

Les choses demeurèrent encore quelque temps en cet état ; mais, tout à coup, César eut avis que Péluse, où était le fort de l'armée égyptienne, venait de tomber aux mains d'un de ses lieutenants.

En effet, Mithridate de Pergame, que César considérait fort pour sa valeur et son expérience dans les armes, était arrivé par terre, avec de grandes forces, de la Syrie et de la Cilicie.

Dépêché par César dès le commencement de cette guerre, qui durait déjà depuis sept mois, il avait fait un appel à l'affection des peuples alliés, et revenait avec une vingtaine de mille hommes.

Or, ayant compris que Péluse était la clef de la terre, comme Alexandrie était celle de la mer, il attaqua Péluse avec tant de vigueur, qu'au troisième ou quatrième assaut, il la prit.

De là, et après avoir laissé garnison dans la ville prise, il tira vers César et subjugua tout le pays par où il passa.

Arrivé au Delta, il se vit en face d'une partie de l'armée de Ptolémée.

Ce n'était que la moitié des troupes envoyées par le jeune roi.

Mais, pour avoir toute la gloire, cette partie de l'armée, qui était venue par le Nil, et en avait suivi le cours, voulut donner seule, n'attendant pas, comme l'avait recommandé le roi, la seconde partie, qui venait en suivant la rive.

Mithridate se retrancha selon la coutume romaine.

Les Égyptiens crurent qu'il avait peur et fondirent de tous côtés sur le camp.

Alors, les voyant venir inconsidérément à l'attaque, Mithridate sortit à la fois par toutes les portes de son camp, les enveloppa et les tailla en pièces ; de sorte que, sans la connaissance des lieux et le voisinage de leurs navires, ils fussent tous restés sur le champ de bataille.

César et Ptolémée furent avertis en même temps, et tous deux en même temps partirent avec toutes les forces dont ils pouvaient disposer : — l'un, César, afin de poursuivre sa victoire ; — l'autre, Ptolémée, afin de réparer sa défaite.

Ptolémée arriva le premier, s'étant embarqué sur le Nil, où il avait sa flotte toute prête.

César eût pu prendre aussi cette route ; mais il ne le voulut point, de peur d'être obligé de combattre sur des vaisseaux et dans le canal d'un fleuve, sorte de guerre qui lui enlevait cet imprévu de mouvements qui faisait sa force.

Mais, quoique arrivant après Ptolémée, César était en retard de si peu de temps, que le roi n'avait pas encore pu attaquer Mithridate.

En voyant arriver César, ce fut le roi d'Égypte qui se retrancha à son tour.

L'endroit où se retranchait Ptolémée était des plus avantageux.

D'un côté, il était défendu par le Nil ; de l'autre, protégé par un marais ; de l'autre, enfin, bordé par un précipice.

Si bien que le camp n'offrait qu'une seule entrée, étroite et difficile : c'était celle qui donnait sur la plaine.

César marcha sur le camp.

Mais, à moitié de cette marche, en arrivant au bord d'une rivière, il trouva cette rivière défendue par la fleur de la cavalerie égyptienne, et par une partie de l'infanterie légère de Ptolémée.

Là, on escarmoucha un instant de part et d'autre, sans pouvoir en venir sérieusement aux mains, les deux berges de la rivière étant trop escarpées ; mais les soldats de César, impatientés, demandèrent les haches.

On leur apporta les haches.

Alors, ils se mirent à abattre les arbres qui bordaient la rivière, les poussant du côté du courant, afin qu'ils formassent des ponts ; puis, les arbres abattus, au milieu des branches, dans l'eau jusqu'à la ceinture, ils passèrent.

Pendant ce temps, la cavalerie germaine avait remonté la rivière, et, trouvant un gué, l'avait passé.

Se voyant attaqué de face et tourné par la droite, l'ennemi prit la fuite.

César, qui n'était qu'à une lieue et demie du camp égyptien, donna ordre d'y marcher tout droit.

Son intention était de profiter du trouble où devait être l'ennemi et de l'attaquer à l'instant même ; mais, en voyant la force de son assiette, la hauteur du retranchement, l'avantage de la situation et tout le rempart bordé de soldats, il remit l'assaut au lendemain, ne voulant pas hasarder contre des troupes fraîches ses troupes fatiguées, tant du combat que d'une marche de plusieurs lieues.

Ayant donc examiné le terrain avec ce regard auquel rien n'échappait, il résolut d'attaquer, le lendemain, au point du jour, un fort qui se reliait au camp par un grand retranchement.

Dès l'aube, son armée était sous les armes, non point qu'il comptât attaquer ce fort avec tous ses soldats, mais il voulait que toutes ses forces fussent prêtes à attaquer le camp sur le point qu'il indiquerait.

Les soldats — comme si César eût à chacun d'eux, en particulier, expliqué le plan de la bataille — marchèrent au fort avec une telle résolution, qu'ils l'emportèrent d'assaut.

Puis, l'ayant emporté, ils s'élancèrent tout d'une haleine jusqu'aux retranchements de l'ennemi, où commença le véritable combat.

Le camp, nous l'avons dit, n'était réellement attaquable que du côté de la plaine, et naturellement, de ce côté, l'ennemi avait massé ses meilleurs soldats.

Cependant, dans une reconnaissance qu'il avait faite, César avait remarqué un étroit passage, se glissant entre le Nil et le camp.

Mais, alors, les soldats de César auraient à dos toute la flotte. Aussi César avait-il négligé ce moyen d'attaque.

Or, voyant que les attaques de front n'avaient aucun résultat, il appela à lui un de ses capitaines les plus expérimentés, nommé Carfulénus, lui exposa la situation, et lui demanda s'il voulait se charger de l'attaque par le Nil, avec un millier d'hommes.

Celui-ci répondit qu'il était prêt.

César ordonna donc de redoubler d'efforts du côté de la plaine, tandis que Carfulénus et ses mille hommes se glissaient sur le rivage du Nil.

Or, il arriva que les soldats chargés de garder ce côté du camp, se croyant gardés eux-mêmes par la flotte, étaient descendus, soit par curiosité pour voir le combat, soit par vaillance pour y prendre part, quand, tout à coup, ils entendirent un grand bruit derrière eux.

C'était Carfulénus, qui, n'étant arrêté que par les traits

qu'on lui lançait de la flotte, avait passé outre, était arrivé au sommet des retranchements, les avait trouvés déserts, et, ayant pénétré dans le camp, attaquait l'ennemi en queue.

Quand les Romains entendirent, de l'autre côté de ceux qu'ils combattaient, les cris de victoire de Carfulénus et de ses compagnons, ils redoublèrent d'efforts.

Troublés, à leur tour, par cette attaque imprévue, les Égyptiens faiblirent.

César vit que le moment était décisif.

Il se mit à la tête de vingt cohortes qui n'avaient pas encore donné, et chargea comme un simple capitaine.

L'ennemi ne put soutenir cette dernière attaque : il abandonna ses remparts et essaya de fuir.

Mais ce qui faisait sa force, victorieux, fit sa perte, vaincu.

Les premiers qui essayèrent de se sauver par les marais se noyèrent dans la boue.

Du côté du précipice, il n'y fallait pas songer.

Restait le Nil.

Chacun se précipita donc vers le Nil, — le roi comme les autres.

Le roi gagna un vaisseau, et lui ordonna aussitôt de s'éloigner du rivage; mais la foule qui l'accompagnait l'encombra de telle façon, ceux qui étaient à la mer s'y réfugièrent en tel nombre, qu'en arrivant au milieu du Nil, l'eau le gagna, et qu'il s'engloutit.

Ptolémée et ses principaux officiers se noyèrent.

La guerre d'Égypte était terminée.

Dix-huit-cent cinquante ans après, un autre conquérant livrait, sur les bords du même fleuve, une bataille à peu près pareille.

Cet autre conquérant s'appelait Napoléon, cette autre bataille, celle des Pyramides . elle livrait le Caire à Napoléon, comme celle-ci livrait Alexandrie à César.

Et, en effet, César marcha immédiatement sur Alexandrie.

Mais, cette fois, il ne s'amusa point à rentrer péniblement par le port; il résolut de passer à travers la ville.

Le bruit de sa victoire l'y précédait, brisant les portes, renversant les remparts.

Par malheur, le petit roi Ptolémée lui avait échappé par la mort; mais il ramenait Arsinoé captive.

Ce que César avait prévu arriva.

A peine fut-il en vue de la ville, que les habitants sortirent en équipage de suppliants et faisant porter devant eux les choses sacrées avec lesquelles ils avaient coutume d'apaiser leurs rois irrités.

César pardonna, comme à son ordinaire.

Il traversa toute la ville d'Alexandrie, la ville aux larges rues tirées au cordeau, au milieu d'une double haie d'hommes et de femmes à genoux.

Arrivé aux remparts élevés par les Alexandrins, il trouva ceux-ci la pioche à la main, occupés à lui ouvrir une brèche.

Il reparut donc à la vue des siens en véritable vainqueur, Cléopâtre l'attendant et le saluant du sommet de la plus haute tour.

Ce fut une double fête au camp, et à cause de la victoire complète, et à cause du prompt retour.

César, malgré ses cinquante-quatre ans, était donc toujours le même : le César des Gaules, le César de Pharsale, et même encore le César des aventureuses amours.

Ces soldats, qui avaient tant murmuré contre Cléopâtre, applaudirent à pleines mains quand ils virent la jeune et belle reine enlacer de ses bras le cou de leur imperator et déposer sur sa tête une couronne de lauriers d'or.

Alors commencèrent les fêtes dans le palais, les jeux dans le théâtre.

César inaugurait la future royauté d'Antoine.

Puis il fallait bien faire connaissance avec la nouvelle conquête que César venait d'annexer à Rome; il fallait bien visiter les pyramides, ces monuments qui, il y a deux mille ans, étaient déjà un mystère.

On remonta le Nil sur la galère même du roi Ptolémée, toute parée de guirlandes de fleurs le jour, tout illuminée de guirlandes de flammes la nuit.

Quatre cents autres galères remontaient le fleuve à leur suite.

Ce fut là le véritable triomphe de César.

Pendant cette marche, il faisait bâtir le temple à l'Indignation à la place même où Pompée avait été tué.

Mais, pendant cette marche aussi, le monde, mal enterré, se remuait comme Encelade.

Les lieutenants de Pompée se réunissaient en Afrique autour de son beau-père Scipion.

Les deux fils de Pompée appelaient l'Espagne aux armes, au nom de la mémoire de leur père.

Pharnace enlevait au roi Déjotarus — vaincu que César avait doté comme un vainqueur — la petite Arménie.

Ariobarsane venait se plaindre à Calvinus que le fils de Mithridate prenait la Cappadoce.

Et toutes ces nouvelles arrivaient à César, et, comme s'il eût voulu laisser à ses ennemis le temps de se rassembler pour les anéantir d'un seul coup, à chaque nouvelle il souriait, faisait un signe de tête et répondait à Cléopâtre :

— Allons!

Et Cléopâtre souriait à son tour, fière de tenir la chaîne du lion.

Enfin, on revint à Alexandrie; le magique voyage était achevé.

Il s'agissait de faire face au monde.

César rallia ses troupes.

Voici les forces dont il croyait pouvoir disposer :

Avec lui, vingt mille hommes, à peu près; une légion que lui envoyait Calvinus, et qui, prenant la route de terre, n'avait pu arriver à temps; une que Calvinus avait gardée, et que rallierait César s'il commençait par Pharnace; deux autres, armées et équipées à la romaine, qu'il trouverait chez Déjoratus; enfin une dernière que Caïus Plétorus avait levée dans le royaume de Pont.

Mais, un matin, arriva la nouvelle que Domitius s'était fait battre par Pharnace, et que, de toutes ses forces, restait seulement la trente-sixième légion à peu près intacte.

A la suite de cette victoire, Pharnace ne douta plus de rien.

Il s'empara du Pont, y choisit tout ce qu'il y trouva d'enfants et d'adolescents jeunes et beaux, dont il fit des eunuques.

Enfin, il s'écria tout haut, et à la face du monde, que justice était faite par les dieux, et qu'il avait reconquis le royaume de son père.

Force fut à César de quitter l'Égypte.

Il maria Cléopâtre avec son plus jeune frère, âgé de onze ans.

Puis, laissant la moitié de ses troupes aux nouveaux

époux pour maintenir la tranquillité dans leurs États, il prit le chemin de la Syrie, en donnant dans quatre mois rendez-vous à Cléopâtre à Rome.

Tout le long de sa route, César était rejoint par des envoyés de toutes les provinces, qui tous lui apportaient des nouvelles plus ou moins mauvaises.

Gabinius avait été battu en Illyrie : il avait perdu deux mille soldats, trente-huit centurions et quatre tribuns ; une légion s'était révoltée en Espagne, et Cassius Longinus avait failli mourir assassiné ; Marcellus avait été battu sur les bords du Guadalquivir ; enfin, Rome était pleine de troubles suscités par les tribuns.

Il fallait anéantir Pharnace, revenir à Rome, soumettre l'Afrique, ressoumettre l'Espagne.

César laissa Sextus César, son parent, en Syrie, s'embarqua sur la flotte qu'il avait amenée d'Égypte et passa à Tarse, où il avait donné rendez-vous à toute la Cilicie ; régla les affaires du pays et celles des États voisins, traversa la Cappadoce à grandes journées, séjourna quarante-huit heures à Massaque, établit Nicomède de Bithynie pontife du temple de Bellone à Comane ; reçut la soumission du vieux roi Déjotarus, lui prit une légion, arriva au royaume de Pont, réunit à la vieille légion qu'il avait amenée d'Égypte les débris des légions de Domitius, défaites par Pharnace ; joignit celui-ci près de la ville de Zélie, l'anéantit en une seule bataille, et reprit le chemin de Rome en disant :

— Heureux Pompée, voilà donc les ennemis dont la défaite t'a valu le nom de Grand !

Ces trois mots, qui racontent toute sa campagne contre Pharnace, l'avaient précédé au Capitole :

— *Veni, vidi, vici!*

En arrivant à Rome, il apprit que Cléopâtre venait d'accoucher d'un garçon auquel *les peuples* donnaient le nom de *Césarion*...

Or, avant le retour du vainqueur de Pompée, Antoine et Dolabella avaient un instant failli s'entendre sur ce point, qui leur allait si bien à tous deux, de l'abolition des dettes ; mais Antoine prit un soupçon contre Dolabella : il le soupçonna d'être l'amant de sa femme.

Il commença par répudier celle-ci ; puis, comme Dolabella, pour faire passer sa loi, s'était de force emparé du Forum, et que le sénat avait rendu un décret qui ordonnait de prendre les armes contre Dolabella, il alla, plein de colère, et de haine, attaquer, sur la place publique, celui qu'il regardait comme son rival, lui tua beaucoup de monde, et perdit lui-même quelques-uns des siens.

La chose dépopularisa quelque peu le descendant d'Hercule.

D'un autre côté, Antoine, en s'aliénant le peuple, trouvait moyen de se faire des ennemis dans la noblesse.

La maison de Pompée avait été mise aux enchères et vendue. — On n'avait pas perdu de temps, comme on voit. — Antoine avait acheté la maison de Pompée. Antoine achetait toujours.

Mais, quand il s'était agi de payer, Antoine avait trouvé fort mauvais qu'on lui réclamât le prix de cette maison, qu'à son avis il avait bien gagnée à Pharsale ; aussi déclara-t-il que, puisque c'était ainsi que l'on récompensait ses services, il ne suivrait point César en Afrique.

Ce qui l'exaspéra surtout, c'est que, comme il ne payait pas la maison de Pompée, on finit par l'en exproprier et l'adjuger à Cornéficius.

Cornéficius ne la trouva point assez grande ni assez

belle pour lui ; il la fit abattre, et, sur l'emplacement, en construisit une autre.

En somme, les Romains étaient indignés de toutes ces prodigalités, de toutes ces bacchanales, de toutes ces ivrogneries.

César arriva.

A son aspect, tout rentra dans l'ordre : Dolabella remit aux cartons ses projets d'abolition de dettes ; Antoine fit trêve à ses folies ; Cornéficius se hâta d'achever sa maison.

César fit grâce à Dolabella, en considération de son beau-père Cicéron.

Quant à Antoine, qui espérait être nommé consul avec lui, il lui fallut renoncer à cet espoir.

César fut nommé consul pour la troisième fois et s'adjoignit Lépide.

Voilà comment ce Lépide, homme médiocre, grandit peu à peu, de façon à devenir le collègue d'Antoine et d'Octave dans le second triumvirat.

Il y eut plus : César fit venir Antoine et lui fit sur ses désordres une telle leçon, que celui-ci, pour en prouver son repentir, résolut de se marier.

César haussa les épaules.

— Antoine, dit-il, est l'homme des extrêmes.

Antoine se maria. Il épousa, nous croyons l'avoir déjà dit, Fulvie, veuve de Clodius.

Nous l'avons vue apparaître, appelant les Romains aux armes, lors de l'assassinat de son mari, éclairée qu'elle était par les torches qui incendiaient un quartier de Rome.

« Fulvie, dit Plutarque, était une femme peu faite pour les travaux et les soins domestiques, et dont l'ambition eût été fort peu flattée de maîtriser un mari simple particulier, mais qui aspirait à dominer un homme qui commandait aux autres, et a donner des ordres à un général d'armée; aussi est-ce à Fulvie que Cléopâtre fut redevable des leçons de docilité qu'avait reçues Antoine, car c'est Fulvie qui le livra si souple et si soumis aux volontés des femmes. »

Dolabella pardonné, Cornéficius morigéné, Antoine tancé et marié, César se tourna du côté des soldats.

Une légion s'était révoltée, et, dans une émeute, avait tué deux personnages prétoriens : Cossomius et Galba.

César avait envoyé les rebelles en Campanie et leur avait donné ordre de se tenir prêts à partir pour l'Afrique.

Le moment venu, il leur expédia l'ordre de s'embarquer; mais, comme il leur était dû un arriéré, les soldats, au lieu d'obéir, se mutinèrent et marchèrent vers Rome.

César, au lieu d'envoyer au-devant d'eux d'autres soldats qui eussent pu suivre leur exemple et se joindre à eux, les attendit; puis, lorsqu'ils furent aux faubourgs de Rome, il alla à leur rencontre.

César avait l'habitude d'appeler ses hommes *mes amis*, *mes compagnons*, ou *soldats*.

— Citoyens!... dit-il.

A ce seul mot de *citoyens*, qui leur indiquait qu'ils n'étaient plus ni les amis ni les compagnons de César, qui les dépouillait du titre même de soldats, ils furent atterrés.

— Citoyens, dit César, votre réclamation est juste; vous avez cinq ans de fatigues et de blessures, je vous délie de vos serments. Ceux qui ont fini leur temps seront payés jusqu'au dernier sesterce.

Alors, tous ces hommes mutinés et menaçants passèrent

de la menace à la prière, tombant à genoux, joignant les mains et suppliant César de leur permettre de rester avec lui.

César fut inflexible : il leur assigna des terres, mais éloignées les unes des autres [1], leur paya une partie de l'argent qui leur était dû, et s'engagea d'acquitter le reste avec les intérêts.

Mais eux s'obstinaient à le suivre ; et, quelle que fût sa résolution, en les retrouvant au bord de la mer, en leur entendant dire qu'ils passeraient par l'Espagne s'il le fallait pour l'accompagner en Afrique, il finit par leur pardonner.

Cependant César avait compris qu'il y avait quelque chose de juste dans la réclamation de ses soldats.

Il leur était dû près de deux ans de solde.

Tous les conquérants ont eu de ces comptes à régler avec leurs légions.

On se rappelle cette revue que passait des vétérans de l'Empire, M. le duc de Berry.

Au nombre des griefs que, selon lui, les soldats avaient à reprocher à l'empereur était l'irrégularité de la paye.

---

[1] La Harpe, un des traducteurs de Suétone, ne comprend rien à cette *assignation* de terres, mentionnée dans tous les historiens du temps, et particulièrement dans Suétone.

« Cette phrase de Suétone, dit-il, est assez difficile à entendre : à moins de supposer qu'une partie de l'Italie n'appartenait à personne, comment donner des terres à tant de soldats sans dépouiller les propriétaires ? »

La Harpe ignorait cette division des terres conquises dont nous avons, à propos de la loi agraire proposée par César, donné une longue explication. Les terres partagées entre les soldats étaient prises sur l'*ager publicus*.

— Enfin, dit le prince terminant son discours, il vous a été dû jusqu'à deux ans de paye.

— Et s'il nous plaisait de lui faire crédit! répondit un grognard, qu'avez-vous à dire à cela, vous?

Mais, alors, Napoléon n'était plus là.

Ces mêmes hommes à qui il plaisait de lui faire crédit, quand il était relégué à l'île d'Elbe, ou prisonnier à Sainte-Hélène, ces mêmes hommes murmuraient parfois, comme les soldats de César, au temps de sa toute-puissance et quand la solde se faisait attendre.

César résolut donc de payer.

Il donna à ses vétérans, outre deux grands sesterces (quatre cents francs), vingt-quatre mille sesterces par tête (quatre mille francs); il leur donna les terres que nous avons dites.

Puis vint la part du peuple.

Il distribua à chaque homme dix boisseaux de blé, dix livres d'huile.

Et, comme il y avait un an que la promesse était faite, il ajouta cent sesterces pour les intérêts.

De plus, il remit le loyer des maisons dans Rome jusqu'à concurrence de deux mille sesterces, et dans le reste de l'Italie, jusqu'à concurrence de cinq cents.

Enfin, à tous ces dons, il ajouta un festin public et une distribution de viande.

LXXV

On s'étonnait que César, ayant tant de choses à faire en Afrique, restât à Rome. Il avait Ligarius à faire condamner et Cléopâtre à recevoir.

Quintus Ligarius avait porté les armes contre César, et, démentant toutes ses habitudes de miséricorde, César le voulait faire condamner.

Il fallait un accusateur.

Un accusateur était plus facile à trouver qu'un défenseur.

Tubéron accusa.

Ligarius pria Cicéron de se charger de sa défense. Cicéron accepta.

À propos, disons comment Cicéron était revenu à Rome et ce qui s'était passé entre lui et César.

Cicéron était à Brindes, toujours hésitant, demandant conseil à tout le monde. Lorsqu'il apprit que César était débarqué à Tarente et venait par terre à Brindes, il alla au-devant de lui, certain de le fléchir, mais honteux, cependant, d'avoir à éprouver, en présence de tant de monde, les dispositions d'un ennemi vainqueur. Mais, dès que César l'aperçut sur le chemin, il descendit de cheval, l'embrassa, et, pendant plusieurs stades, ne s'entretint qu'avec lui.

Toutefois, malgré ces bons procédés de César, Cicéron n'en accepta pas moins la défense de Ligarius.

Lorsqu'on annonça à César que c'était Cicéron qui défendrait l'accusé :

— Ah! dit-il, j'en suis enchanté.

Puis, se tournant vers ses amis :

— Et vous aussi, n'est-ce pas? Je me fais une joie d'écouter Cicéron, que je n'ai pas entendu depuis si longtemps.

— Mais Ligarius? demandèrent les assistants.

— Ligarius, répondit César, est un méchant homme qui serait condamné, quand même Apollon plaiderait pour lui.

Cependant, le jour arrivé, Cicéron, ayant pris la parole, plaida si admirablement bien, que César ne put s'empêcher, à certains passages, d'applaudir; à d'autres, de changer de couleur; et, quand l'orateur en vint à la bataille de Pharsale, César fut en proie à une telle émotion, qu'il laissa tomber les papiers qu'il avait à la main.

« Enfin, dit Plutarque, vaincu par l'éloquence de Cicéron, César renvoya Ligarius absous. »

Ce que nous allons dire est bien étrange, mais nous croyons que Plutarque se trompe à l'endroit du prétendu acquittement de Ligarius.

Ligarius ne fut point condamné à mort, c'est vrai; mais toute l'éloquence de Cicéron ne put empêcher qu'il ne fût condamné à l'exil.

Nous trouvons la preuve de notre assertion dans cette lettre de Cicéron à Ligarius :

« Rome, an 708, septembre.

» Mon amitié doit à vos malheurs des consolations et des conseils. Si je ne vous ai pas écrit jusqu'à ce moment, c'est que je cherchais en vain des paroles pour adoucir vos maux et des secrets pour les guérir. J'ai aujourd'hui plus d'une raison de croire que vous nous serez rendu, et je ne puis me défendre de vous parler de mes espérances et de mes vœux. César ne vous tiendra pas rigueur; je le devine et je le vois, la nature de ses griefs, le temps, l'opinion publique, et même, ce me semble, son propre caractère, tout contribue à lui inspirer chaque jour plus de modération. J'en ai la conviction pour les autres, et, quant à vous, personnellement, ses amis les plus intimes me l'assurent. Depuis les premières nouvelles d'Afrique, je ne cesse de le harceler, de concert avec vos frères. Leur coul'âge, leur vertu, leur incomparable tendresse, leur activité toujours éveillée, ont si bien fait, que César n'est plus, selon moi, en situation de nous rien refuser. »

Le reste de la lettre n'est qu'une paraphrase de la modération et de la clémence de César.

Mais, pour n'en être pas arrivé à faire absoudre complétement Ligarius, le discours de Cicéron (plus heureux cette fois comme orateur qu'il ne l'avait été en plaidant pour Milon), le discours de Cicéron n'en était pas moins excellent.

L'affaire de Ligarius terminée, César tourna les yeux du côté de Brindes : Cléopâtre, qui fera plus tard si grande peur à Horace, venait d'y débarquer avec son mari de onze ans.

César les reçut tous deux dans son palais, et, tandis qu'on gardait soigneusement Arsinoé pour le triomphe, il leur donna des fêtes magnifiques, les fit admettre au nombre des amis du peuple romain, et, ayant érigé un temple à Vénus Victorieuse en souvenir de Pharsale, il fit fondre une statue en or de Cléopâtre, et la plaça dans le temple, en face de celle de la déesse.

Ces honneurs rendus à Cléopâtre déplurent fort au peuple romain; mais César sentait bien qu'il pouvait tout risquer, et, à son tour, le vertige le gagnait.

Enfin, Cléopâtre retourna en Égypte; sans quoi, enlacé dans les replis de la couleuvre du Nil, comme César l'appelait, jamais il ne fût parti.

L'Afrique tenait ferme pour Pompée.

Revenons à Caton, que nous avons un peu oublié, depuis le jour où nous l'avons vu rentrer en pleurant à Dyrrachium, à l'aspect du massacre des prisonniers.

Nous avons seulement dit que Pompée, qui avait

peur de lui, l'avait laissé à Dyrrachium pour garder les bagages.

Après la déroute de Pharsale, Caton s'était posé deux hypothèses : le cas où Pompée serait tué, le cas où Pompée vivrait.

Si Pompée était tué, Caton ramenait en Italie les soldats qu'il avait avec lui, et fuyait ensuite lui-même pour aller vivre le plus loin possible de la tyrannie. — Ce que Caton appelait la tyrannie, ce n'était pas précisément la tyrannie : c'était, si doux qu'il fût, le gouvernement de César.

Si Pompée vivait, il rejoindrait Pompée partout où Pompée se trouverait.

Ignorant encore ce qui était arrivé en Égypte, mais sachant que Pompée avait été vu sur les côtes d'Asie, il passa à Corcyre, où était l'armée navale. Il y trouva Cicéron et voulut lui céder le commandement.

Cicéron était consul, et Caton n'était que préteur ; or, Caton ne connaissait que la loi.

Cicéron refusa. Il était déjà décidé à faire sa paix avec le vainqueur.

Conjecturant, par la route que suivait Pompée, qu'il se retirait en Égypte ou en Afrique, et pressé de le rejoindre, Caton s'embarqua avec tout ce qu'il avait de soldats. Mais, avant de mettre à la voile, il laissa à chacun la liberté, ou de rentrer en Italie, ou de le suivre.

Arrivé en Afrique, il rencontra, en longeant la côte, le jeune Sextus Pompée, le même qui avait été l'amant de Cléopâtre, et qui devait plus tard se faire une réputation en rétablissant la piraterie détruite par son père.

Il apprit par lui la fin malheureuse de Pompée.

Alors, il n'y eut pas un de ceux qui l'accompagnaient

qui, sachant Pompée mort, voulût suivre un autre chef que lui.

Caton eut honte de laisser tant de braves gens seuls et sans secours, sur une terre étrangère. Il accepta donc le commandement, et vint prendre terre à Cyrène.

Peu de temps auparavant, les habitants de Cyrène avaient fermé leurs portes à Labiénus; mais ce que l'on refusait à Labiénus, on l'accordait à Caton.

Caton fut reçu à Cyrène.

Là, il attendit les nouvelles.

Elles ne se firent pas attendre.

Caton apprit bientôt que Scipion, le beau-père de Pompée, était passé en Afrique et avait été admirablement reçu à Cirta par le roi numide Juba.

Attius Varus, à qui Pompée avait donné le gouvernement de l'Afrique, l'y avait précédé avec son armée.

Caton résolut de les aller joindre, et, comme on était en plein hiver, de les aller joindre par terre. Il rassembla une grande quantité d'ânes et les chargea d'eau, puis se mit en route avec un grand nombre de chariots et un bagage considérable.

Il emmenait avec lui plusieurs charmeurs de serpents qui guérissaient la morsure des reptiles les plus venimeux en suçant la plaie avec la bouche.

La marche dura sept jours.

Pendant ces sept jours, Caton fut constamment à la tête des soldats, marchant toujours à pied, mangeant assis: car, à la suite de la bataille de Pharsale, il avait fait vœu de ne se coucher que pour dormir.

Caton passa l'hiver en Afrique. C'est pendant cet hiver-là que César luttait à Alexandrie contre les Égyptiens de Ptolémée.

Si Caton, Varus et Scipion eussent réuni leurs trente mille hommes et se fussent joints à Ptolémée, qu'advenait-il de César?...

Mais non : Varus et Scipion se disputaient à la cour du roi Juba, et ce mauvais petit roi numide profitait de cette mésintelligence pour prosterner à ses pieds deux des grands noms de Rome.

Caton arriva à l'ancienne Cirta, la Constantine d'aujourd'hui, et demanda audience à Juba.

Juba accorda l'audience, mais, pour recevoir Caton, prépara trois siéges : un pour Scipion, un pour Caton, et le sien au milieu.

Mais Caton n'était pas homme à passer de pareilles impertinences à un petit roi numide. Il prit le siége qui lui était destiné et le porta près de celui de Scipion, et ainsi il se trouva que Scipion, et non Juba, devint le personnage important de la conférence.

Et, cependant, Scipion était l'ennemi de Caton, ayant publié contre lui un libelle rempli d'injures.

Caton fit plus : il réconcilia Scipion et Varus, leur faisant comprendre le grand tort que leurs dissensions occasionnaient au parti qu'ils défendaient.

Ces querelles éteintes, tous déférèrent d'une seule voix le commandement en chef à Caton; mais Caton était trop strict observateur des lois pour accepter. Caton n'était que propréteur, et Scipion avait été proconsul; d'ailleurs, le nom de Scipion, populaire en Afrique, inspirait la plus grande confiance aux soldats, et un oracle affirmait, disait-on, qu'un Scipion serait toujours vainqueur en Afrique.

Scipion prit donc le commandement de l'armée.

Par malheur, il fut, dès le premier ordre qu'il donna, en opposition avec Caton.

Utique et Cirta étaient rivales; en outre, Utique avait pris ouvertement le parti de César.

Scipion, pour satisfaire sa haine, mais surtout pour complaire à Juba, avait résolu de faire égorger tous les habitants d'Utique sans distinction de sexe ni d'âge, et de raser la ville jusqu'en ses fondements.

Caton, en plein conseil, s'éleva à grands cris contre cette violence, se déclarant le protecteur de la ville condamnée, et demandant à en être nommé gouverneur, afin qu'on fût certain que, lui vivant, elle ne se rendrait jamais à César.

Au reste, Utique était une place de grande ressource pour celui qui l'occuperait : elle était abondamment pourvue. Caton ajouta de nouvelles fortifications aux anciennes, répara les murailles, augmenta la hauteur des tours, environna toute la place d'un fossé profond, tout garni de forts, logea dans ces forts, après l'avoir désarmée, toute la jeunesse d'Utique, dont l'opinion césarienne était connue, retint le reste des habitants dans la ville et fit d'immenses provisions, afin que cette ville hostile autrefois, soumise et refrénée, devînt le magasin de l'armée.

Puis, comme on attendait César de moment en moment, le conseil qu'il avait donné à Pompée, il le donna à Scipion : c'était de ne point livrer bataille à un ennemi courageux et expérimenté, de traîner la guerre en longueur, et de tout attendre du temps.

Scipion méprisa le conseil, et, en sortant, murmura à l'oreille de ses amis :

— Décidément, Caton est un lâche!

Puis il lui écrivit :

« Ne te suffit-il pas, ô prudent Caton, de te tenir enfermé dans une ville bien fortifiée, sans vouloir empêcher les autres de saisir une occasion favorable d'exécuter ce qu'ils ont résolu ? »

Caton lut la lettre, et, sans s'émouvoir, il répondit :

« Je suis prêt à repasser en Italie avec les troupes que j'ai amenées en Afrique. J'avais amené dix mille hommes pour vous délivrer de César et l'attirer sur moi. »

Mais Scipion leva les épaules aux offres de Caton.

Alors, Caton commença de reconnaître la faute qu'il avait faite en cédant le commandement à Scipion.

— Scipion, disait Caton à ses intimes, je le vois bien, maintenant, conduira mal la guerre; mais, si, par un hasard inespéré, il était vainqueur, je déclare d'avance que je ne resterais pas à Rome pour y être témoin des atroces vengeances de Scipion.

Pendant ce temps, César, en avait fini de ses amours avec Cléopâtre et s'était embarqué pour la Sicile, où le retint un instant le vent contraire. Mais, pour que l'on connût bien sa volonté, — de passer immédiatement en Afrique, — il fit dresser sa tente au bord de la mer, et, comme le vent favorable était arrivé, n'ayant qu'un petit nombre de bâtiments, il partit avec trois mille hommes de pied et quelques chevaux, les débarqua sans qu'ils eussent été vus et se remit en mer pour s'informer de ce qu'était devenu le reste de son armée dont il était inquiet.

Au bout de deux jours, il la rencontre et l'amène au camp.

En mettant le pied sur la terre d'Afrique, le pied lui manque, il trébuche et tombe; mais il se relève, serrant une poignée de sable dans chaque main, et s'écriant :

— Terre d'Afrique, je te tiens!

Grâce à la présence d'esprit de César, de mauvais, le présage était devenu bon.

Restait l'oracle : « Un Scipion sera toujours vainqueur en Afrique. »

On rappela cet oracle à César.

— C'est bien, dit-il ; mais l'oracle n'a pas dit qu'un Scipion n'y serait jamais vaincu.

Et, prenant dans son camp un homme obscur et méprisé, mais de la famille des Scipion, qui se nommait Scipion Sallutius, il le nomma imperator et le plaça à l'avant-garde de son armée, dont il se réservait le suprême commandement.

Voilà donc où en étaient les choses en Afrique, lorsque y débarqua César.

LXXVI

Comme toujours, César s'était jeté en avant, se fiant à sa fortune.

Arrivé sur la côte d'Afrique, il se trouva avoir peu de vivres pour les hommes et pas de fourrage pour les chevaux.

Mais on s'était trouvé à Dyrrachium dans une position bien autrement difficile.

On mit les hommes à la demi-ration, on établit des pêcheurs sur la côte pour avoir du poisson frais, et, quant aux chevaux, on les nourrit avec de la mousse et de l'algue marine, que l'on faisait macérer dans l'eau douce et à laquelle on mêlait un peu de chiendent.

Pendant son court séjour en Sicile, on avait fort entretenu César des forces de Scipion.

Scipion avait, en effet, cent vingt éléphants et dix légions sans compter quatre qu'avait formées Juba ; en outre, un nombre infini de gens de trait et une formidable flotte.

Le surlendemain du jour où il avait abordé près d'Adrumète, où commandait Considius avec deux légions, César vit tout à coup apparaître le long du rivage, et parallèlement à lui, Pison, avec toute la cavalerie de la place et trois mille Numides.

César avait trois mille hommes et cent cinquante chevaux, le reste de ses troupes n'étant pas encore arrivé. Voyant son infériorité, il se retrancha devant la ville, sans permettre à personne de courir ni de piller.

De leur côté, les remparts de la ville se garnissaient de troupes qui, visiblement, s'apprêtaient à faire une sortie.

César alors prit quelques hommes, fit le tour de la place à cheval pour la reconnaître, et rentra dans son camp.

Alors commencèrent contre lui les doutes, contre son génie les murmures.

Comment César n'avait-il pas donné, comme c'était son habitude, des ordres cachetés à ses officiers? comment n'avait-il pas indiqué un point de ralliement sur toute cette immense côte d'Afrique, au lieu de laisser sa flotte errer au hasard?

Mais à ces reproches César répondit d'un seul mot.

Comment eût-il fixé un lieu de rendez-vous sur une côte où pas un point ne lui appartenait? comment eût-il exposé ses lieutenants, qui se faisaient battre partout où il n'était pas, à se faire écraser en son absence, si par hasard leurs vaisseaux marchaient plus vite que les siens?

Ne valait-il pas mieux attendre que lui-même eût choisi son lieu de débarquement, et alors tout rallier à lui?

Puis la position était loin d'être aussi mauvaise qu'on

le disait. On pouvait traiter avec Considius. Plancus, un des lieutenants de César, ancien ami de Considius, en reçut l'autorisation.

En conséquence, Plancus écrivit à Considius pour tâcher de le ramener à César, et lui envoya un prisonnier avec sa lettre.

— D'où viens-tu ? demanda Considius.

— Du camp de César, répondit le prisonnier.

— Et pourquoi viens-tu ?

— Pour t'apporter cette lettre.

— Qu'on tue l'homme et qu'on renvoie la lettre à César sans la décacheter, dit Considius.

Les deux ordres furent exécutés.

Il s'agissait de battre en retraite.

César abandonna donc son camp ; mais, aussitôt sa résolution reconnue, ceux de la ville sortirent sur lui et la cavalerie numide se mit à ses trousses.

Alors, César fit faire halte à son infanterie, pesamment armée et donna ordre à vingt-cinq ou trente cavaliers gaulois, qu'il avait par hasard avec lui, de charger les deux mille Numides de Juba.

Les Gaulois partirent au galop, et, par un miracle, mirent en fuite ce tourbillon d'ennemis.

César reprit sa marche, mettant à l'arrière-garde ses vieilles cohortes, auxquels il venait de faire voir à quels ennemis elles avaient affaire, et sa cavalerie, à laquelle les trente Gaulois venaient de donner l'exemple ; de sorte que la poursuite de l'ennemi se calma quelque peu.

D'ailleurs, au milieu de tout cela, chacun avait les yeux fixés sur César, et, comme on le voyait, selon son habitude, le visage calme, plus que calme, souriant, chacun disait :

— Le général est tranquille : tout va bien.

Et chacun faisait son devoir.

En effet, la situation s'améliorait : les villes et les forteresses devant lesquelles on passait envoyaient des vivres à César et lui faisaient dire qu'elles étaient à lui.

Aussi s'arrêta-t-il, dans ces conditions, près de Ruspine, et en partit-il le lendemain pour se rendre à Leptis, ville libre et se gouvernant elle-même.

Leptis lui envoya faire les mêmes offres.

César fit garder ses portes par des hommes à lui, sentinelles sévères ayant ordre d'empêcher ses soldats d'entrer : il craignait quelque désordre, et ne voulait pas que ce désordre lui aliénât les habitants.

Puis il campa aux portes.

Dès le lendemain, la fortune de César amena en vue de Leptis une partie de ses vaisseaux de charge et quelques galères. Ils apportaient la nouvelle que le reste de la flotte, incertaine du lieu de débarquement, et ayant appris qu'Utique était dans de bonnes dispositions pour César, avait fait voile vers Utique.

A l'instant même, César expédia dix galères.

Les unes allaient recruter des hommes et des munitions en Sardaigne, les autres allaient chercher un convoi de vivres en Sicile ; les autres, enfin, étaient chargées de rallier la flotte et de la ramener à Leptis.

Alors, César alla de Leptis à Ruspine, où il fit des amas de vivres et de bois, et dans lesquelles, si faible qu'il fût, il laissa des garnisons, afin que ces villes, en cas de défaite, devinssent des refuges pour la flotte.

Eh ! avec des ennemis tels que ceux auxquels on avait affaire, il fallait tout prévoir.

Un jour que ses soldats, n'ayant rien à faire, s'amusaient

à regarder un Africain qui dansait et jouait de la flûte, et que, charmés de ce spectacle, ils avaient laissé leurs chevaux aux palefreniers et s'étaient assis autour du mime, l'applaudissant et criant : « Bravo ! » avec la même tranquillité et le même enthousiasme que s'ils eussent été dans le cirque de Rome, tout à coup la cavalerie numide les enveloppa, fondit sur eux, et, poursuivant les fuyards, entra pêle-mêle avec eux dans le camp ; si bien que, si César et Pollion n'étaient sortis ensemble, et ne s'étaient personnellement jetés à leur secours, avec ces Gaulois si difficiles à intimider, la guerre était tout simplement finie ce jour-là.

Dans une autre rencontre à peu près pareille, une panique dans le genre de celle de Dyrrachium s'empara des soldats. Un porte-étendard prenait la fuite avec son aigle; César courut à lui, le saisit au cou, et, lui faisant faire volte-face, lui dit :

— Tu te trompes, c'est la qu'est l'ennemi.

Sur ces entrefaites, au moment où César, inquiet, allait laisser des garnisons dans les deux villes de Ruspine et de Leptis, et se mettre lui-même à la recherche de sa flotte, on signala un grand nombre de voiles que l'on reconnut bientôt pour des voiles amies.

C'était la flotte, ralliée par les galères envoyées après elle, qui venait rejoindre César.

Cela nécessitait un renfort de vivres.

César prit trente cohortes, et s'avança dans l'intérieur du pays pour opérer une razzia; mais il n'avait pas fait trois quarts de lieue, que ses éclaireurs se replièrent annonçant l'ennemi.

Presque en même temps, on vit s'élever une grande poussière.

César rallia aussitôt quatre cents chevaux et quelques hommes de trait, et, ordonnant à ses légions de le suivre au pas, il poussa une reconnaissance vers ce qui paraissait un gros d'ennemis.

C'était Labiénus.

L'ancien lieutenant de César rangea ses hommes sur un front si pressé, que, de loin, et quoiqu'il n'eût que de la cavalerie entremêlée de gens de trait, avec des escadrons de réserve sur les ailes, on eût dit que c'était une masse d'infanterie.

En conséquence, César rangea ses trente cohortes sur une ligne, couvrit avec ses archers le front de bataille et le flanc de sa cavalerie, ordonnant à chacun de faire ses efforts pour ne point se laisser envelopper.

Mais, tout à coup, César, demeurant immobile et attendant l'événement, vit à qui il avait affaire, car la cavalerie ennemie commença de s'étendre et d'envelopper ses ailes, tandis que, du centre de bataille, elle poussait une charge entremêlée d'infanterie légère.

Non-seulement les césariens soutinrent le choc de pied ferme, mais encore, ayant chargé sur cette charge, les cavaliers numides, pendant que l'infanterie en venait aux mains avec les césariens, s'envolèrent comme des oiseaux, allèrent se reformer à cinq cents pas de là, puis revinrent au grand galop lancer leurs traits, puis s'envolèrent de nouveau.

C'était une nouvelle manière de combattre, et qui faillit être fatale aux soldats de César; car ceux-ci, voyant les cavaliers numides se retirer, croyaient les voir fuir et s'élançaient à leur poursuite.

Alors, César mit son cheval au galop, et courut sur toute la ligne, car il avait vu du premier coup d'œil ce qui arrivait : les soldats, en s'élançant à la poursuite de la cavalerie, découvraient leur flanc à l'infanterie légère, qui les perçait de flèches.

Il cria donc lui-même et fit publier qu'aucun n'eût à avancer de plus de quatre pieds en avant du front de bataille.

Mais, malgré toutes ces précautions, la situation devenait de plus en plus grave ; car toute la cavalerie ennemie, se fiant sur son nombre, enveloppait complétement les trente cohortes de César ; de sorte que celui-ci était forcé de combattre en rond.

En ce moment, Labiénus, — cet ennemi acharné de César, celui qui avait massacré les prisonniers de Dyrrachium, celui qui avait juré, la veille de Pharsale, de ne prendre de repos que César vaincu, — Labiénus s'avança hors des rangs numides, tête nue, et, se tournant vers les césariens :

— Oh ! oh ! leur cria-t-il, nous faisons bien les braves pour des soldats nouveaux !

Alors, à son tour, un Romain sortit des rangs, et, comme dans *l'Iliade :*

— Je ne suis pas un soldat nouveau, dit-il ; je suis un vétéran de la dixième légion.

— Où sont donc ses étendards ? reprit Labiénus. Je ne les vois pas.

— Attends, répondit le soldat, si tu ne vois pas les étendards, tu reconnaîtras, je l'espère, ce javelot.

Et en même temps, enlevant d'une main son casque, il lança de l'autre son javelot en criant :

— Tiens, voilà qui te vient de la dixième légion !

Le javelot partit en sifflant, et s'enfonça dans le poitrail du cheval.

Le cheval et le cavalier tombèrent, et un instant on crut Labiénus tué.

Pendant ce temps, César étendait son armée sur un front immense, et, tournant à chaque extrémité de la ligne la face d'un bataillon contre l'ennemi, il partit à la tête de sa cavalerie et donna dans le centre des pompéiens, qu'il brisa du choc.

Aussitôt, et sans s'amuser à les poursuivre, César tira en arrière, de peur de quelque embuscade, et marcha en bon ordre vers son camp.

Mais, avant qu'il y fût arrivé, Pison et Pétréius étaient, avec onze cents chevaux numides et beaucoup d'infanterie légère, arrivés au secours de l'ennemi.

Ralliés par ce renfort, les pompéiens s'étaient élancés à la poursuite de César.

César ordonna de faire halte, laissa approcher l'ennemi, fit donner toutes ses troupes à la fois et repoussa les pompéiens au delà des collines ; après quoi, il se retira lentement dans son camp, tandis que Labiénus se retirait de son côté dans le sien.

Le lendemain, le combat recommença.

Labienus avait avec lui huit cents chevaux gaulois et germains, — outre les onze cents que lui avaient, la veille, amenés Pison et Pétréius, — huit mille Numides et trente-deux mille hommes d'infanterie armés à la légère.

Il croyait que, présentant le combat en rase campagne à César, César n'oserait point l'accepter ; mais César sortit en rase campagne et attaqua le premier Petréius.

La lutte dura depuis onze heures du matin jusqu'au coucher du soleil.

César resta maître du champ de bataille ; ce qui équivalait à une grande victoire, vu l'infériorité de ses troupes.

Labiénus eut un grand nombre de blessés qu'il fit transporter à Adrumète dans des chariots.

Petréius, atteint d'un javelot au milieu de la mêlée, fut obligé de se retirer en arrière et de cesser de combattre de sa personne.

Enfin, les honneurs de la journée furent à César.

Mais il comprit que, tant que ses troupes ne seraient pas complétement réunies, c'était miracle que de lutter contre des forces quadruples des siennes. En conséquence, il fit tirer deux retranchements de son quartier et de la ville de Ruspine jusqu'à la mer, afin de pouvoir communiquer avec l'une et avec l'autre, et recevoir, sans danger pour eux, les secours qu'il attendait ; puis il fit décharger les armes et les machines qui se trouvaient sur les vaisseaux, et arma les soldats que portait la flotte de Rhodes et des Gaules.

Son intention était de les entremêler à la cavalerie, à l'exemple de l'ennemi, et cela devait avoir d'autant plus d'effet, que la flotte de Rhodes amenait d'excellents archers de Syrie.

La chose était urgente ; Scipion arrivait dans trois jours, — César en avait eu la nouvelle certaine, — et, cela, avec huit légions, quatre mille chevaux et cent vingt éléphants.

Mais trois jours pour César, c'était trois mois pour un autre.

En vingt-quatre heures, des ateliers furent établis, qui forgeaient des flèches et des javelots.

Puis, comme on prévoyait que ce que l'on avait de fer serait bientôt employé, César dépêcha des vaisseaux pour aller chercher en Syrie du fer, des claies et du bois à faire les béliers, aucun des bois qui poussaient sur la côte d'Afrique n'étant bon à cet emploi.

Enfin, il n'y avait plus de blé, tous les laboureurs ayant été enrôlés par les pompéiens, tout le grain qui était dans les villes en ayant été retiré, toutes les places fortes étant épuisées.

Il se mit à caresser les citoyens, et bientôt se fit si tendrement venir d'eux, que chacun finit par partager avec lui ce qu'il avait enterré, conservé caché pour lui-même.

Quand César voulait, rien n'était impossible à César.

LXXVII

C'était d'Utique que Scipion était parti.

Il avait laissé là Caton, à qui la ville devait de ne pas avoir disparu de la surface du sol.

Mais, tout en restant humain et miséricordieux, Caton avait gardé sa haine invétérée contre César.

Il avait près de lui le jeune Pompée, lequel, pris par un de ces instants de doute qui atteignent les cœurs les plus vaillants, demeurait inerte et irrésolu, et sans cesse il l'excitait à la vengeance.

— Ton père, à l'âge où tu es, disait-il, ton père, voyant la République opprimée et les gens de bien tués ou proscrits, ton père, animé par son courage et par l'amour de la gloire, rallia les débris de l'armée qui avait servi sous son père, à lui, et délivra Rome et l'Italie, pour ainsi dire ensevelies sous leurs ruines ; puis, d'une vitesse sans égale, il reconquit l'Afrique et la Sicile, et s'acquit un renom immortel, ayant triomphé presque au sortir de l'enfance et n'étant encore que simple chevalier. Et toi, l'héritier de sa gloire et qui devrais l'être de son courage, dis-moi, n'iras-tu donc pas en Espagne joindre les amis de ton père, et donner à la République le secours qu'elle te demande en sa détresse ?

Enfin, touché de ces remontrances, en même temps que Scipion marchait contre César, le jeune Pompée prenait trente vaisseaux, parmi lesquels quelques navires de guerre, et cinglait d'Utique vers la Mauritanie avec deux mille hommes, tant libres qu'esclaves. Par malheur, sa première tentative fut un échec. Il s'approcha d'Ascure, qui avait garnison, et somma la ville de se rendre ; mais, au lieu de répondre à cette sommation comme s'y attendait Cnéius, la garnison sortit, tomba sur ses hommes, les mit en fuite, si bien qu'il n'eut que le temps de remonter sur ses vaisseaux, et que, tirant vers les îles Baléares, il abandonna l'Afrique pour n'y plus revenir.

Pendant ce temps, Scipion était venu camper à Adrumète, et, après un repos de quelques jours donné à ses hommes, il avait atteint, dans une marche de nuit, le camp de Labiénus.

La jonction faite, il commença, grâce à son immense cavalerie à faire des courses jusqu'au camp de César, s'embusquant et tombant à l'improviste sur ceux qui allaient à l'eau et au fourrage.

César se trouva donc bientôt dans la plus grande nécessité.

Les convois de Sicile et de Sardaigne n'arrivaient point ; les bâtiments, à cause des tempêtes d'hiver, n'osaient courir la côte ; de sorte que César, ayant une lieue ou une lieue et demie de pays libre tout au plus, manquait à la fois de pain pour ses hommes et de fourrage pour ses chevaux

11

Juba connut par ses coureurs l'extrémité où était réduit César, et, son avis étant qu'il ne fallait pas lui donner le temps de se remettre, il sortit avec tout ce dont il pouvait disposer de forces pour aller rejoindre Scipion.

Mais, profitant de cette absence, Publius Sitius, qui tenait pour César, et le roi Bogud, — que les Romains appellent Bocchus, et qui faisait une guerre personnelle, poussé par sa femme Eunoé, amoureuse de César; — Publius Sitius et le roi Bogud entrèrent dans les États du roi numide et emportèrent d'un coup de main Cirta, qui était une de ses capitales, puis, après Cirta, deux autres places de Gétulie, dont ils massacrèrent les habitants.

Juba apprit ces nouvelles au moment où il n'était plus qu'à quelques heures de marche du camp de Scipion. Il tourna court, lui envoyant demander à l'instant même toutes les forces qu'il lui avait prêtées, à la réserve de trente éléphants.

En même temps, le bruit se répandait — et l'inaction de César confirmait ce bruit — que ce n'était pas lui, César, mais un de ses lieutenants qui était à Ruspine.

César ne voulait point que l'on pût croire qu'il désespérait assez de son parti pour faire la guerre en Afrique par ses lieutenants. En conséquence, il envoya des messagers de tous côtés avec mission d'affirmer que c'était bien lui-César qui commandait en personne.

Dès qu'on sut que c'était vraiment lui qui se trouvait à Ruspine, les courriers abondèrent, et plusieurs personnages de condition se rendirent à son camp.

Tous se plaignirent de l'effroyable cruauté des ennemis Ces plaintes attaquaient à la fois la miséricorde et l'orgueil de César; aussi manda-t-il au préteur Alliénus et à Rabéius Postumus de lui envoyer, sans délai ni excuses, le reste des troupes qu'il avait en Sicile, leur écrivant qu'il ne pouvait permettre de voir égorger l'Afrique sous ses yeux, et les prévenant que, s'ils tardaient d'un mois seulement, les renforts qui arriveraient ne trouveraient pas une maison debout.

Lui, cependant, restait constamment assis sur un endroit élevé du rivage, les yeux tournés vers la Sicile, et attendant ces renforts, dont l'arrivée devait être la fin de son inaction.

Puis, de temps en temps, ne voyant rien apparaître à l'horizon, il revenait au camp, se retranchait de quelque nouveau fossé, se fortifiait de quelque nouvelle citadelle, élevant des forts jusque dans la mer, autant pour la défense de l'armée que pour ne pas la laisser inoccupée.

De son côté, Scipion dressait ses éléphants, disposait ses frondeurs en deux troupes, dont l'une lançait des pierres à ses monstrueux alliés, tandis que l'autre les repoussait en avant, lorsque, effrayés par cette pluie de granit, ils voulaient prendre la fuite; mais ce n'était qu'à grand peine, — dit l'auteur contesté de la *Guerre d'Afrique*, — car l'éléphant le mieux instruit peut, dans le combat, nuire autant à ses amis qu'à ses ennemis.

En même temps, Scipion se donnait la distraction de quelques meurtres, en attendant les proscriptions de Rome.

Aussi Virgilius Pétronius, son lieutenant, qui commandait dans Thapsa, voyant des vaisseaux de César, jouets de la tempête, errer à l'aventure et incertains du lieu où ils étaient, Virgilius Pétronius arma des barques et des chaloupes, les remplit d'archers, et se mit à la poursuite de ces navires vagabonds.

Plus d'une fois, ses barques et ses chaloupes furent repoussées; mais, un jour, il prit un grand bâtiment où se trouvaient deux jeunes Espagnols, tribuns de la cinquième légion, dont le père avait été fait sénateur par César, et un centurion du même corps nommé Saliénus.

Les prisonniers furent conduits à Scipion, qui ordonna à l'instant même qu'on les mît à mort au bout de trois jours afin qu'ils eussent le temps de subir leur agonie.

Au moment de l'exécution, l'aîné des deux jeunes gens ne fit d'autre demande que d'être tué le premier, pour n'avoir pas la douleur de voir égorger son frère sous ses yeux.

Comme il s'adressait à des soldats, et non à Scipion, la demande lui fut accordée.

On savait ces cruautés dans le camp de César, et le cœur de César en saignait de douleur. Mais, assez fort à cause de ses retranchements, — dont le principal, du reste, était son génie, — pour ne pas craindre que Scipion le vînt attaquer dans son camp, il n'était pas assez sûr, vu le peu de troupes qu'il avait, d'écraser son ennemi d'un coup, pour oser accepter une bataille décisive.

Et, cependant, tous les jours, Scipion sortait de son camp et venait lui offrir cette bataille, rangeant en face du camp de César ses troupes, comme pour le combat, restait là cinq ou six heures, puis se retirait au moment où venait le soir.

Au bout de huit ou dix jours de cet exercice, convaincu que César tremblait devant lui, il en arriva à approcher jusqu'à cent pas des retranchements, les éléphants en tête, et son armée derrière eux, étendue sur un front immense.

Mais César ne se laissait irriter ni par ces démonstrations, ni par les menaces dont elles étaient accompagnées, et faisait rentrer, sans confusion ni tumulte, ceux de ses hommes qui étaient au fourrage, à l'aiguade ou au bois, et les habituait à regarder l'ennemi du haut des remparts, et à répondre à ses menaces par des huées.

Quant à lui, il savait si bien qu'on n'oserait pas l'attaquer dans son camp, qu'il ne prenait pas même la peine de monter sur les remparts, et donnait tous ses ordres couché sous sa tente; — ce qui ne l'empêchait point d'aller tous les jours s'asseoir sur le monticule qui dominait le rivage, hâtant de ses vœux et de ses soupirs l'arrivée de ces renforts depuis si longtemps attendus!

LXXVIII

Il se présente deux ou trois fois dans la vie d'un homme comme César de ces points de fortune ou de malheur, où la fortune, où le malheur ne pouvant pas aller plus loin, une réaction s'opère en mal si la situation est bonne, en bien si la situation est mauvaise.

La position de César était en ce moment si mauvaise, qu'elle ne pouvait devenir pire; l'amélioration devait nécessairement arriver.

Les premières traces de retour que lui donna la fortune furent la désertion des Gétules et des Numides qui se trouvaient dans le camp de Scipion. Ces barbares firent ce que n'eussent probablement pas fait des hommes civilisés: ils se souvinrent qu'ils avaient des obligations à Marius, et que César était son neveu.

Il en résulta que, peu à peu, Gétules et Numides commencèrent à déserter du camp de Scipion et passèrent dans celui de César.

Mais César, qui n'avait pas de quoi nourrir les déserteurs, les renvoya chacun chez eux avec des lettres pour les principaux des villes, lettres dans lesquelles il exhortait ceux-ci à prendre les armes, à reconquérir leur liberté, et surtout à ne plus envoyer de secours à ses ennemis.

D'un autre côté arrivaient les députés de certaines villes de l'intérieur qui venaient offrir leur obéissance à César, lui demandant des garnisons pour se défendre, et promettant de lui envoyer du blé ; mais César n'avait pas assez de troupes pour dégarnir son camp, et Scipion en gardait si bien les approches, qu'il eût certes enlevé tous les convois qui fussent venus par terre.

Pendant ce temps, Salluste (de même qu'à Rome on était avocat et général, on pouvait aussi, vous le voyez, y être général et historien), pendant ce temps, Salluste avait débarqué dans l'île de Cerciné, la Kerkeni moderne; il en avait chassé Caïus Décius, — qui y gardait des convois pour les pompéiens, — et, ayant été bien reçu des insulaires, il y chargea quantité de blé sur des vaisseaux marchands qu'il trouva dans le port, et qu'à l'instant même il achemina vers le camp.

Sur ces entrefaites, comme si la fortune voulait payer ses arrérages, le préteur Alliénus fit partir de Lilybée la treizième et la quatorzième légion, avec huit cents chevaux gaulois et mille frondeurs ou archers qui arrivèrent tous à bon port à Ruspine, quatre jours après leur départ.

Ce fut une grande joie pour César, qui les attendait si impatiemment, de voir apparaître ces voiles.

Il présida au débarquement, et, dès que les hommes furent remis de la fatigue de la mer, il les distribua dans les forts et dans les retranchements

Cette rentrée de vivres et ce renfort de soldats répandirent la joie dans le camp de César.

Mais dans celui de Scipion l'étonnement était grand. On connaissait le caractère entreprenant de César, et l'on se disait qu'il fallait qu'il fût bien faible pour se tenir ainsi renfermé dans son camp.

Scipion résolut d'envoyer deux espions qui, sous le prétexte qu'ils se feraient césariens, resteraient pendant quelques jours au camp de César; puis, repassant au camp de Scipion, feraient un rapport exact de ce qu'ils auraient vu.

Le choix du général pompéien tomba sur deux Gétules auxquels il fit de grandes promesses, et qui partirent pour le camp de César comme transfuges.

Mais à peine se furent-ils présentés et eurent-ils été reçus sous ce titre, qu'ils demandèrent à être conduits à César, et qu'alors ils lui dirent la cause de leur venue à son camp, lui racontant que Scipion les avait envoyés pour s'assurer s'il y avait ou n'y avait point quelque piége tendu aux portes ou ailleurs contre les éléphants. Ils ajoutèrent que presque tous leurs compatriotes, en souvenir des bienfaits de Marius, et une partie des soldats de la quatrième et de la sixième légion mouraient d'envie de passer de son côté, mais ne pouvaient tromper la garde posée par Scipion aux portes du camp.

César les reçut à merveille, leur fit des cadeaux et les envoya au quartier des transfuges.

Dès le lendemain, leur rapport fut confirmé par l'arrivée d'une douzaine de soldats de la quatrième et de la sixième légion.

Deux jours après, ce furent les habitants de Tysdra qui envoyèrent dire à César que plusieurs laboureurs et marchands italiens avaient mis jusqu'à trois cent mille boisseaux de blé dans leur ville. Les messagers venaient demander une garnison pour les garder.

On reçut aussi un courrier de Sitius, annonçant qu'il était entré en Numidie, y avait pris un fort situé sur une montagne, et où Juba avait enfermé toutes ses munitions.

Et ainsi la fortune, capricieuse un instant, mais fidèle au fond, préludait à son retour vers César.

Aussi se préparait-il au combat. Renforcé de deux vieilles légions, sans compter la cavalerie et les gens de trait, il ne se jugea point encore assez fort : il envoya six vaisseaux de charge chercher à Lilybée le reste de ses hommes.

Ils arrivèrent à bon port.

Le soir même de leur débarquement, qui était le vingt-cinquième jour de janvier, César décampa vers minuit, sans en avoir autrement prévenu les officiers qu'en leur ordonnant de se tenir prêts dès la première veille.

D'abord, il tira vers Ruspine, où il avait laissé garnison, puis, de là, prenant à gauche le long du rivage, il entra dans une plaine de quatre lieues à peu près, bordée d'une longue chaîne de montagnes en forme d'amphithéâtre, et à l'extrémité de laquelle était le camp de Scipion. C'était une suite de collines, sur le sommet le plus élevé desquelles on avait autrefois bâti des tours pour découvrir le pays.

César s'empara successivement de tous les sommets, et, en moins d'une demi-heure, il y eut sur chacun d'eux une tour garnie de ses soldats.

Parvenu près de la dernière, il s'arrêta : elle était gardée par une troupe de Numides.

César n'alla pas plus loin. Il fit tirer un retranchement

depuis le lieu où il était arrivé jusqu'à l'endroit d'où il était parti.

Au point du jour, ce retranchement était presque terminé.

A la vue de César, Scipion et Labiénus firent sortir toute leur cavalerie, la rangèrent en bataille, la firent avancer de quelques mille pas, puis placèrent leur infanterie en seconde ligne, à quatre cents pas à peu près du camp.

César ne continua pas moins de tirer son retranchement; mais, voyant que l'ennemi s'approchait pour inquiéter ses travailleurs, il détacha un escadron de cavalerie espagnole, qu'il fit soutenir par un bataillon d'infanterie légère, leur commandant de s'emparer de la colline où était le poste des Numides.

Cavalerie et infanterie, qui depuis longtemps avaient soif de combattre, donnèrent avec tant d'ardeur, qu'elles entrèrent, dès la première charge, dans les retranchements, d'où on ne put les faire sortir; elles en demeurèrent donc maîtresses, après avoir tué et blessé une partie de ceux qui les défendaient.

Alors, Labiénus, voulant réparer cet échec, prit à la réserve deux milliers d'hommes, toute son aile droite, et s'avança à leur secours; mais César, le voyant s'éloigner imprudemment du fort de la bataille, détacha toute son aile gauche pour le couper, masquant son mouvement à l'aide d'une immense forteresse flanquée de quatre tours, qui empêchait Labiénus de voir ce qui se passait; de sorte que celui-ci ne s'aperçut de la manœuvre que lorsqu'il eut sur les bras les hommes de César.

A la vue des Romains, les Numides prirent la fuite, laissant à la boucherie les Germains et les Gaulois, qui furent tous taillés en pièces, après s'être défendus comme se défendaient les Germains et les Gaulois.

En même temps, l'infanterie de Scipion, qui était en bataille devant son camp, voyant ce désordre, lâcha pied et rentra par toutes les portes.

De son côté, César, ayant délogé l'ennemi de la plaine et de la montagne, fit sonner la retraite et rentrer sa cavalerie; — si bien qu'il ne resta plus sur le champ de bataille que les corps nus et blancs des Gaulois et des Germains, déjà dépouillés de leurs armes et de leur vêtements.

LXXIX

Le lendemain, César, à son tour, présenta la bataille; mais Scipion resta dans ses retranchements.

Cependant, lorsqu'il vit César, qui s'était avancé peu à peu le long des montagnes, gagner insensiblement la ville d'Usile, dont il n'était plus qu'à un quart de lieue, et qui lui fournissait son eau et ses vivres, force lui fut de faire sortir ses troupes.

Il les rangea en bataille sur quatre lignes, dont la première était la cavalerie, entremêlée d'éléphants armés et chargés de tours.

Et, comme cette première ligne s'avançait dans cet ordre, César crut que Scipion était décidé à combattre, et fit halte devant la place.

Mais Scipion, de son côté, fit halte derrière.

Chacun demeura ainsi, sans bouger, en bataille jusqu'au soir; puis chacun rentra dans son camp.

Le lendemain, César étendit ses retranchements pour se rapprocher de l'ennemi.

Au moment où ces choses se passaient sur terre, César éprouvait sur mer un échec, si toutefois ce fut un échec que l'évènement que nous allons raconter.

Un des vaisseaux de charge, appartenant au dernier convoi arrivé de Sicile, s'étant écarté des autres, fut pris près de Thapsa par les barques et les chaloupes de Virgilius, en même temps qu'une galère de la même flotte était capturée par l'armée navale de Varus et d'Octavius.

Dans le premier navire étaient Quintus Considius et Lucius Tacida, chevalier romain ; dans l'autre se trouvait un centurion de la quatorzième légion avec quelques soldats.

Soldats et centurion furent amenés à Scipion, qui les reçut sur son tribunal.

— Puisque votre bonne fortune, dit-il, vous a fait tomber entre mes mains, vous qui, bien certainement, servez par force sous les ordres de César, n'hésitez plus et dites franchement si vous voulez suivre le parti de la République et de tous les gens de bien, sur l'assurance certaine non-seulement de la vie et de la liberté, mais encore d'une bonne récompense.

Scipion parlait ainsi, croyant que les prisonniers recevraient cette grâce avec ardeur.

Mais le centurion, prenant la parole sans traiter Scipion d'imperator :

— Je te remercie, dit-il, moi, ton prisonnier, de ce que tu m'offres la vie et la liberté. J'accepterais volontiers l'offre que tu me fais de deux choses si précieuses, si je les pouvais accepter sans crime.

— Sans crime ? répéta Scipion.

— Sans doute, dit le centurion ; ne serait-ce pas un crime que de m'aller présenter en bataille contre César après avoir combattu pour lui pendant plus de vingt ans, et de mettre l'épée à la main contre ces braves compagnons à moi, pour lesquels j'ai si souvent hasardé ma vie?... Je te prie donc de ne m'y pas contraindre, Scipion. Si tu veux éprouver tes forces, laisse-moi choisir dix hommes parmi tes prisonniers, et, avec mes dix camarades, j'offre de combattre une de tes cohortes à ton choix! Puis, par l'issue de notre combat, tu pourras juger de l'issue de la guerre.

Le défi indigna Scipion, et il ordonna que le centurion et tous les prisonniers au-dessus de trente-cinq ans fussent tués; ordre qui s'exécuta à l'instant même.

Quant aux autres, — c'est-à-dire à Tacida, à Considius et à ceux qui avaient été pris en même temps qu'eux, — Scipion ne permit même point qu'on les amenât en sa présence, et les fit distribuer dans différents corps de son armée.

César sut ces événements et en fut désespéré, à ce point qu'il cassa les capitaines de ses galères, qui croisaient devant Thapsa pour la sûreté des convois.

Vers ce même temps, César fit connaissance avec le simoun.

Une nuit, vers la seconde veille après le coucher des pléiades, un orage épouvantable se déclara; le vent emportait avec lui des nuages de sable et de cailloux, de sorte qu'il tombait dans le camp une véritable pluie de pierres. Ce n'était rien pour ceux de Scipion, qui avaient eu le temps de bâtir des huttes sous lesquelles ils pouvaient se mettre à l'abri; mais c'était une effroyable tourmente pour ceux de César, qui, décampant presque toutes les nuits, n'avaient pas eu le loisir de se construire des logis; les malheureux couraient comme des insensés, opposant leurs boucliers à l'ouragan ; mais ils étaient arrachés de la terre, renversés et emportés par les tourbillons.

Ce fut une nuit terrible et qui équivalait presque à une défaite ; tous les vivres furent gâtés, tous les feux éteints, et l'air fut chargé d'une telle quantité d'électricité, que — prodige qui épouvanta les soldats — la pointe des javelots de la cinquième légion parut toute en flamme.

Deux ou trois mois s'écoulèrent sans que César pût amener l'ennemi à une bataille décisive. Enfin, comme César, depuis trois mois, avait eu le temps de réunir à peu près toutes ses troupes, comme il avait employé ces trois mois à les exercer contre les éléphants qu'il avait fait venir d'Italie dans ce but, et que chevaux et cavaliers en étaient arrivés à soutenir bravement la charge de ces animaux, il décampa une nuit, et, faisant une de ces marches comme lui seul savait en accomplir, il vint, le 4 avril, mettre le siège devant Thapsa.

Virgilius commandait à Thapsa ; c'était un des meilleurs lieutenants de Pompée ; il avait sous lui une bonne garnison ; mais, attaqué par toute l'armée de César, il était évident qu'il n'en soutiendrait pas l'effort.

Scipion était donc placé dans cette alternative : abandonner un de ses meilleurs capitaines, ou risquer une bataille décisive.

Il risqua la bataille.

Il marcha au secours de la ville, et campa en deux camps séparés.

Cela faisait trois camps, y compris celui de Juba.

César travaillait à la circonvallation de la ville. Il apprend ce qui se passe, voit l'ennemi, juge sa position, fait cesser le travail, ordonne aux travailleurs de prendre les armes, laisse le proconsul Aquénas avec deux légions à la garde du camp, et court à l'ennemi.

Au bout d'une heure, les deux armées sont en présence.

Une partie de l'armée ennemie est en bataille, tandis que l'autre travaille à se retrancher; elle est à la tête de ses fossés avec ses éléphants sur les ailes.

César dispose la sienne sur trois lignes, met la seconde et la dixième légion à l'aile droite, la huitième et la neuvième à l'aile gauche, les cinq autres au centre et couvrant le flanc de la bataille, où sont rangés les archers, les frondeurs et cinq cohortes destinés à soutenir l'effort des éléphants; puis, courant à pied entre les rangs, il rappelle à ses vieux soldats les victoires remportées, excite les autres à imiter leur courage, puis, tout à coup s'arrête, indécis et tremblant.

César sent venir une attaque de ce terrible mal auquel il est sujet, — de l'épilepsie.

Dans ce moment même, il était entouré de ses lieutenants, qui le suppliaient de ne pas manquer l'occasion et lui demandaient le mot d'ordre.

Il laisse échapper de sa voix saccadée et de ses lèvres pâlissantes les mots *la bonne fortune*, qui circulent à l'instant même sur tout le front de bataille.

Puis, sentant que tous ses efforts pour lutter contre le mal sont inutiles, et qu'il faut que l'accès ait son cours, il défend qu'on en vienne aux mains.

Mais il est trop tard; tout à coup il entend sonner la charge. C'est un trompette de l'aile droite qui a été forcé par les soldats de donner le signal du combat.

César voit, comme à travers un nuage, s'ébranler son armée; mais la terre semble lui manquer sous les pieds; le ciel lui apparaît tantôt noir, tantôt couleur de sang; il s'enveloppe de son manteau pour qu'on ne voie pas l'écume qui lui sort de la bouche, et tombe en murmurant :

— La bonne fortune !

Et, en effet, tout allait bien dépendre de la bonne fortune de César, puisque, cette fois, son génie n'y serait pour rien.

Ce fut une seconde Pharsale.

Non-seulement les soldats de César emportèrent le champ de bataille, mais encore ils se rendirent maîtres du camp ennemi.

Les pompéiens s'enfuirent dans celui où ils s'étaient arrêtés la veille ; les vainqueurs les y poursuivirent ; mais, arrivés devant ces nouveaux retranchements, ils ne savaient trop que faire, quand César, sauvé de son attaque, accourut en criant :

— Aux fossés, compagnons ! aux fossés !

Le second camp fut emporté comme le premier.

Abandonné par Scipion et Juba, qui s'enfuirent à toute bride, les soldats furent impitoyablement massacrés.

César avait, non pas à venger, — César ne se vengeait pas, — mais à laisser venger le meurtre des siens.

Comme à Pharsale, des détails étranges survécurent à ce grand ensemble, que l'on appela la bataille de Thapsa.

Un vétéran de la cinquième légion vit un éléphant blessé qui, forcené de douleur, s'était jeté sur un valet désarmé, et, le tenant sous ses pieds, le froissait du genou en jetant de grands cris et en battant l'air de sa trompe.

Il s'avança hardiment contre l'animal, et lui lança son javelot.

L'éléphant, blessé une seconde fois, quitta le corps à

demi écrasé, s'élança contre son nouvel adversaire, l'enlaça de sa trompe et le balança en l'air un instant pour le briser ensuite contre la terre ; mais, si court que fut cet instant, il suffit au soldat pour donner à l'éléphant un si rude coup de sabre sur la trompe, qu'il l'abattit et tomba à terre, toujours enveloppé de l'effroyable serpent.

L'éléphant, secouant son tronçon de trompe ensanglanté, s'enfuit vers les autres éléphants en poussant des cris effroyables.

Le soir de la journée de Thapsa, César avait pris trois camps ; car, après l'enlèvement du second camp de Scipion, il avait marché contre celui de Juba, tué dix mille hommes, blessé douze mille, dispersé le reste, c'est-à-dire soixante mille hommes, à peu près.

Les pompéiens, qui n'avaient pas su combattre, surent mourir.

Métellus fuyait sur un vaisseau ; les césariens l'abordent.

— Où est le général ? demandent-ils.

— Il est en sûreté, répond Métellus en se perçant de son épée.

Juba et Pétréius avaient fui à toute bride vers Zama, une des capitales de la Numidie. Avant de partir, Juba avait fait préparer un immense bûcher sur la place publique.

— Si je suis vaincu, avait-il dit, je ferai porter mes trésors sur ce bûcher, j'y ferai monter mes femmes, je mettrai le feu à la ville, et la ville mettra le feu à mon bûcher.

Cette menace n'avait pas été perdue.

En voyant revenir Juba vaincu, les habitants de Zama fermèrent les portes, et, montant sur les remparts, crié-

rent à Juba que, s'il approchait à la portée du trait, ils le
cribleraient de flèches. Juba redemanda ses femmes, elles
lui furent refusées. Il redemanda ses trésors; il lui furent
refusés.

Alors, se retournant vers Pétréius :

—Eh bien, maintenant, dit-il, il ne nous reste plus qu'à
faire ce que nous avons dit.

Ce qu'avaient dit Pétréius et Juba, c'était de se battre
l'un contre l'autre.

Tous deux tirèrent leur épée et commencèrent une véritable lutte de gladiateurs, — pour mourir.

Et, cependant, le sentiment de la conservation l'emportant, chacun fit ses efforts pour tuer son adversaire.

Juba, le plus fort ou le plus adroit, passa son glaive au travers du corps de Pétréius.

Pétréius tomba mort.

Puis, Juba, craignant de se manquer, appela un esclave, et, tendant le cou, lui ordonna de le tuer.

L'esclave obéit et lui coupa la gorge.

Ce qui s'était rallié de troupes pompéiennes s'était réfugié sur une éminence en vue du camp de Juba.

Le camp de Juba pris, les fugitifs furent entourés par les vainqueurs.

Alors, ces malheureux, se voyant perdus, commencèrent à jeter leurs armes, à implorer la clémence de leurs compagnons et à les appeler frères; mais les césariens, indignés des meurtres que Scipion avait commis ou fait commettre sur leurs camarades tombés entre ses mains, répondirent qu'ils n'étaient pas des assassins, et qu'il fallait que les vaincus se préparassent à la mort.

Et, en effet, tout fut tué.

César n'avait perdu que cent cinquante soldats !

Il demeura quelque temps en bataille devant Thapsa avec soixante-quatre éléphants qu'il avait pris tout armés et garnis de leurs tours. Il espérait vaincre ainsi par sa présence l'opiniâtreté de Virgilius et de ceux qui étaient avec lui. Il les fit sommer de se rendre; ils ne repondirent point. Lui-même s'approcha des remparts et appela Virgilius par son nom, mais celui-ci ne répondit pas davantage.

César ne pouvait pas perdre un plus long temps devant Thapsa. Il assembla son armée sous les murs de la place, loua ses soldats, récompensa les vieilles légions, et, du haut de son tribunal, distribua à chacun les prix de la valeur; puis, laissant trois légions à Rébilius pour continuer le siège de Thapsa, deux à Domitius pour assiéger Tysdra, où Considius commandait, il marcha sur Utique, envoyant devant lui Messala et sa cavalerie; — celle de Scipion avait fui du même côté.

Cette dernière arriva devant la ville de Pasade; mais, sur la nouvelle de la défaite de Scipion, les habitants refusèrent de lui ouvrir leurs portes.

Alors, les fugitifs forcèrent la ville, allumèrent un grand bûcher au milieu de la place, et, sans distinction d'âge ni de sexe, y jetèrent tous les habitants.

César suivait de près, mais arrivait trop tard pour empêcher tous ces meurtres.

Au reste, le surlendemain de la bataille, à la nuit tombante, un courrier arrivait à Utique et annonçait à Caton qu'un grand combat avait été livré à Thapsa, que toutes les affaires étaient perdues sans ressource, que César était maître des deux camps de Scipion et du camp de Juba, et qu'il marchait sur Utique.

Deux jours après, cette cavalerie qui avait fui de Thapsa, qui avait brûlé Pasade et égorgé ses habitants, parut en vue d'Utique.

Là, c'est-à-dire sous les murs de la ville, établie dans un petit retranchement élevé par elle-même, se trouvait la populace, que Caton avait repoussée hors des portes à cause de son opinion césarienne. Caton, la sachant hostile, la faisait garder, comme nous l'avons dit, par une partie des habitants, tandis que le reste gardait la ville elle-même.

Les fugitifs s'informèrent et apprirent que les gens qu'ils avaient devant eux étaient des césariens expulsés par Caton.

Alors, ils voulurent les traiter comme ils avaient fait des habitants de Pasade; mais les césariens s'armèrent de bâtons et de pierres, et, encouragés par le bruit de la victoire de César, qui était venu jusqu'à eux, ils repoussèrent les pompéiens, lesquels entrèrent dans la ville furieux, et prêts à verser sur elle le trop-plein de leur colère.

Et, en effet, ils se ruèrent sur les maisons qui leur présentaient la plus belle apparence, les pillèrent et tuèrent une partie de leurs habitants.

Caton accourut, les adjura au nom de l'humanité; mais l'humanité était une vertu parfaitement inconnue des pompéiens. Il fut donc obligé d'employer vis-à-vis d'eux d'autres arguments : — il leur fit donner à chacun cent sesterces, et les congédia. Faustus Sylla leur en donna autant de son argent, se mit à leur tête, et, ne sachant pas ce qui était arrivé à Juba, piqua droit avec eux sur Zama, où il croyait le retrouver.

Disons tout de suite ce qui advint des autres pompéiens.

Virgilius, se voyant enfermé par mer et par terre, tous

ceux de son parti étant morts ou en fuite, se rendit à Rébilius sur parole.

Considius, qui était dans Tysdra avec une garnison de Gétules et de gladiateurs, ayant appris, de son côté, la défaite de Scipion et l'approche de Domitius, désespéra de garder la place et s'enfuit secrètement avec quelques Gétules, qui l'égorgèrent en chemin pour s'emparer de l'argent qu'il emportait.

Enfin, Scipion, qui s'était retiré sur ses galères dans l'espérance de passer en Espagne, longtemps ballotté par la tempête, fut jeté dans le port d'Hippone (Bône); et, là, se trouvant investi par la flotte de Sitius, qui était en rade, il essaya de lutter; mais ses bâtiments, étant de force inférieure, furent tous coulés bas et disparurent sous les flots avec ceux qui les montaient.

LXXX

Nous avons anticipé sur les événements pour en finir avec les principaux chefs pompéiens avant d'arriver à Caton; nous avons dit comment, trois jours après la bataille de Thapsa, il reçut par un messager la nouvelle de la défaite de Juba et de Scipion; nous avons dit encore comment, le lendemain, trois cents cavaliers fugitifs, repoussés à coups de bâton et de pierres par la populace, que Caton avait chassée hors des portes, étaient entrés dans la ville, avaient pillé les maisons les plus riches et n'étaient partis que moyennant cent sesterces par homme que leur avait donnés Caton, et autant que leur avait donnés Sylla.

A cette nouvelle, et à l'apparition des fuyards, le trouble fut grand dans la ville; chacun, se croyant mal défendu par ses murailles, voulait fuir : tous couraient dans les rues comme des insensés, poussant de grands cris. Mais Caton se présenta à eux et arrêta ceux qui se trouvaient sur son chemin. Enfin, il leur répéta tant et si bien que l'on exagérait toujours les mauvaises nouvelles, et que, selon toute probabilité, le mal n'était pas si grand qu'on le disait, qu'il finit par apaiser le tumulte.

Caton avait formé un conseil de trois cents notables, choisis parmi les Romains établis en Afrique pour affaires de négoce et de banque.

On appelait ce conseil les *Trois-Cents*.

Caton les invita à se rassembler dans le temple de Jupiter, avec tous les sénateurs présents à Utique et les enfants de sénateurs.

A l'heure où l'assemblée se formait, il se rendit lui-même au lieu indiqué, et, tandis que tout le monde encore effaré, courait çà et là dans l'agitation, lui traversa la ville, calme, avec une contenance ferme, et tenant à la main un registre qu'il lisait en marchant. Ce registre, c'était un état des ressources de guerre, machines, armes, vivres, soldats.

Puis, quand ils furent tous assemblés, Caton adressa d'abord la parole aux Trois-Cents, loua le zèle et la fidélité qu'ils avaient montrés jusque-là, les exhorta à ne pas perdre toute espérance, et surtout à ne pas se séparer pour fuir chacun de son côté; à l'avis de Caton, c'était la perte de tous.

— Si vous restez unis, leur dit-il, César vous respectera davantage, et, dans le cas où vous lui demanderez merci, il vous pardonnera plus volontiers. Toutefois, examinez

12

ce que vous avez à faire ; je vous laisse les maîtres absolus de votre propre conduite. Réfléchissez, prenez une résolution ; je ne blâmerai aucun des deux partis : si vos sentiments changent avec la fortune, j'attribuerai ce changement à la necesssité. Voulez-vous faire tête au malheur, braver le péril, défendre la liberté ? Je louerai, j'admirerai votre vertu, et je m'offre à vous servir de chef, à combattre avec vous. Jusqu'à ce que vous ayez éprouvé la fortune dernière de la patrie, — et, à propos de patrie, votre patrie, à vous, ce n'est ni Adrumete ni Utique, c'est Rome, qui plus d'une fois, par sa propre grandeur, s'est relevée de chutes bien autrement funestes ! — il vous reste plusieurs chances de salut, plusieurs motifs de sécurité. Le principal, c'est que vous faites la guerre à un homme qui agit, non d'après sa volonté, mais sous la pression des circonstances, et que ses affaires entraînent à la fois de tous côtés. L'Espagne, révoltée contre César, a embrassé le parti du jeune Pompée. Rome elle-même n'a pas encore complètement accepté un joug auquel elle n'est pas accoutumée ; elle se cabre contre la servitude, prête à se soulever au moindre changement. Ne fuyez pas le danger ; mais, au contraire, instruisez-vous par l'exemple de votre ennemi lui-même, qui, en vue de commettre les plus grandes injustices, prodigue tous les jours sa vie, sans avoir comme vous pour terme d'une guerre dont le succès est incertain, ou une vie de félicité si vous êtes vainqueurs, ou la plus glorieuse mort si vous succombez dans l'entreprise. Au reste, délibérez-en entre vous, en priant les dieux que, pour prix de la vertu et du zèle que vous avez fait paraître jusqu'à présent, ils conduisent à bonne fin les résolutions que vous avez prises.

Ainsi parla Caton. Ce ne fut pas trop de ses discours et

surtout de son exemple pour agir sur les esprits de quelques-uns de ses auditeurs ; mais le plus grand nombre cependant, à la vue de cette noblesse de cœur, de cette humanité et de cette intrépidité, oublia le danger de la situation et regarda Caton comme un chef invincible.

Tout pouvoir lui fut donc remis.

— Mieux vaut, dirent-ils, mourir en obéissant à Caton que de sauver notre vie en trahissant une si parfaite vertu.

Un des Trois-Cents proposa de rendre la liberté aux esclaves, et presque toute l'assemblée se réunit à cet avis ; mais Caton s'y opposa, lui.

— Cela, dit-il, n'est ni juste ni légitime. Si leurs maîtres eux-mêmes les affranchissent, je recevrai dans ma troupe et cela bien volontiers, ceux qui seront en âge de porter les armes.

Aussitôt plusieurs se levèrent, disant :

— Nous donnons la liberté aux nôtres.

— C'est bien, dit Caton, faites enregistrer les déclarations.

Et les déclarations furent enregistrées.

Sur ces entrefaites, Caton reçut des lettres de Juba et de Scipion.

Juba s'était réfugié dans les montagnes, n'ayant point encore tenté sa fatale entreprise sur Zama. Il s'informait à Caton de ce que lui, Caton, était résolu de faire.

« Si tu dois abandonner Utique et me venir rejoindre, écrivait-il, je t'attendrai ; si tu veux y soutenir un siége, j'irai t'y joindre avec une armée. »

Quant à Scipion, il était à l'ancre derrière un promontoire, non loin d'Utique, et il attendait là pour savoir quel parti prendrait Caton

Caton retint les messagers qui avaient apporté ces lettres jusqu'à ce qu'il fût bien certain du parti qu'adopteraient les Trois-Cents.

Mais bientôt le conseil s'était divisé en deux camps. Les sénateurs de Rome, qui, à quelque prix que ce fût, voulaient aller s'asseoir sur leurs chaises curules, étaient pleins d'enthousiasme et prêts à tous les dévouements; ceux-là avaient, à la suite du discours de Caton, affranchi et enrôlé leurs esclaves. Quant aux autres, c'étaient des marchands, des spéculateurs trafiquant sur la mer ou faisant la banque et ayant leur principale richesse dans leurs esclaves; ceux-là oublièrent bien vite le discours de Caton et le laissèrent filtrer à travers leur esprit.

« Il est, dit Plutarque, des corps qui perdent la chaleur aussitôt qu'ils la reçoivent et qui se refroidissent dès qu'on les éloigne du feu. Tels étaient ces hommes échauffés par la présence de Caton. Tant que Caton était là, qu'ils l'avaient sous les yeux, qu'il parlait, qu'il les encourageait, tout allait à merveille; mais, livrés à leurs propres réflexions, la crainte que leur inspirait César chassait de leur cœur tout le respect qu'ils avaient pour Caton et pour sa vertu. »

Et, en effet, voici ce que disaient ces hommes :

— En résumé, que sommes-nous par nous-mêmes et à qui refusons-nous d'obéir? N'est-ce pas en César que se rencontre aujourd'hui toute la puissance romaine? Aucun de nous n'est un Pompée, ni un Scipion, ni un Caton. Nous sommes des marchands qui n'ont aucun renom que celui d'honorables trafiquants; nous n'avons, en politique, aucune place ni prise ni à prendre. D'où vient donc que, dans un temps où les hommes cèdent à la terreur et se ravalent plus qu'ils ne devraient, nous choisissions ce temps, nous autres chétifs, pour combattre en faveur de la liberté de Rome, prétendant, insensés que nous sommes, soutenir dans Utique la guerre contre celui devant qui Caton et le grand Pompée ont pris la fuite en lui abandonnant l'empire du monde? Que faisons-nous? Nous affranchissons nos esclaves pour combattre contre César, et nous-mêmes, pauvres esclaves que nous sommes, il ne nous reste de liberté que ce qu'il plaît à César de nous en laisser. Revenons donc d'une pareille folie; estimons-nous pour ce que nous sommes, et, pendant qu'il en est temps encore, ayons recours à la clémence du vainqueur et envoyons-lui demande de nous recevoir en grâce.

Et remarquez bien que c'étaient les plus modérés qui parlaient ainsi; les autres ne disaient rien, mais n'attendaient que l'occasion de mettre la main sur les sénateurs et de les livrer à César.

Ainsi les plus honnêtes de ces dignes marchands, qui, en temps de paix, eussent regardé comme une honte de ne pas faire honneur à leurs engagements, les plus honnêtes étaient ceux qui ne rêvaient qu'une lâcheté.

Caton connaissait les hommes auxquels il avait affaire; aussi ne voulut-il pas exposer Juba et Scipion au danger que couraient les sénateurs, et qu'il courait lui-même; — car rien ne lui prouvait que, si César faisait de la remise de Caton une condition de sa clémence, ils ne le livreraient pas comme ils se proposaient de livrer les autres. — Il leur écrivit donc à tous deux de se tenir éloignés d'Utique.

Ce fut alors que Scipion résolut de gagner l'Espagne, et Juba de retourner dans sa capitale.

On sait ce qu'il advint de tous deux.

Pendant ce temps, — outre les quelques cavaliers que

nous avons vus piller Utique en passant, et ne s'éloigner qu'en emportant cent sesterces par homme à Caton, et autant à Sylla, — un corps de cavalerie assez considérable était venu chercher un refuge sous les murs d'Utique.

Instruit par les façons pillardes des premiers, Caton leur avait fermé les portes de la ville. Aussi lui députèrent-ils trois d'entre eux.

Les uns voulaient aller trouver Juba, les autres demandaient à se réunir à Caton, et les trois messagers avaient mission de consulter Caton sur ce qu'ils devaient faire. Il y avait enfin parmi eux un troisième parti qui, sachant les habitants d'Utique partisans de César, craignait d'entrer dans la ville. Ils demandaient donc à Caton de bien vouloir se rendre auprès d'eux.

Mais Caton était dans la situation de Dante à Florence, qui, obligé d'envoyer quelqu'un à Venise, disait : « Si je reste, qui ira ? Si j'y vais, qui restera ? »

Enfin, il chargea Marcus Rabrius de rester et de veiller sur les Trois-Cents. Lui prit les sénateurs, sortit de la ville avec eux et se rendit à la conférence.

En son absence, Marcus Rabrius devait recevoir les déclarations d'affranchissement, user de douceur avec tout le monde, et ne forcer personne.

Les officiers du corps de cavalerie attendaient Caton avec impatience. Ils sentaient bien qu'en cet homme était leur dernier espoir. Lui, de son côté, avait fort compté sur eux.

Il les conjura, ayant un choix à faire entre lui et Juba, de choisir Caton ; ayant parti à prendre entre Rome et Zama, de choisir Rome. Il les conjura surtout de se grouper autour des sénateurs, qui, s'ils n'étaient pas une force matérielle, étaient un pouvoir politique. Ils pouvaient entrer avec lui dans Utique, ville aux fortes murailles et difficile à prendre, ville garnie de vivres et de munitions pour plusieurs années, et la tenir contre César, comme Marseille, qui, n'ayant pas toutes ces conditions, avait tenu.

Les sénateurs leur firent les mêmes prières les larmes aux yeux, et les officiers se retirèrent pour aller conférer avec leurs soldats de ce qui venait d'être dit.

En les attendant, Caton s'assit sur une éminence avec les sénateurs.

Ils y étaient à peine, que l'on vit un cavalier qui arrivait à fond de train : c'était Marcus Rabrius, qui venait annoncer que les Trois-Cents s'étaient revoltés et jetaient le trouble dans la ville, dont ils soulevaient les habitants.

Cette révolte, c'était la perte des sénateurs ; aussi ceux-ci commencèrent-ils à se lamenter et à supplier Caton. — Caton, dans cette tempête immense, était la seule étoile restée pure et lumineuse, et chaque naufragé ramait à lui.

Il renvoya Marcus Rabrius à Utique, le chargeant en son nom, à lui, Caton, de dire aux Trois-Cents qu'il les priait d'attendre son retour avant de prendre une résolution.

Marcus Rabrius partit.

Sur ces entrefaites, revinrent les officiers.

— Nous n'avons pas besoin de nous mettre à la solde de Juba ou de devenir des Numides, en supposant même que nous suivions Juba; de plus, nous ne craignons point César tant que nous serons commandés par Caton. Mais il nous semble dangereux de nous enfermer dans une ville avec les Uticiens, peuple punique, et dont la fidélité nous est suspecte. Ils sont tranquilles pour le moment, — les officiers ignoraient ce que venait de dire Rabrius, — ils sont tranquilles pour le moment; mais, dès que César paraîtra, ils l'aideront à nous attaquer ou nous livreront à lui... Maintenant, si Caton désire que nous nous engagions sous ses ordres, il faut qu'il nous abandonne la ville d'Utique pour en faire ce que nous voudrons; et nous ne lui cachons pas le moins du monde ce que nous en ferons : nous en chasserons ou égorgerons jusqu'au dernier habitant; alors seulement, nous nous croirons en sûreté derrière ses murailles.

Ces propositions, Caton se l'avouait à lui-même, étaient celles que devaient imposer des hommes jaloux de leur sûreté; mais elles étaient barbares.

Cependant, Caton, avec son calme ordinaire, répondit qu'il en délibérerait avec les Trois-Cents, et rentra dans la ville; mais, à son retour, les Trois-Cents avaient jeté le masque; ils s'étaient assurés des dispositions des habitants, et, sans détour ni défaite, ils déclarèrent nettement qu'ils ne combattraient pas César. Quelques-uns même avancèrent à demi-voix qu'il serait de bonne politique de mettre la main sur les sénateurs et de les retenir jusqu'à l'arrivée de César; mais Caton ne tint aucun compte de cet avis, qu'il fit semblant de ne pas entendre, et peut-être même, comme il était sourd, ne l'entendit-il point.

Cependant on vint lui annoncer que les cavaliers se retiraient.

C'était un autre malheur. Il craignait que, les cavaliers partis, les Trois Cents ne se livrassent à quelque violence contre les sénateurs; il se leva donc au milieu du conseil, monta à cheval, et courut après les cavaliers.

Les cavaliers parurent heureux de le revoir, le reçurent avec des démonstrations de joie, l'exhortèrent à se sauver avec eux.

Caton secoua la tête; il avait pour lui-même une autre résolution. Les larmes aux yeux et leur tendant les mains, il les supplia de venir en aide aux sénateurs; mais, comme ils partaient, cependant, malgré ses prières, il alla jusqu'à s'attacher aux brides de leurs chevaux, et à les tirer à lui pour les ramener vers Utique.

Et, en effet, quelques-uns eurent pitié et cédèrent; si bien qu'il obtint d'eux qu'ils restassent là un jour encore pour assurer la retraite des sénateurs.

En conséquence, il les ramena avec lui dans la ville, plaça les uns aux portes, les autres à la citadelle.

Les Trois-Cents eurent peur. Ils envoyèrent aussitôt prier Caton de venir auprès d'eux ; mais, de leur côté, les sénateurs, se serrant autour de lui, le prièrent de ne pas les abandonner, déclarant que ce serait abandonner Caton lui-même que de le livrer à ces traîtres et à ces perfides, lui, leur protecteur et leur soutien.

« Et, en effet, dit Plutarque, en ce moment la vertu de Caton était universellement reconnue, et tous ceux qui s'étaient réfugiés dans Utique avaient pour lui le même amour et la même admiration; car jamais on n'avait aperçu dans sa conduite la moindre trace d'artifice et de fausseté. »

LXXXI

Ce grand détachement de Caton, cette grande abnégation de lui-même, ce grand dévouement aux autres, venait de ce qu'il était depuis longtemps décidé à se donner la mort. Plus il planait au-dessus de cette vie qu'il allait quitter, plus il éprouvait de grands tourments et de vives douleurs pour ceux qu'il abandonnait à tous les orages de la terre.

Aussi, avant de mettre ce sinistre projet à exécution, résolut-il de pourvoir à la sûreté des pompéiens, tous tant qu'ils étaient, puis, ce devoir rempli, resté en face de lui-même et de son génie vaincu, de se délivrer de la vie.

« Aussi, dit Plutarque, son impatience de mourir ne pouvait-elle point se cacher, quoiqu'il n'en dît pas un mot. »

Il rassura donc les sénateurs, et, pour accomplir jusqu'au bout le devoir imposé, il alla trouver les Trois-Cents. Ceux-ci le remercièrent de la confiance qu'il avait en eux, le prièrent de les diriger dans leur résolution, mais lui annoncèrent que cette résolution était prise.

Cette résolution était d'envoyer des députés à César.

— Hélas! lui dirent-ils, nous ne sommes pas des Catons, et, entre nous tous, nous n'avons pas la vertu du seul Caton; compatis donc à notre faiblesse. Résolus d'envoyer des députés à César, c'est pour toi d'abord que nous demanderons la clémence de César. Si tu ne te rends pas à nos prières, eh bien, nous n'accepterons pas de grâce pour nous-mêmes, et nous combattrons pour l'amour de toi jusqu'au dernier soupir.

Mais, soit que Caton n'eût pas grande confiance dans la foi punique, soit qu'il ne voulût pas entraîner avec lui tant d'hommes dans l'abîme, il donna de grands éloges à cette bonne volonté qu'ils lui manifestaient; mais il leur conseilla en même temps de députer au plus tôt vers César, afin d'assurer leur vie.

— Seulement, ajouta-t-il en souriant d'un sourire triste mais résolu, ne demandez rien pour moi. C'est aux vaincus qu'il convient d'implorer le vainqueur ; c'est aux coupables qu'il convient de demander pardon. Quant à moi, non-seulement j'ai été invincible toute ma vie, mais je suis encore aujourd'hui vainqueur autant que je le voulais, car j'ai sur César l'avantage de l'honnêteté et de la justice. C'est lui qui est véritablement pris et vaincu, car ses desseins criminels, ses desseins contre sa patrie, ses desseins qu'il niait autrefois, les voilà aujourd'hui publiquement reconnus.

Les Trois-Cents ne demandaient pas mieux que d'avoir la main forcée. Aussi, sur les instances de Caton, se décidèrent-ils à faire leur soumission à César.

Cela était d'autant plus urgent que César marchait sur Utique.

— Bon ! s'écria Caton en apprenant cette nouvelle, il paraît du moins que César nous traite en hommes.

Puis, se tournant vers les sénateurs :

— Allons, allons, dit-il, il n'y a pas de temps à perdre, mes amis ; il s'agit de pourvoir à votre retraite, tandis que les cavaliers sont encore dans la ville.

En conséquence, il donna à l'instant même l'ordre de fermer toutes les portes, excepté celles qui donnaient sur le port, distribua les navires entre les fugitifs, veilla à ce que tout se passât sans confusion, prévint les troubles presque inséparables d'une retraite précipitée et fit donner à ceux qui étaient pauvres la nourriture gratis pour tout leur voyage.

Cependant la nouvelle arriva qu'une autre fraction de l'armée de Scipion était en vue ; cette autre fraction se composait de deux légions, lesquelles étaient commandées par Marcus Octavius.

Marcus Octavius campa à une demi-lieue à peu près

d'Utique, et, de là, fit demander à Caton comment il comptait régler avec lui le commandement de la ville.

Caton haussa les épaules sans rien répondre au messager ; mais, se tournant vers ceux qui l'entouraient :

— Faut-il s'étonner, dit-il, que nos affaires soient si désespérées, quand nous voyons chez nous l'ambition de commander survivre à notre perte même ?

Sur ces entrefaites, on vint annoncer à Caton que les cavaliers partaient, mais, en partant, pillaient les citoyens et emportaient leur argent et leurs objets précieux, comme dépouilles opimes.

Caton s'élança aussitôt dans la rue, courant sur les différents points où s'opérait ce pillage. Il atteignit les premiers, et leur arracha des mains le butin qu'ils avaient fait.

Aussitôt, les autres, honteux de leur conduite, abandonnèrent ce qu'ils avaient pris, et tous se retirèrent pleins de confusion et les yeux baissés.

Ses amis embarqués, les cavaliers hors de la ville, Caton rassemble les Uticiens, les suppliant de se maintenir en bonne harmonie avec les Trois-Cents, et de ne point, les uns contre les autres, exciter l'ennemi commun. Puis il retourne au port, jette un dernier adieu à ses amis, qui déjà gagnent la haute mer, trouve son fils, qui avait fait semblant de consentir à s'embarquer, mais qui était demeuré au contraire sur le port, le félicite au lieu de le blâmer, et le ramène à la maison.

Chez Caton, vivaient dans l'intimité trois hommes : le stoïcien Apollonides et le péripatéticien Démétrius ; le troisième était un jeune homme nommé Statilius, qui se vantait d'une force d'âme à toute épreuve, et qui prétendait que, quelque chose qui arrivât, il ne resterait pas au-dessous de l'impassibilité de Caton lui-même.

Cette prétention de l'apprenti philosophe faisait sourire Caton, et il disait aux deux autres :

— C'est à nous, mes amis, de guérir l'enflure de ce jeune homme, et de la réduire à des proportions réelles.

Au moment où, après avoir passé une partie de la journée et la nuit tout entière sur le port d'Utique, Caton rentrait chez lui, il y trouva Lucius César, parent de César, délégué par les Trois-Cents, pour aller intercéder en leur nom près du vainqueur.

Le jeune homme venait prier Caton de l'aider à composer une harangue qui pût toucher César et amener le salut commun.

— Pour ce qui vous regarde, lui disait-il, laissez-moi faire ; quand je l'implorerai en votre faveur, je me ferai gloire de baiser ses mains et d'embrasser ses genoux.

Mais Caton l'arrêta court.

— Si je voulais, lui dit-il, devoir la vie à la clémence de César, j'irais le trouver, seul... Mais je ne veux pas avoir d'obligation au tyran pour des choses sur lesquelles il n'a aucun droit ; car de quel droit donnerait-il, comme un dieu, la vie à ceux qui ne dépendent point de lui ? Au reste, ceci posé, et moi excepté du pardon général, examinons ensemble ce que tu peux dire en faveur des Trois-Cents.

Et il aida Lucius César à composer son discours ; après quoi, il lui recommanda ses amis et son fils.

— Ne vous verrai-je donc pas à mon retour ? demanda le jeune homme.

— Peut-être serai-je parti, répondit Caton.

Il le reconduisit, lui fit ses adieux et rentra à la maison.

Là, comme s'il eût commencé ses dernières dispositions, il appela son fils, auquel il défendit de se mêler, d'une façon quelconque, des affaires du gouvernement.

— L'état des choses, dit-il, ne permet de rien faire qui soit digne de Caton. Mieux vaut donc ne rien faire du tout, que quelque chose qui soit indigne de notre nom.

Vers le soir, il alla au bain.

Dans le bain, il se souvint de son jeune philosophe Statilius.

— A propos, mon cher Apollonides, s'écria-t-il, je n'ai pas revu notre stoïcien : ce qui me prouve qu'il aura cédé à tes instances, et qu'il se sera embarqué. Il a bien fait de s'embarquer; mais il a mal fait de s'embarquer sans me dire adieu.

— Allons donc! répondit Apollonides, il n'en est rien, au contraire. Il est, malgré notre entretien, resté plus entêté et plus inflexible que jamais. Il déclare qu'il restera et fera tout ce que fera Caton.

— C'est ce que nous verrons ce soir, dit le philosophe.

Caton quitta le bain vers six heures de l'après-midi, rentra chez lui et soupa en nombreuse compagnie. Il soupa assis, selon le vœu qu'il avait fait à Pharsale de ne plus se coucher que pour dormir.

Ses convives étaient ses amis ordinaires, plus les principaux magistrats d'Utique.

Après le repas, on continua d'apporter des vins différents. Caton ne détestait pas cette causerie qui s'entremêle de rasades; la conversation fut calme et savante, comme l'étaient d'habitude celles que présidait Caton.

On y discuta successivement plusieurs questions philosophiques, et, de propos en propos, on en arriva à l'examen de ce qu'on appelle les paradoxes des stoïciens : par exemple, que l'homme de bien est seul libre et que tous les méchants sont esclaves.

Le péripatéticien Démétrius s'éleva, comme on le pense bien, contre ce dogme ; mais alors Caton, s'échauffant, repoussa ses arguments avec véhémence ; et, d'un ton de voix rude et sévère, avec une certaine acrimonie qui dénonçait une fièvre intérieure, il soutint si longtemps et si fermement la lutte, que personne ne douta plus que sa résolution ne fût bien arrêtée et qu'il ne fût décidé à se tuer.

Aussi, à peine Caton eût-il cessé ce fiévreux monologue, — car il avait fini par parler à peu près seul, tant les assistants l'écoutaient avec attention, nous dirons presque avec vénération, — qu'il se fit un morne silence ; Caton en comprit la cause et s'occupa aussitôt de ramener ses amis et d'éloigner leurs soupçons. Puis, remettant sur les choses présentes la conversation dont il s'était emparé, il manifesta ses inquiétudes sur ceux qui s'étaient embarqués et ses craintes non moins grandes sur ceux qui s'en allaient par terre à travers un désert sauvage et sans eau.

Puis, les convives étrangers partis, il fit avec ses amis sa promenade accoutumée, — son après-soupée, comme il l'appelait, — puis il donna aux capitaines de service les ordres nécessités par les circonstances ; enfin, se retirant dans sa chambre, il embrassa son fils et chacun de ses amis en particulier avec des témoignages d'affection plus marqués qu'à l'ordinaire ; ce qui renouvela toutes leurs craintes sur ce qui allait probablement se passer pendant le reste de la nuit.

Une fois couché, il prit le dialogue de Platon sur l'âme, — *Phédon*, — et, après en avoir lu une grande partie, il jeta les yeux au-dessus de son chevet.

Ses yeux cherchaient son épée, qui y était habituellement suspendue. L'épée n'y était pas.

Il appela un de ses esclaves, et lui demanda qui avait pris son épée.

L'esclave ne répondit point, et Caton se remit à sa lecture.

Au bout d'un instant, il jeta les yeux autour de lui ; l'esclave n'était plus là.

Il appela de nouveau, sans emportement et sans impatience.

— J'ai demandé où était mon épée, dit-il.

— Oui, maître, répondit l'esclave ; mais j'ignore où elle est.

— Qu'on la cherche et qu'on me l'apporte, dit Caton.

L'esclave sortit.

Un temps assez long s'écoula encore, et l'on n'apporta point l'épée.

Alors, pour la troisième fois, avec impatience, il appela ses esclaves les uns après les autres, et leur demanda avec emportement :

— Je veux savoir où est mon épée, et j'ordonne qu'on me l'apporte.

Et, comme on n'obéissait point assez vite selon ses désirs, il donna à celui qui était le plus proche de lui, un tel coup de poing, que le malheureux esclave sortit de la chambre le visage tout en sang.

En même temps, Caton criait :

— Malheur à mes esclaves et à mon fils, qui veulent me livrer vivant à mon ennemi !

A ses cris, son fils entra avec les philosophes, et se jeta à son cou, en criant :

— Mon père, au nom des dieux ; mon père, au nom de Rome, ne te tue pas !

Mais Caton le repoussa, et, se dressant sur son séant :

— Quand et dans quel lieu, dit-il avec un regard sévère, ai-je, sans m'en apercevoir, donné des preuves de folie ? Pourquoi, si j'ai pris un mauvais parti, personne ne cherche-t-il à me détromper ? pourquoi, si j'ai pris le bon, m'empêcher de suivre ma résolution et m'enlever mes armes ? Que ne fais-tu attacher ton père, ô généreux fils ! que ne lui fais-tu lier les mains derrière le dos, afin que César, en arrivant, le trouve hors d'état de se défendre ? Ai-je, au reste, besoin d'une épée pour m'ôter la vie ? Non. Il me suffit de retenir mon haleine jusqu'à ce que j'étouffe, ou de me briser la tête contre la muraille.

Aux paroles de son père, le jeune homme ne put retenir ses larmes, et, comme il craignait que son père ne lui en fît un crime, il s'élança hors de la chambre en sanglotant.

Les autres sortirent après lui.

Démétrius et Apollonides restèrent seuls près de Caton.

Alors, Caton les regardant d'un œil un peu plus radouci :

— Et vous, dit-il, prétendez-vous aussi retenir par force dans la vie un homme de mon âge ? et resterez-vous auprès de moi pour me garder en silence ? ou bien êtes-vous venus m'apporter quelques beaux raisonnements pour me prouver que, Caton n'ayant plus d'autre moyen de sauver sa vie, il est honorable pour lui de la tenir de César ? Voyons, voyons, parlez ; convainquez-moi de cette belle maxime. J'écoute ; faites-moi changer de résolution, je ne demande pas mieux. Dégoûtez-moi des opinions dans lesquelles j'ai vécu jusqu'à présent, afin que, devenu plus sage, je me rallie à César. Ce n'est point que j'aie pris encore aucune résolution ; non ! mais il me semble que, ma résolution une fois prise, je dois être le maître de l'exécuter. C'est en quelque sorte avec vous que j'en vais délibérer ; parlez, je vous écoute ; parlez sans rien craindre, et dites à mon fils qu'il ne cherche point à emporter par la violence ce qu'il ne peut obtenir que par la persuasion.

Démétrius et Apollonides comprirent que tout ce qu'ils pourraient répondre ne persuaderait point Caton. Ils sortirent donc de la chambre en pleurant, et lui envoyèrent son épée par un jeune enfant, dans un double espoir sans doute : c'est que la vue de la jeunesse dans toute sa fleur le désarmerait, et qu'ensuite il ne demanderait pas à cet enfant ce qu'il eût demandé à un homme fait, c'est-à-dire de le tuer.

L'enfant apporta l'épée, sans savoir que c'était la mort qu'il apportait, et lui donna l'arme tant demandée.

Caton la prit, la tira du fourreau, passa l'index sur la pointe, le pouce sur le tranchant, et, trouvant la pointe suffisamment aiguë, le tranchant bien affilé, il dit :

— Je suis mon maître maintenant.

Puis, renvoyant l'enfant, il plaça son épée auprès de lui, et se remit à sa lecture.

Deux fois alors, dit-on, il relut le *Phédon* tout entier ; puis il s'endormit d'un sommeil si profond, que ceux qui veillaient à sa porte l'entendaient ronfler.

Vers minuit, il se réveilla et appela deux de ses affranchis : Cléanthe, son médecin, et Butas, son homme de confiance pour les affaires politiques.

Il envoya Butas au port pour s'assurer si tout le monde était parti, et pour venir lui donner des nouvelles à la fois de l'embarquement et de l'état du temps.

Dès que Butas se fut éloigné, il présenta au médecin sa main enflée du coup de poing qu'il avait donné à l'esclave avec ordre d'y mettre un bandage.

Cléanthe obéit, puis, le pansement fait, courut par toute la maison, rassurant tout le monde, racontant ce qui venait de se passer, et disant :

— Si Caton voulait mourir, comme vous le croyez, il ne m'eût pas ordonné de panser sa main.

Sur ces entrefaites, Butas rentra.

On l'arrêta dans le vestibule pour lui annoncer la nouvelle qui répandait la joie dans toute la maison.

Lui aussi crut alors, comme tout le monde, qu'il n'y avait plus rien à craindre de ce côté-là.

Il entra donc chez Caton.

— Ah ! dit celui-ci, je t'attendais avec impatience.

— Me voici, répondit Butas.

— Tu as été au port ? tu t'es informé ?

— Oui.

— Eh bien ?

— Eh bien, tous sont partis, excepté Crassus que quelques affaires ont retenu, mais qui, dans un instant, va s'embarquer.

— Et le temps ?

— Il fait grand vent ; la mer est terrible ; c'est une véritable tempête.

— Hélas ! fit Caton songeant à ceux qui étaient en mer.

Puis, après un instant :

— Retourne au port, dit-il à Butas ; vois si quelques-uns ne sont point restés, et, s'ils ont besoin de secours, avertis-moi.

Butas sortit.

Comme les coqs commençaient à chanter, c'est-à-dire vers une heure du matin, Caton se rendormit pendant quelques instants.

Il attendait le retour de Butas.

Butas revint, et lui dit que les environs du port étaient parfaitement tranquilles.

Alors, Caton lui commanda de se retirer et de fermer la porte de sa chambre; et, en lui disant cela, il se remit au lit, — car il s'était levé pour recevoir Butas, — il se remit au lit, comme pour y passer le reste de la nuit.

Mais la porte fut à peine refermée derrière Butas, que Caton tira son épée et se l'enfonça un peu au-dessous des côtes, seulement, l'enflure de sa main, et la douleur qu'il en éprouvait, l'empêchèrent de porter un coup assez assuré pour que la mort suivît instantanément.

En luttant contre cette mort qui ne voulait pas venir et qui envoyait à sa place la douleur, Caton tomba de son lit sur le plancher, et renversa un tableau à tracer des figures de géométrie.

Au bruit que fit le tableau en tombant, les esclaves chargés de veiller poussèrent un grand cri.

Le fils et les amis de Caton s'élancèrent aussitôt dans sa chambre.

Ils virent Caton se roulant à terre tout souillé de sang; ses entrailles étaient presque tout entières sorties du corps, et cependant, il vivait encore et avait les yeux tout grands ouverts.

Alors, on appela à grands cris Cléanthe, qui arriva.

Pendant ce temps-là, on avait soulevé Caton, et on l'avait replacé sur son lit.

Cléanthe examina la blessure : elle était affreuse, mais les entrailles n'étaient point offensées, de sorte qu'il fit signe d'avoir bon espoir. Puis, reprenant les entrailles, il les fit rentrer dans la blessure et recousit la plaie.

Tout cela s'était fait pendant un évanouissement de Caton.

Mais Caton revint à lui, et, au fur et à mesure qu'il reprenait ses sens, reprit aussi la conscience de ce qui s'était passé. Alors, furieux de voir qu'il vivait encore, il repoussa violemment le médecin, rouvrit la plaie, déchira ses entrailles de ses mains, et expira.

La nouvelle de cette mort se répandit avec une effroyable rapidité. En moins de temps qu'il n'en eût fallu aux personnes de la maison pour en être instruites, les Trois-Cents, réveillés au milieu de la nuit, étaient déjà devant la maison.

Un moment après, tout le peuple d'Utique y était assemblé.

C'étaient des cris inouïs, des clameurs confuses. Tous, d'une commune voix, proclamaient Caton le bienfaiteur, le sauveur, le seul homme libre, le seul homme invincible, et cela, à l'instant même où l'on apprenait que César n'était plus qu'à quelques milles. Mais ni l'envie de flatter le vainqueur, ni le désir de traiter avec lui, ni les querelles qui les divisaient, ne purent affaiblir le respect qu'ils avaient pour Caton. Ils jetèrent sur son corps leurs plus magnifiques manteaux, lui firent des obsèques splendides, et, n'ayant pas le temps de le brûler et de recueillir ses cendres, ils l'enterrèrent au bord de la mer, à l'endroit même où, du temps de Plutarque, on voyait encore une statue de Caton tenant une épée à la main. Ce ne fut que le dernier devoir des funérailles accompli, qu'ils s'occupèrent de leur salut et de celui de la ville.

Caton était âgé de quarante-huit ans.

Ce que l'on avait dit de l'approche de César était vrai. Apprenant, par ceux qui venaient se rendre à lui, que

Caton et son fils restaient dans Utique, et paraissaient résolus à ne le point quitter, il jugea que ces hommes au cœur stoïque méditaient quelque dessein dont il ne pouvait se rendre compte, et, comme, après tout, il avait une haute estime pour Caton, il venait d'ordonner que l'on marchât aussi vite que possible sur Utique, lorsqu'on vint lui annoncer que Caton était mort et de quelle façon il était mort.

César écouta avec une douleur visible le récit de cette terrible agonie; puis, lorsque le narrateur eut tout dit :

— O Caton! s'écria César, je t'envie ta mort, car tu m'as envié mon pardon.

Caton laissait un fils et une fille. — Le fils, nous l'avons vu jouer un rôle dans le drame de la mort paternelle, et ce rôle, tout de douleur, me semble devoir exciter la sympathie pour ce malheureux jeune homme qu'écrasait un si grand nom.

Maintenant, les historiens lui reprochent une passion que l'on ne pouvait certes pas reprocher à son père : un trop grand amour pour les femmes. Ils citent à l'appui de ce reproche le long séjour que le jeune homme fit en Cappadoce, près du roi Marphadate, son ami.

Ce roi Marphadate avait une fort belle femme que l'on appelait *Psyché*, c'est-à-dire *âme*. Aussi, disait-on de lui et de Marphadate : « Marphadate et Porcius, deux amis, une seule *âme*. » On disait encore : « Porcius Caton est noble et généreux ; il a une *âme* royale. »

Sans doute n'était-on si sévère pour le jeune homme qu'au souvenir de la rigidité de son père.

Au reste, sa mort effaça bien cette légère tache de sa vie, que je regrette de ne pas trouver dans celle de Caton.

A Philippes, il combattait avec Brutus et Cassius contre

Octave et Antoine. Voyant l'armée en déroute, il ne voulut ni fuir ni se cacher ; mais, défiant les vainqueurs, ralliant les fuyards, il fit face à l'ennemi et se fit tuer en combattant, si bien qu'Octave et Antoine eux-mêmes rendirent hautement justice à son courage.

La fille de Caton, nous la connaissons aussi : c'est Porcia, la femme de Brutus, celle qui se blessa avec un couteau pour obtenir le secret de son mari, qui prit part à la conjuration, et qui, apprenant la perte de la bataille de Philippes et la mort de son époux, s'étrangla avec des charbons ardents.

Quant à Statilius, qui avait juré de suivre en tout l'exemple de Caton, il s'était saisi de l'épée du mort et allait se précipiter dessus, lorsqu'il en fut empêché par les philosophes.

Il mourut à Philippes avec Caton le fils.

LXXXII

Arrêtons-nous un peu sur ce suicide de Caton, qui fait pâmer d'admiration tous nos professeurs d'histoire, et que nous avons le malheur de réduire à sa plus simple expression, c'est-à-dire de considérer comme une orgueilleuse erreur.

Le suicide de Caton eut le malheur de ne pas même être nécessaire ; fructueux, il ne pouvait pas l'être : le suicide ne l'est jamais.

Caton se tua par dépit; par dégoût, surtout. Ce fugitif, qui vient jusqu'aux portes d'Utique et qui veut savoir comment il partagera le pouvoir avec Caton, ce Marcus

Octavius est la goutte d'eau, ou plutôt la goutte de lie, qui fait déborder la coupe trop pleine. Supposez Napoléon mourant à Fontainebleau du poison qu'il avait pris, et il lui manquait dans la postérité son fabuleux retour de l'île d'Elbe et son apothéose de Sainte-Hélène.

Tout était perdu en Grèce, en Asie et en Afrique, c'est vrai ; mais tout pouvait encore se raccommoder en Espagne. L'Espagne était pompéienne : elle avait autrefois recueilli et défendu le fugitif Sertorius ; elle venait de recueillir les deux fils de Pompée et les fugitifs de Thapsa. Et qui sait, si Caton eût été à Munda, où César combattit, comme il le dit plus tard, non pas pour la victoire, mais pour la vie, qui sait ce qui serait arrivé de César ?

Au moment où Caton se tuait, treize légions gravaient, en Espagne, sur leurs boucliers le nom de Pompée.

Mais abordons chez les Romains cette fameuse question du suicide, dans laquelle Juba, Pétréius, Métellus et enfin Caton ouvrirent la voie ; Caton lui donnant la consécration que l'homme rigide donne à tout ce qu'il fait.

Cent ans plus tard, le suicide sera une des plaies de Rome et dispensera les empereurs d'avoir des bourreaux.

Puis le suicide du corps amènera le suicide de l'âme.

La religion chrétienne, qui, par bonheur, nous dispense d'admirer le suicide de Caton, avait ouvert un grand refuge contre le suicide : les couvents. Arrivé au degré suprême du malheur, un homme se faisait moine : c'était une manière de s'ouvrir les veines, de s'asphyxier, de se brûler la cervelle sans se tuer. Qui dit que M. de Rancé, en trouvant madame de Montbazon morte, si les couvents n'eussent point existé, ne se fût pas pendu ou jeté par la fenêtre, au lieu de se laisser glisser dans le gouffre de la Trappe ?

Pline qu'on appelle l'Ancien, quoiqu'il ne soit pas mort vieux, — né, l'an 23 de Jésus-Christ, à Vérone, il mourut l'an 79 dans l'éruption de Pompéi, à l'âge de cinquante-six ans par conséquent ; — Pline qu'on appelle l'Ancien est un des hommes chez lesquels il faut étudier le suicide, fils du fatalisme.

« L'homme, dit-il, animal misérable et orgueilleux, que l'odeur d'une lampe mal éteinte suffit pour détruire dans le sein de sa mère ; jeté nu sur la terre nue, comme lavé par les gémissements et par les pleurs, les larmes sont un de ses priviléges. Le rire ne lui est pas donné avant quarante jours. Il ne sent la vie que par des supplices, et *son seul crime est d'être né*. Seul, entre tous les animaux, il n'a d'autre instinct que celui de pleurer ; seul, il connaît l'ambition, la superstition, l'inquiétude et la sépulture, la préoccupation de ce qui sera après lui. Nul animal dont la vie soit plus frêle, les désirs plus ardents, la peur plus effarée, la rage plus furieuse ; la plus petite de ses douleurs n'est point compensée par la plus grande de ses joies. Sa vie, si courte, est encore abrégée par le sommeil, qui en dévore la moitié ; par la nuit, qui, sans sommeil, est un supplice ; par l'enfance, qui vit sans penser ; par la vieillesse, qui ne vit que pour souffrir ; par les craintes, les maladies, les infirmités ; et cette brièveté de la vie est, cependant, le plus grand don que la nature lui ait accordé. Et, cependant, l'homme, ainsi fait, voudrait vivre davantage ; une passion d'immortalité le tourmente ; il croit à son âme, à une autre vie ; il adore les mânes ; il prend soin des restes de son semblable. Rêve d'enfant ! S'il se survit à lui-même, il n'y aura jamais de repos pour lui. *Le plus grand bien de la vie, la mort, la mort prompte et impérieuse*, nous serait donc ôtée, ou plutôt elle nous deviendrait cruelle, puisqu'elle ne ferait que nous conduire à de nouvelles douleurs ; privés du bonheur suprême, qui serait celui de ne pas naître, nous n'aurions pas la seule consolation qui puisse nous être donnée, celle de rentrer dans le néant. *Non, l'homme rentre au lieu d'où il est sorti : il est après la mort ce qu'il était avant de naître.* »

Connaissez-vous rien de plus désespérant et penchant plus au suicide que cette effroyable morale du néant ? Qu'il y a loin de là à cette douce consolation de la religion chrétienne qui nous promet une autre vie ! qu'il y a loin de là à cette condamnation du suicide résumée dans un vers de Shakspeare :

> Seul crime sans pardon, étant sans repentir !

Aussi, Pline ajoute-t-il :

« La Mort était, de tous les dieux, celui dont le culte était le plus invoqué. »

En effet, ce culte devint universel ; les suicidés ont éternellement à la bouche les noms de Caton et de Brutus, et c'est à ces deux noms, comme à deux colonnes de marbre noir, qu'ils scellent les battants de la porte qui mène à l'abîme sans fond qu'a visité Virgile quarante ans avant eux, et que visitera Dante douze cents ans plus tard.

Il y avait dans la mort de l'antiquité une volupté funeste qui faisait qu'on se précipitait avec ardeur hors d'une vie où le plaisir était sans passion et sans joie.

Aussi, voyez les empereurs, qui peuvent tout : à quoi s'occupent-ils, à quelques exceptions près ? A creuser sans cesse l'abîme de folie dépravée dans laquelle ils se plongeaient. En même temps qu'Héliogabale prépare le suicide de son corps en faisant tresser un lacet de soie pourpre pour s'étrangler, en faisant paver une cour en porphyre pour s'y briser la tête, en faisant creuser une émeraude pour renfermer du poison, il tuait son âme en la vautrant dans la débauche et dans le sang.

Que si nous adoptons cette effroyable conclusion de Pline, — et les Romains l'adoptaient, — si la mort est le suprême bien et la vie la suprême douleur, pourquoi vivre, puisqu'on peut si facilement mourir ? Aussi, selon Pline, le suicide est-il la consolation de Rome, et *malheureux les dieux immortels*, s'écrie-t-il, *qui n'ont pas, contre le malheur, cette suprême ressource que possède l'homme !*

Il est vrai qu'à son tour Lucain l'appuie, ou plutôt qu'il s'appuie sur Lucain ; Lucain, qui nie la Providence, qui dit que tout est conduit par le hasard, et qui regarde la mort comme un si grand bien, qu'il en fait la récompense des hommes vertueux :

Mors utinam pavidos vitæ subducere nolles,
Sed virtus te solu daret !

la mort, qu'il glorifie, non parce qu'elle délivre la vie de l'étreinte terrestre du corps, mais parce qu'elle endort la partie intelligente de l'homme ; non parce qu'elle conduit son ombre dans l'Élysée, mais parce qu'elle éteint la flamme de sa pensée dans l'apathique repos du Léthé !

Et Sénèque, non moins désespérant que Pline et Lucain, avec son *ex nihilo nihil*.

« De rien, rien, dit-il : tout rentre au néant d'où tout est sorti. Vous me demandez où vont les choses créées ; elles vont où vont les choses non créées, *ubi non nata jacent.* »

Oh ! que ce n'est point ainsi que pense le cygne de Mantoue, le doux Virgile, le poëte précurseur ! *Heureux, dit-il, qui a pu connaître la source des choses et qui a foulé aux pieds les rumeurs de l'Achéron avare!*

Puis, quand il voit de loin les suicidés, il les voit si cruellement punis, *qu'ils voudraient dans le ciel élevé subir encore la cruelle pauvreté et porter les durs travaux de la terre.*

> *Quam vellent æthere in alto*
> *Nunc et paupertem et duros perferre labores!*

Et de quels suicidés voulait parler Virgile, si ce n'est de Caton et de Brutus ?

Voyez quel immense pas l'athéisme a fait entre Virgile et Lucain, c'est-à-dire dans l'espace d'un demi-siècle à peine ; entre Virgile, qui, ayant entrevu la lumière éternelle, veut connaître la source des choses, est incessamment tourmenté par le bruit de cet Achéron avare qui roule sous ses pieds, qui impose aux suicidés de tels tourments, qu'ils voudraient bien redescendre sur la terre, dussent-ils y reprendre leur fardeau de douleur ; et Lucain, qui fait du suicide la suprême vertu ; qui, en souvenir sans doute du meurtre de Pétréius par Juba, dans leur combat suprême, montre deux frénétiques, qui se convient aux charmes d'un mutuel assassinat, et reçoivent des coups d'épée avec bonheur, les rendent avec reconnaissance.

> *Et eum cui vulnera prima*
> *Debebat, grato moriens interficit ictu.*

Aussi, Caton suicidé lui inspire-t-il son plus beau vers:

> *Causa diis victrix placuit, sed victa Catoni !*

« La cause victorieuse plut aux dieux, mais la cause vaincue à Caton ! »

Ainsi, sous les empereurs, le suicide est devenu le grand remède à tous les maux, la panacée universelle de toutes les douleurs; c'est la consolation du pauvre ; c'est la vengeance du proscrit lassé de sa captivité; c'est la fuite de l'âme de sa prison; c'est tout, jusqu'au remède à la satiété du riche.

L'homme du peuple n'a plus de pain ; que fait-il ? demandez-le à Horace : il s'enveloppe la tête de son manteau déchiré, et, du haut du pont Fabricius, se jette dans le Tibre.

Le gladiateur ne trouve pas la mort du cirque assez prompte ; que fait-il ? Demandez-le à Sénèque : il passe sa tête entre les jantes du chariot qui le conduit, et la roue, en tournant, lui brise la colonne vertébrale.

Puis, la mort volontaire est parfois de l'opposition au gouvernement! on envie, on glorifie, on admire ceux qui font fraude de leur corps à Tibère ou à Néron.

Crémonius Cordus, accusé sous Tibère, se laisse mourir de faim, et il y a joie publique de voir les loups dévorants refermer à vide leurs mâchoires, entre lesquelles ils croyaient le broyer.

Pétrone, invité par Néron à mourir, s'étend dans le bain, et se fait ouvrir les veines ; puis, en causant avec ses amis, il se rappelle un beau vase murrhin dont héritera Néron s'il n'y met bon ordre : il se fait bander les bras et les pieds, se fait apporter le vase, ordonne qu'on le brise devant lui, et, arrachant ses bandages, meurt tout joyeux de cette petite vengeance.

Il n'y a pas jusqu'à l'homme blasé qui ne cherche dans

la mort un adoucissement à ses dégoûts : *Fastidiosè mori*, dit Sénèque.

C'est Sénèque surtout qu'il faut étudier sur ce sujet ; il ne tarit pas ; on dirait que, lui aussi, un jour, il épuisera les âpres voluptés du suicide.

Rome a le spleen ; ce dieu fatal qui plane au-dessus de Londres — Londres n'a pas de couvents depuis Henri VIII — ce dieu fatal qui plane au-dessus de Londres, couché sur un lit de brouillard, a des autels à Rome.

« Il y a, dit Sénèque, une étrange manie de néant, une fantaisie de la mort, une inclination folle vers le suicide ; les lâches n'y échappent pas et en sont atteints comme les braves : les uns se tuent par mépris, les autres par lassitude de la vie ; d'autres sont purement et simplement ennuyés de faire toujours la même chose et de recommencer aujourd'hui la vie d'hier et demain la vie d'aujourd'hui.

Et, en effet, ne faut-il pas une fin à cette monotone existence ?

Se réveiller, se rendormir, avoir froid, avoir chaud ; rien n'est fini ; le même cercle tourne sans cesse et revient toujours. La nuit succède au jour, l'été amène l'automne, l'hiver le printemps ; toujours c'est la même chose ; tout passe pour revenir : rien de nouveau sous le soleil. »

Enfin, beaucoup meurent ou plutôt se tuent, non parce que la vie leur est dure, mais parce que la vie leur est superflue : *Quibus non vivere durum, sed superfluum.*

Le suicide est tellement devenu un accident de la vie, un accident prévu, un accident ordinaire, qu'on le discute, qu'on le raisonne, qu'on le conseille.

Il passe par l'esprit d'un homme l'idée de se tuer ; seulement, il n'y est pas tout à fait décidé encore. Il assemble ses amis, il les consulte, il va à la majorité des voix. La majorité des voix est pour le suicide.

— Impossible, dites-vous, qu'on en arrive à ce degré d'immoralité.

Exemple ! — Cet exemple, c'est toujours Sénèque qui nous le fournit.

« Tullius Marcellinus, attaqué d'une maladie longue et douloureuse, mais non incurable, eut l'idée de se donner la mort ; en conséquence, il rassembla quelques amis. Les uns, *lâches* et *timides*, lui donnaient le conseil qu'ils se fussent donné à eux-mêmes ; d'autres, en vrais flatteurs, celui qu'ils supposaient que désirait Marcellinus.

» Mais, continue Sénèque, un stoïcien, notre ami, homme supérieur, homme courageux, lui parla tout autrement :

» — Ne te trouble pas, Marcellinus, lui dit-il, comme s'il s'agissait d'une question importante ; vivre est-il donc un si grand bien ? Les esclaves et les animaux vivent aussi. La grande affaire, c'est de mourir avec sagesse et avec courage. N'y a-t-il pas assez longtemps que tu vis ? La nourriture, le sommeil et le plaisir des sens, n'est-ce pas toujours la même chose ? On peut vouloir mourir non-seulement par *raison*, par courage, par *lassitude*, par souffrance, mais encore par ennui… »

Lecteurs chrétiens, que dites-vous de cet homme supérieur, de cet homme courageux, de cet ami de Tullius Marcellinus ?

Attendez, ce n'est pas tout, et le philosophe ne s'en tient pas là.

Les esclaves hésitent à servir le dessein de leur maître. Il leur rend le courage, il les pousse, il les excite.

— Bon ! dit-il, que craignez-vous ? Rien n'est à craindre pour les esclaves quand la mort de leur maître est volontaire ; mais, je vous en préviens, il y a un crime égal à donner la mort à son maître ou à l'empêcher de se la donner. »

Vous croyez que Sénèque nous cite là un exemple isolé ? Point.

La tante de Libon conseille à son fils de se tuer ; la mère de Messaline le conseille à sa fille ; Atticus annonce sa mort à sa famille : le rhéteur Albutius Silus harangue le peuple, et lui expose les motifs qui le déterminent à mettre fin à sa vie ; Cocceius Nervas se tue malgré Tibère ; Thraséas donne un exemple admiré par Tacite.

« Il est certain, dit Montesquieu, que les hommes sont devenus moins libres et moins courageux depuis qu'ils ne savent plus, par la puissance du suicide, échapper à toute autre puissance. »

Il est vrai que, dans son livre *de la Grandeur et de la Décadence des Romains*, Montesquieu semble regretter les combats de gladiateurs.

Voyez plutôt :

« Depuis l'établissement du christianisme, les combats devinrent rares. Constantin défendit d'en donner. Ils furent complétement abolis par Honorius ; comme il paraît encore, par Théodoret et Othon de Freisingen. Les Romains ne retinrent de leurs anciens spectacles que ce qui pouvait affaiblir le courage et servir d'attrait à la volupté. »

Et cependant, tous ces philosophes étaient des disciples des écoles grecques ; et les Grecs défendaient le suicide.

« Pythagore, dit Cicéron — *de Senectute* — nous défend de quitter notre poste sans l'ordre du général, c'est-à-dire de Dieu. »

Et nous verrons plus tard que le pauvre Cicéron, qui,

pendant toute sa vie, n'avait cependant pas brillé par le courage, n'en est pas plus mal mort.

Platon, dans ce *Phédon* que lisait Caton avant de se tuer, est de l'avis de Pythagore.

Brutus, Brutus lui-même, Brutus qui se tuera, juge longtemps la mort de Caton comme indigne de lui, comme irrévérente envers les dieux.

Et, cependant, la bataille de Philippes perdue, il suivra l'exemple fatal donné par Caton après la bataille de Thapsa.

Ainsi, tout ce sang qui coule, et qui va inonder Rome pendant trois siècles, tout ce sang sort des entrailles de Caton.

Et, maintenant, admire Caton qui voudra!

LXXXIII

La vieille République était morte avec Caton : César avait recueilli son dernier soupir.

Il pouvait poursuivre immédiatement les pompéiens, et passer en Espagne avec eux; il jugea sa présence nécessaire à Rome.

Il y signala son retour par une harangue des plus magnifiques; il parla de sa victoire en homme qui voulait se la faire pardonner; il dit que les pays dont il venait de triompher étaient si étendus, que le peuple romain en tirerait, tous les ans, deux cents médimnes attiques de blé, et trois millions de livres d'huile.

Ce fût un spectacle terrible et merveilleux à la fois que ce triomphe de César.

Il avait ramené des Gaules Vercingétorix que nous avons vu jeter ses armes, les unes après les autres, aux pieds de César, et venir s'asseoir sur les marches de son tribunal; — il avait ramené d'Égypte Arsinoé, cette jeune sœur de Cléopâtre que nous avons vue fuir du palais avec Ganymède; — il avait ramené d'Afrique le fils du roi Juba.

Et ce fut, pour ce dernier, un étrange changement de condition et de renommée. Né barbare et Numide, il dut à ce malheur de devenir un des plus savants historiens grecs.

César triompha pour les Gaules, pour le Pont, pour l'Égypte et pour l'Afrique. Il ne fut pas question de Pharsale.

Le soir du triomphe, le Vercingétorix des Gaules fut étranglé.

Les fêtes durèrent quatre jours; le quatrième jour, César, avec du fard sur les joues, sans doute pour dissimuler sa pâleur; César avec un chapeau de fleurs sur la tête, avec des pantoufles rouges à ses pieds, le quatrième jour, disons-nous, César inaugura la place publique qui, de son nom, fut nommée Julia. Puis le peuple le reconduisit chez lui, entre quarante éléphants pris par lui à Scipion, et qui portaient des torches et des flambeaux.

Après les triomphes vinrent les largesses.

César distribua aux citoyens six boisseaux de blé et trois cents sesterces par tête; chaque soldat eut vingt mille sesterces. Puis, soldats et citoyens, il les invita tous à un gigantesque festin : on dressa vingt-deux mille tables de trois lits chacune; c'était, à quinze personnes par table, trois cent mille personnes, à peu près.

Puis, la multitude rassasiée de vin et de viande, on la soûla de spectacles.

César fit bâtir un amphithéâtre pour donner des chasses.

Dans une de ces chasses parut pour la première fois le caméléopard (la girafe); — animal que les anciens regardaient comme fabuleux, et dont les modernes nièrent l'existence, jusqu'à ce que Levaillant en eût envoyé un des bords de la rivière Orange. — Il y eut des combats de gladiateurs et de captifs; il y eut des combats de fantassins et de cavaliers, des combats d'éléphants; il y eut un combat naval dans le champ de Mars, transformé en naumachie; il y eut un combat entre les enfants nobles; et, dans tous ces combats, nombre de gens périrent. Il fallait bien donner à tous ces Romains, qui n'avaient pu assister aux batailles de Pharsale et de Thapsa, une idée de ce qu'avaient été ces immenses égorgements.

Des chevaliers descendirent dans le cirque et combattirent en gladiateurs; le fils d'un préteur se fit mirmillon. César empêcha un sénateur de combattre.

« Il fallait bien, dit Michelet, laisser quelque chose à faire aux temps des Domitien et des Commode. »

Et sur toutes les rues, et sur toutes les places, sur ces naumachies, sur cet amphithéâtre, s'étendait pour la première fois le *velarium*, destiné à abriter les spectateurs des rayons du soleil. César avait emprunté cette innovation aux peuples de l'Asie.

Mais, chose étrange, au lieu de lui savoir gré de cette immense quantité d'or qu'il jetait à pleines mains sur lui, le peuple se plaignait de cette profusion et criait à haute voix : « Il l'a méchamment acquis et le dépense follement! » Il n'y eut point jusqu'aux soldats qui ne se mutinassent pour la même cause; et cette espèce de révolte dura jusqu'au moment où César, paraissant au milieu d'eux, saisit lui-même un de ces séditieux, et sur-le-champ le fit passer par les armes.

César assista à toutes ces fêtes, et même aux farces de théâtre. Bien plus, il y avait à Rome un vieux chevalier romain, nommé Labérius, qui faisait des pièces; il le força de jouer lui-même dans une farce de lui. Le pauvre vieillard fit quelques vers adressés au peuple pour lui expliquer sa tardive apparition sur le théâtre.

« Hélas! disait-il, où la nécessité m'a-t-elle poussé presque à mon dernier jour! Après soixante ans d'une vie honorable, après être sorti chevalier de ma maison, j'y rentrerai mime. Oh! j'ai trop vécu d'un jour! »

De ce retour de César doit dater, pour tout historien intelligent, l'ère de l'Empire; avec ce retour de César commence cette invasion des barbares qui submergera Rome. Dès le commencement de la guerre civile, César, appréciant ces hommes difficiles à vaincre comme ennemis, si francs et si fidèles comme alliés, dès le commencement de la guerre civile, César a donné le droit de cité à tous les Gaulois nés entre les Alpes et l'Éridan. Après Pharsale et Thapsa, en récompense des services qu'ils lui ont rendus, il les fait sénateurs. Il fait collègue de Cicéron, des centurions, des soldats et même des affranchis.

Ce fut alors que l'on afficha dans Rome cette fameuse recommandation :

« Le public est prié de ne point indiquer aux sénateurs le chemin du Sénat. »

On chantait, outre les chansons obscènes sur Nicomède et sur le vainqueur *chauve*, des vers qui disaient :

« César conduit les Gaulois derrière son char, mais c'est pour les mener au Sénat; ils ont quitté l'habillement celtique pour le laticlave. »

Ce n'était pas sans raison que César agissait ainsi : il voulait se faire donner tous les honneurs et tous les pouvoirs, et il savait qu'un pareil sénat ne lui refuserait rien. Aussi lui vota-t-on par acclamation, comme on dit aujourd'hui : pouvoir de juger les pompéiens; droit de paix et de guerre ; droit (sauf pour les provinces populaires) de distribuer les provinces aux préteurs, tribunat et dictature avec; aussi fut-il proclamé *père de la patrie et libérateur du monde*. Ses fils, — et à part Césarion, de naissance douteuse, il n'avait jamais eu de fils, — ses fils furent déclarés *imperatores*. Au-dessus d'une statue de bronze, représentant la Terre, on dressa la sienne avec cette inscription: *Au demi-dieu*. Enfin le séducteur chauve, l'homme qui avait vaincu les Gaulois, mais que Nicomède avait vaincu, fut nommé *réformateur des mœurs*; et il n'y avait pas un an qu'il avait logé sous le toit conjugal ; près de sa femme Calpurnie, la belle Cléopâtre et son époux de onze ans, et cet enfant qui lui était si publiquement attribué, qu'on l'appelait Césarion ! et Helvétius Cinna, tribun du peuple, préparait une loi par laquelle il allait être permis à César d'épouser autant de femmes qu'il voudrait pour en avoir des héritiers!

Ce n'est pas tout : le changement s'opère à la fois dans les choses matérielles, politiques et intellectuelles. L'immuable Pomœrium a reculé, non plus devant un décret du sénat, mais devant la volonté d'un seul homme. Le calendrier ne s'accordait pas avec la révolution de l'année : on comptait encore les mois par la lune. César a conféré de cette irrégularité avec les savants égyptiens, et désormais l'année aura trois cent soixante-sept jours.

Le climat lui-même est vaincu : la girafe d'Abyssinie et l'éléphant de l'Inde viennent se faire tuer, sous une forêt mobile, dans le cirque romain. Les vaisseaux combattent sur terre, et, si Virgile avait déjà chanté les moissons et les bergers, on ne serait pas étonné de voir paître un jour les cerfs dans les airs.

« Qui osera contredire, s'écrie Michelet, celui auquel la nature et l'humanité n'ont refusé rien, celui qui jamais n'a rien refusé à personne, — ni sa puissante amitié, ni son argent, ni même son honneur? — Venez donc tous, de bonne grâce, déclamer, combattre, chanter, mourir, dans cette bacchanale du genre humain qui tourbillonne autour de la tête fardée de l'Empire. La vie, la mort, c'est tout un. Le gladiateur a de quoi se consoler en regardant les spectateurs. — Déjà le Vercingétorix des Gaules a été étranglé ce soir, après le triomphe. Combien d'autres vont tantôt mourir, parmi ceux qui sont ici! — Ne voyez-vous pas, près de César, la gracieuse vipère du Nil? Son époux de dix ans, qu'elle doit aussi faire périr, c'est son Vercingétorix, à elle. — De l'autre côté du dictateur, apercevez-vous la figure hâve de Cassius, le crâne étroit de Brutus : tous deux si pâles dans leurs robes blanches bordées d'un rouge de sang?... »

Mais, au milieu des fêtes et des triomphes, César se souvient que l'Espagne est révoltée; ses lieutenants l'appellent à grands cris.

Attendez ; César a encore une dernière chose à faire : le dénombrement de l'Empire.

Le dernier dénombrement avait donné trois cent vingt mille citoyens; celui de César n'en donna que cent cinquante mille. — Cent soixante et dix mille avaient péri dans les guerres civiles et au milieu des fléaux dont elles avaient affligé l'Italie et toutes les provinces!

Ce dénombrement fait, César, pensant que la guerre civile, cette dévoratrice des hommes, avait duré assez longtemps, César partit de Rome et arriva en vingt-sept jours à Cordoue.

Pendant ces vingt-sept jours, il fit un poème intitulé : *le Voyage*.

Déjà, pendant son séjour à Rome, il s'était amusé à répondre à l'éloge de Caton par Cicéron en écrivant un pamphlet intitulé *l'Inticaton*.

Nous avons eu l'occasion de citer déjà plusieurs fois ce pamphlet ; sa date précise est entre la guerre d'Afrique et celle d'Espagne.

Auparavant, dans un voyage à travers les Alpes, il avait dédié à Cicéron deux volumes sur la grammaire et l'orthographe.

César avait des intelligences dans Cordoue, que tenait le plus jeune des fils de Pompée, Sextus, tandis que l'autre, Cnéius, assiégeait la ville d'Ulles.

A peine était-il arrivé, que des hommes qui venaient de la ville, lui annoncèrent qu'il lui serait facile de s'en emparer, attendu qu'on ne savait rien encore de sa présence en Espagne.

Lui alors dépêcha aussitôt des courriers à Quintus Pédius et à Fabius Maximus, qui étaient ses lieutenants dans la province, afin qu'ils lui envoyassent de la cavalerie levée dans le pays même.

Ceux-ci trouvèrent, en outre, moyen de faire savoir aux habitants d'Ulles, qui tenaient pour César, que César était arrivé.

Aussitôt, comme il était venu des envoyés de la ville de Cordoue, vinrent des envoyés de la ville d'Ulles. Ils avaient passé, sans être découverts, à travers le camp de Cnéius Pompée, et venaient supplier César de les secourir au plus tôt comme de fidèles alliés qu'ils étaient.

César fit partir six cohortes et autant de chevaux que de fantassins sous le commandement de Junius Pachécus, capitaine espagnol, expérimenté et connaissant bien le pays.

Pachécus choisit, pour retraverser le camp de Pompée, le moment où éclatait un si grand orage, qu'on ne pouvait, à cinq pas, reconnaître ni amis ni ennemis. Il avait disposé ses hommes deux par deux, afin de tenir le moins d'espace possible, et commençait d'entrer dans le camp lorsqu'une sentinelle lui cria :

— Qui vive ?

— Silence ! répondit Pachécus, nous sommes un détachement d'amis, et nous allons essayer de surprendre la ville.

La sentinelle, sans aucun soupçon, laissa passer Pachécus, qui franchit tout le camp sans éprouver aucune autre difficulté.

Arrivés aux portes d'Ulles, ils firent le signal convenu d'avance : alors, une partie de la garnison se joignit à eux, et, renforcés ainsi, laissant une bonne arrière-garde pour soutenir une retraite, ils se ruèrent sur le camp de Pompée, où ils jetèrent un tel désordre, que Cnéius, qui ignorait l'arrivée de César, crut tout perdu pendant quelques instants.

De son côté, pour forcer Cnéius à lever le siége d'Ulles, César marcha contre Cordoue, mettant un fantassin en croupe derrière chaque cavalier.

Les habitants, qui croyaient n'avoir affaire qu'à des hommes à cheval, firent une sortie ; mais, quand les deux troupes furent à portée du trait, les fantassins sautèrent à terre, et les hommes de César se trouvèrent doublés.

Alors, cavalerie et infanterie se ruèrent sur les pompéiens et enveloppèrent ceux-ci de telle sorte, que, sortis à plusieurs mille, quelques centaines d'hommes seulement rentrèrent dans la place.

Ceux qui rentrèrent annoncèrent que César était arrivé et que c'était par lui en personne qu'ils venaient d'être battus.

Aussitôt, Sextus Pompée envoya des courriers à son frère pour que celui-ci levât le siége d'Ulles et vînt le rejoindre avant que César eût eu le temps de le forcer dans Cordoue.

Cnéius rejoignit son frère, la rage dans le cœur.

Quelques jours encore, et il prenait Ulles.

Enfin, après quelques escarmouches, César campa dans la plaine de Munda et s'apprêta à assiéger la ville et à combattre du même coup Cnéius Pompée, si Cnéius Pompée voulait accepter la bataille.

Vers minuit, les coureurs de César vinrent lui annoncer que Pompée semblait vouloir accepter le combat.

César fit déployer l'étendard rouge.

Ce fut, malgré l'avantage du poste où étaient campés les pompéiens, une grande joie pour toute l'armée.

En effet, les pompéiens étaient campés sur une colline et avaient la ville de Munda, qui leur appartenait ; entre eux et le camp de César s'étendait une plaine de cinq quarts de lieue ; cette plaine était traversée par un ruisseau, lequel rendait plus forte encore la position des pompéiens, attendu qu'en débordant, il s'était infiltré dans les terres, et avait, sur la droite, formé un marais.

César, voyant, au point du jour, l'ennemi formé en bataille sur la colline, crut qu'il descendrait dans la plaine, où sa cavalerie avait tout espace pour s'étendre.

Il faisait un temps magnifique, un vrai temps de bataille. Toute l'armée romaine se réjouissait de combattre, quoique certains frissonnements passassent dans les cœurs en songeant que cette journée allait, en dernier ressort, décider de la fortune des deux partis.

César fit la moitié du chemin.

Il s'attendait à ce que les pompéiens en fissent autant; mais eux ne voulurent pas s'éloigner de plus d'un quart de lieue de la ville afin de se servir de celle-ci au besoin comme d'un rempart.

César doubla le pas et arriva au ruisseau.

Son ennemi pouvait lui disputer le passage; il n'en fit rien.

L'armée pompéienne se composait de treize légions ayant de la cavalerie à ses deux ailes, de six mille soldats d'infanterie légère et d'autant d'alliés. César, lui, n'avait que quatre-vingts cohortes d'infanterie pesamment armée et huit mille chevaux. Il est vrai qu'il comptait sur une diversion que devait opérer le roi Bogud. — Nous avons déjà dit, je crois, que c'était le même que les Romains appelaient Bocchus, et qui était le mari de cette reine Eunoé dont César avait été l'amant.

Arrivé à l'extrémité de la plaine, César défendit à ses soldats d'aller plus loin ; ceux-ci obéirent à leur grand regret.

Comme à Pharsale, César avait donné pour mot d'ordre *la Vénus Victorieuse*. Pompée avait pris *la Pitié* ou peut-être plutôt *la Piété*.

Cette halte de César redoubla le courage des pompéiens, qui crurent qu'il avait peur. Ils se décidèrent donc à marcher au combat sans perdre l'avantage du lieu.

César avait, selon sa coutume, la fameuse dixième légion à l'aile droite, la troisième et la cinquième à gauche, avec les troupes auxiliaires et la cavalerie.

Voyant le mouvement des pompéiens, les soldats de César n'y purent tenir : ils franchirent la ligne qui leur était tracée, et se jetèrent sur les premiers rangs ; mais, là, ils rencontrèrent une résistance qu'ils n'avaient point l'habitude de rencontrer.

Tous ces hommes que menait César après lui : cette dixième légion avec laquelle il avait fait le tour du monde antique ; ces vieux soldats qui le suivaient dans ses marches, plus meurtrières par leur célérité que ne l'eussent été des batailles ; cette légion de l'Alouette, tirée des Gaules, qui avait eu un instant l'espoir de piller Rome, comme avaient fait ses ancêtres au temps de Camille, qu'on avait éloignée de Rome, et que César, vainqueur en Afrique, poussait de nouveau contre les Africains d'Espagne ; tout cela avait compté sur une bataille comme Pharsale ou comme Thapsa ; tout cela était las, brisé, anéanti.

Tout cela recula, trouvant, au lieu d'hommes, un mur de granit.

Il y eut un refoulement terrible dans l'armée de César.

César sauta à bas de son cheval, fit signe à ses lieutenants de l'imiter, parcourut tête nue le front de bataille levant les bras au ciel, et criant à ses soldats :

— Regardez-moi au visage.

Mais il sentait la bataille plier entre ses mains ; il sentait ce frémissement, précurseur de la déroute, planer au-dessus de sa tête.

Alors, arrachant le bouclier d'un soldat :

— Fuyez si vous voulez, cria-t-il ; quant à moi, je mourrai ici !

Et seul, il s'en alla, chargeant l'ennemi juqu'à dix pas, de lui. Deux cents traits, flèches, javelots, lui sont lancés ; il évite les uns, reçoit les autres sur son bouclier, mais reste au même endroit, comme si ses pieds y eussent pris racine.

Enfin, tribuns et soldats eurent honte. Avec un grand cri, avec un indomptable élan, ils se précipitèrent au secours de leur imperator.

Il était temps !

Par bonheur, en ce moment, le roi Bogud opérait cette diversion dont nous avons parlé.

Labiénus, ce lieutenant de César, que César avait rencontré partout son ennemi acharné, se chargea de faire face à cette nouvelle attaque. Il prit avec lui douze ou quinze cents cavaliers et partit au galop au-devant du roi more ; mais ce mouvement fut mal interprété par les pompéiens : on crut qu'il fuyait.

Un sentiment d'hésitation se répandit dans l'armée.

Mais Sextus et Cnéius se jetèrent au premier rang et rétablirent de nouveau le combat.

On lutta ainsi jusqu'au soir ; le combat dura neuf heures. Pendant neuf heures, on combattit main à main. pied contre pied, javelot contre javelot.

Enfin, les pompéiens plièrent ; « sans quoi, dit l'auteur de la *Guerre d'Espagne*, il n'en fût pas resté un seul. »

Ils se retirèrent dans Cordoue, laissant trente mille morts sur le champ de bataille.

César avait perdu mille hommes, à peu près.

Les treize aigles des treize légions furent prises avec tous les drapeaux et tous les faisceaux.

On retrouva sur le champ de bataille les corps de Labiénus et de Varus.

— Ah! dit César respirant après cette longue et terrible lutte, les autres jours, j'ai combattu pour la victoire ; aujourd'hui, j'ai combattu pour la vie !

LXXXIV

Les fuyards s'étaient retirés dans Cordoue.

César était d'avis de les poursuivre, et d'entrer, s'il était possible, en même temps qu'eux dans la ville ; mais les soldats étaient tellement brisés, qu'ils n'avaient plus de force que pour piller les morts, et que, cette opération accomplie, les uns s'étendirent à terre, les autres s'assirent, les moins fatigués restant debout, appuyés sur leurs javelots ou leurs lances.

On coucha sur le champ de bataille, chacun à la place où il se trouvait.

Le lendemain, avec les trente mille morts, on fit une circonvallation autour de la ville ; chaque cadavre, la tête tournée vers les murailles, était cloué à son voisin par un javelot, et à ces javelots étaient suspendus les boucliers.

César laissa un tiers de ses forces devant Munda, et, avec le reste de son armée, alla attaquer Cordoue.

Cnéius Pompée avait fui, sous l'escorte d'un gros de cavalerie, et s'était retiré à Carthée, où était son armée navale. Sextus Pompée s'était enfermé dans les murs d'Ossuna. Nous les retrouverons tous deux ; suivons César dans son expédition à Cordoue.

Les fugitifs s'étaient emparés du pont ; César ne pensa même point à les forcer. Il roula dans le fleuve de grandes corbeilles pleines de terre et improvisa un gué factice sur lequel passa son armée Puis il campa devant la ville.

Scapula la défendait. Il s'y était retiré après la défaite de Munda, et avait soulevé les affranchis et les esclaves.

Mais, se voyant poursuivi par César, il ne songea point à fuir. Il fit dresser un bûcher immense au milieu de la place, prépara un festin splendide, et, vêtu de ses plus magnifiques habits, se mit à table, mélangea son vin avec du nard, comme il eût fait pour une fête, distribua, vers la fin du repas, sa vaisselle et son argent à ses serviteurs ; puis monta sur son bûcher, et, tandis qu'un affranchi y mettait le feu, il se fit tuer par un esclave.

En ce moment, comme il y avait division dans les troupes qui garnissaient la ville, les portes s'ouvrirent, et César vit arriver à lui les légions que Scapula venait de composer d'esclaves et d'affranchis.

Tout cela demandait à se rendre.

En même temps, la treizième légion, de son propre mouvement, s'emparait des tours et du rempart.

Alors, les pompéiens échappés à Munda mirent le feu à la ville, espérant se sauver à la faveur du désordre ; mais, dès qu'il aperçut la flamme et la fumée, César se précipita au secours de la ville, et, comme la treizième légion était, ainsi que nous l'avons dit, maîtresse des tours et des murailles, elle lui en ouvrit les portes ; ce que voyant les pompéiens, ils cherchèrent à s'enfuir de la place, s'entassant aux portes ou sautant par-dessus les murs.

On en tua vingt-deux mille dans l'intérieur de la ville seulement, sans compter ceux qui furent massacrés dehors.

César ne s'arrêta à Cordoue que le temps d'y rétablir l'ordre et partit aussitôt pour Hispalis, la Séville de nos jours. Mais, aussitôt que, du haut des murailles, les habitants l'aperçurent, ils lui envoyèrent des députés pour implorer leur pardon et s'en remettre à sa clémence.

César leur fit répondre que tout pardon leur était accordé ; et, de peur que ses soldats ne se laissassent emporter à quelque mauvais désir, il les fit camper hors de la ville. Caninius Rébilius y entra seul avec quelques centaines d'hommes.

La garnison pompéienne était restée à Séville.

Indignée de ce que les habitants avaient ouvert leurs portes à César, elle envoya un des principaux du parti pompéien prévenir Cécilius Niger, surnommé le Barbare à cause de sa cruauté, et qui commandait un corps de Lusitaniens, que, s'il n'accourait sans retard, une magnifique occasion allait lui échapper. Cécilius Niger accourut.

Il arriva de nuit près d'Hispalis, fut introduit dans la ville, et égorgea toute la garnison que César y avait mise pour protéger les habitants; puis, les soldats romains égorgés, il fit murer les portes, et se prépara pour une défense désespérée.

César eut peur, s'il tentait quelque assaut, que ces forcenés n'égorgeassent la moitié des habitants. Il se relâcha donc avec intention d'une garde trop sévère, et, la troisième nuit après son entrée dans Hispalis, Cécilius Niger en sortit, emmenant avec lui, et les hommes qu'il y avait introduits, et l'ancienne garnison pompéienne.

Mais, une fois que César, qui, sous son air d'indifférence, épiait tous leurs mouvements, les vit hors de la ville, il lança sur eux sa cavalerie, qui les tailla en pièces.

Le lendemain matin, César entra dans Hispalis.

Maintenant, revenons aux deux fils de Pompée.

Cnéius arriva à Carthée suivi de cent cinquante chevaux seulement ; il s'était tellement hâté, que, quoiqu'il y eût quarante lieues de Munda à Carthée, il avait fait la route n un jour et demi !

Arrivé là, et craignant quelque trahison de la part des habitants, il se fit porter en litière à travers la ville, ainsi qu'un simple particulier; puis, une fois sur le port, il courut aux vaisseaux avec tant de hâte, qu'en mettant le pied sur celui qu'il avait choisi, il s'embarrassa la jambe dans une corde, puis tomba, et qu'en voulant couper avec son épée cette corde qu'il ne prenait pas le temps de dénouer, il se fit à la plante du pied une blessure profonde.

Didius, qui commandait l'armée navale de César à Cadix, ayant appris ce qui venait de se passer, répandit sa cavalerie et son infanterie le long du rivage, afin de s'emparer de Cnéius s'il tentait d'aborder sur quelque point.

Didius avait calculé juste.

Cnéius Pompée, vu la précipitation de son départ, n'avait pas eu le temps de se munir d'eau; il était donc forcé de suivre la côte et de s'arrêter de place en place pour faire aiguade.

Et, d'abord, Didius joignit sa flotte, lui livra bataille, coula bas et brûla les deux tiers de ses vaisseaux.

Pompée se fit échouer et gagna le rivage, dans l'intention de se retirer au milieu des rochers, formant une forteresse naturelle presque impossible à escalader.

Il était blessé à l'épaule et au pied, comme nous l'avons vu, et s'était donné une entorse au pied non blessé; il se faisait, par conséquent, porter en litière.

Il avait abordé sans être vu, et avait toute chance d'échapper, quand un homme de sa suite se montra et fut aperçu par les coureurs de Didius, qui se mirent à sa poursuite.

Pompée fit doubler le pas à ses hommes et atteignit le

refuge qu'il cherchait ; les césariens l'y voulurent forcer, mais ils furent repoussés à coups de traits et poursuivis jusqu'au bas de la montagne.

Ils revinrent à la charge, mais inutilement.

Alors, ils résolurent d'assiéger les fugitifs, et, en peu de temps, élevèrent une terrasse si haute, que, de son sommet, on pouvait combattre de plain-pied avec l'ennemi.

Ainsi menacés, les pompéiens songèrent à fuir ; mais la fuite n'était point facile : Pompée ne pouvait marcher à cause de ses blessures et de son entorse, et ne pouvait monter à cheval ni en litière à cause de la difficulté des chemins. Voyant donc ses gens poursuivis, dispersés, égorgés sans miséricorde, il se cacha dans le creux d'un rocher ; mais un de ceux qui l'avaient vu se cacher dans cette caverne le dénonça : il fut pris et tué.

Puis ses meurtriers lui coupèrent la tête, et, au moment où César entrait dans Hispalis, cette tête du fils lui fut offerte comme, en Égypte, on lui avait offert celle du père.

C'était le 12 avril de l'an 45 avant Jésus-Christ.

Du reste, cette impitoyable expédition ne profita point à Didius ; car, se croyant désormais en toute sûreté, il tira ses vaisseaux sur le rivage pour les radouber, et, tandis que s'accomplissait cette opération, se dirigea, avec un corps de cavalerie, vers une forteresse voisine. Mais les Lusitaniens qui avaient été dispersés, et qui avaient abandonné Cnéius, s'étant réunis et voyant le peu d'hommes qu'avait avec lui Didius, lui dressèrent une embuscade, tombèrent sur lui et le tuèrent.

Pendant ce temps-là, Fabius Maximus, auquel César avait donné le soin de poursuivre le siége de Munda, s'était emparé de la place, avait fait onze mille prisonniers, et avait tiré vers Ossuna, ville fortifiée à la fois par la nature et par l'art.

En outre, Sextus Pompée, qui s'était assuré qu'il n'y avait pas d'eau une lieue et demie à la ronde, avait fait couper tous les bois, pour que César ne pût construire aucune machine ; mais Sextus n'attendit pas le résultat du siége : il s'enfonça dans les montagnes des Celtibères, et nous le verrons reparaître roi des pirates de la Méditerranée.

Trente mille homme tués à Munda, vingt-deux mille à Cordoue, cinq ou six mille à Séville, onze mille faits prisonniers, Cnéius tué, Sextus en fuite, la guerre d'Espagne était finie.

César reprit le chemin de Rome.

Antoine vint au-devant de lui jusqu'à la frontière ; et César, qui avait pour Antoine le faible des hommes supérieurs pour les hommes inférieurs, César fit, à cette occasion, un grand honneur à Antoine : il traversa toute l'Italie, l'ayant à ses côtés dans un char, tandis que derrière lui se tenaient Brutus Albinus et le fils de sa nièce, c'est-à-dire son petit-neveu le jeune Octave.

Ce retour fut sombre.

Avec Pompée tué, avec sa race anéantie, on ignorait ce qu'était devenu Sextus, ce n'était pas seulement un grand nom éteint, une grande famille disparue ; c'était un principe détruit. Pompée n'ayant pu soutenir les droits de l'aristocratie et de la liberté, qui donc les soutiendrait après lui ?

Les vaincus commençaient une servitude sans espérance ! Les vainqueurs, désenchantés eux-mêmes de la guerre, qui, depuis trois ans, n'était qu'une guerre civile, les vainqueurs accomplissaient un triomphe sans gloire. César se sentait plus craint qu'aimé : toute sa clémence n'avait pu empêcher les haines. Il était vainqueur ; mais de combien peu s'en était-il fallu qu'il ne fût vaincu ? Munda avait été pour lui un grand enseignement. Tout était donc las, jusqu'à ses soldats, qu'il avait cru infatigables.

Quoique las de triompher lui-même, il voulut triompher encore, sans doute pour voir ce que dirait Rome ; et lui qui n'avait jamais triomphé que de l'ennemi étranger, des Gaules, du Pont, de l'Egypte, de Juba, lui, cette fois, comme eût fait un de ces inhumains qu'on appelait Marius ou Sylla, lui triompha des fils de Pompée, dont la cause était celle d'une partie de l'Italie, dont la lutte était sympathique à la moitié des Romains.

Mais César en était arrivé à mépriser Rome, et voulait briser son orgueil.

Il triompha donc des fils de Pompée, et, derrière lui, ses soldats, — cette voix du peuple, cette voix des dieux, — derrière lui, ses soldats chantaient :

Fais bien, tu seras battu ; fais mal, tu seras roi !

Or, on ne lui pardonna point de triompher ainsi des malheurs de la patrie, et de se glorifier de succès que la nécessité seule pouvait faire excuser devant les dieux et devant les hommes ; et cela étonnait d'autant plus, de la part de César, que jamais il n'avait envoyé de courriers, ni écrit de lettres au sénat pour annoncer les victoires qu'il avait remportées dans les guerres civiles, et qu'il avait toujours repoussé loin de lui une gloire dont il semblait honteux.

Le lendemain, au théâtre, on l'applaudit à son entrée ;

mais on applaudit bien autrement à ce vers de la pièce que l'on jouait :

O Romains ! nous avons perdu la liberté !

Puis ce qui révoltait surtout les Romains, c'était la suite de ce qu'ils avaient vu au retour d'Égypte; c'était cette reconstruction d'une Rome nouvelle — mieux que nouvelle, étrangère, — sur la vieille Rome en ruine; c'étaient ces bannis de l'ancienne République rentrant à Rome derrière César, c'étaient ces barbares, Gaulois, Africains ou Espagnols, montant au Capitole avec lui; c'étaient ces sénateurs, notés d'infamie, reparaissant au sénat; c'étaient ces proscrits auxquels leurs biens étaient restitués; c'était cette Gaule transpadane admise tout entière au droit de cité ; c'était ce Balbus, un Gaditan, premier ministre, ou à peu près; c'étaient, enfin, deux spectres venant à la suite de tous ces hommes et criant : « Malheur ! » le spectre de Caton déchirant ses entrailles, et le spectre de Cnéius Pompée tenant sa tête à la main.

Il est vrai que César a eu Rome et le monde pour auxiliaires; il est trop juste qu'il s'acquitte envers le monde aux dépens de Rome.

Tenez, il y a un personnage qui peut donner une idée de la situation où est Rome tout entière : c'est Cicéron; Cicéron, le type du juste milieu romain.

Avec César, homme de génie dominant son époque de toute sa hauteur, Cicéron ne redeviendra jamais le Cicéron de Catilina et de Clodius ; voilà surtout ce qui blesse Cicéron, voilà ce qui blesse toutes les ambitions telles que la sienne.

Cicéron, avocat et général, avoue lui-même que, comme avocat, il n'est pas beaucoup plus fort que César, tandis qu'il n'a pas besoin de dire que, comme général, César est plus fort que lui.

Puis Cicéron est fils d'un foulon ou d'un maraîcher : César est fils de Vénus par les hommes, fils d'Ancus Martius par les femmes.

Le plébéien Cicéron est aristocrate ; mais, pour arriver à l'être, quel chemin il lui faut faire! Il y passera sa vie, et il n'atteindra pas à la moitié de la hauteur où reste César, qui a passé sa vie, lui, à descendre vers le peuple.

Il ira, cependant, grossir la cour de César ; mais que sera-t-il à la cour de César, tant que César y sera? César aura beau aller à lui, le prendre par la main, le grandir en l'embrassant, César sera toujours obligé de se baisser pour embrasser Cicéron.

Qu'il y a loin de ce Cicéron, confondu dans la foule des courtisans de César, à ce Cicéron criant : « O heureuse Rome, née sous mon consulat! »

Aussi que fait Cicéron? Il boude; il croit qu'en s'éloignant de César, il reprendra son ancienne taille. Point! en s'éloignant, il rentre dans l'obscurité; voilà tout. César, c'est la lumière : on ne voit que ceux-là sur lesquels il projette ses rayons.

Cicéron cherche à s'égayer ; il soupe avec Hirtius et Dolabella; Dolabella, dont il a dit pis que pendre. Il leur donne des leçons de philosophie; eux, en échange, lui donnent des leçons de gastronomie.

Tout cela se passe chez Cythéris, la courtisane grecque, l'ancienne maîtresse d'Antoine, que celui-ci promenait, assise à ses côtés, dans un char traîné par des lions.

Mais, hélas! il n'est plus le défenseur, il n'est plus le patron, il n'est plus le conseiller de personne.

C'est sur ces entrefaites que sa fille Tullie vient à mourir et Cicéron porte deux deuils à la fois : le deuil de sa fille et le deuil de la liberté.

Il élève un temple à Tullie, et essaye, pour qu'on parle de lui, de se faire persécuter par César en écrivant le panégyrique de Caton ; mais César se contente, lui, de publier l'*Anticaton*, et, tout en allant gagner la bataille de Munda, de dédier à Cicéron deux volumes sur la grammaire.

C'est jouer de malheur, on en conviendra.

Eh bien, l'histoire de Cicéron, c'est celle de toutes les individualités, furieuses de ce que César a passé le niveau sur toutes les têtes, et les a fait plier toutes sans en abattre une seule.

Et cependant, un étrange phénomène se produit, qui fait que le vainqueur est presque aussi triste que les vaincus.

Pompée, vaniteux, quinteux, infidèle ami, politique irrésolu, homme médiocre enfin, Pompée a des clients, des admirateurs, des fanatiques ; ces admirateurs, ces clients, ces fanatiques sont des hommes d'une valeur supérieure à la sienne : Caton, Brutus, Cicéron ; Cicéron surtout a pour lui tous les entraînements que l'on a pour une maîtresse capricieuse et volage ; il veut admirer César et ne peut qu'aimer Pompée.

Voyez, au contraire, César : quels sont ses clients ? Un tas de coquins : un Antoine, pillard, ivrogne, débauché ; Curion, un banqueroutier ; Cœlius, un fou ; Dolabella, l'homme qui veut abolir les dettes, le gendre de Cicéron, qui a fait mourir sa femme de chagrin. Des créatures, pas d'amis ! Antoine et Dolabella comploteront contre lui ; il n'osera plus passer sans escorte devant la maison du second : lisez les lettres d'Atticus. Puis tout cela crie, tout cela le désapprouve, tout cela le honnit. La clémence de César fatigue tous ces aventuriers ; un peu de sang versé ferait si bien !

César sait qu'il n'y a de bon dans son parti que lui-même. Après avoir été démagogue, révolutionnaire, libertin, prodigue, César se fait censeur, réformateur des mœurs, conservateur, économe.

Dégoûté de ses propres amis, de qui s'entoure-t-il? De pompéiens. Après les avoir vaincus, il leur a pardonné ; après leur avoir pardonné, il les honore : il nomme Cassius son lieutenant ; il fait Brutus gouverneur de la Cisalpine ; il fait Sulpicius préfet de l'Achaïe. Tous les exilés rentrent successivement, et reprennent les positions qu'ils occupaient avant la guerre civile ; si quelques difficultés s'élèvent contre le retour d'un proscrit, Cicéron accourt et les aplanit.

Aussi, le sénat élève un temple dans lequel César et la Déesse se donnent la main ; aussi, le sénat lui vote le siège d'or, la couronne d'or, une statue près des rois, entre Tarquin le Superbe et l'ancien Brutus, une tombe dans le Pomœrium, ce que personne n'a obtenu avant lui. Lui savait bien que tous ces honneurs étaient plus meurtriers que conservateurs ; mais qui osera tuer César, quand le monde entier a intérêt à ce que César vive?

« Quelques-uns, dit Suétone, ont soupçonné que César désirait en finir avec la vie. C'est ce qui expliquerait son indifférence sur sa mauvaise santé et sur les pressentiments de ses amis. Il avait renvoyé sa garde espagnole. Il aimait mieux mourir que de craindre toujours. »

On le prévient qu'Antoine et Dolabella conspirent ; il secoue la tête.

— Ce ne sont point ces figures pleines et enluminées

qui sont à craindre, dit-il ; ce sont ces visages maigres et hâves !

Et il montrait Cassius et Brutus.

Enfin, comme on se rangeait à son avis, et qu'on lui assurait que Brutus organisait un complot :

— Oh ! dit César en tâtant ses bras amaigris, Brutus donnera bien le temps à ce faible corps de se dissoudre de lui-même.

LXXXV

J'ai sous les yeux une vieille traduction d'Appius ; elle date de 1560 ; elle est « de monseigneur Claude de Seyssel, premièrement évesque de Marseille, et depuis archevesque de Thurin, » comme on écrivait alors.

Je lis les premières lignes du chapitre XVI ; elles sont ainsi conçues :

« Après que César, ayant achevé les guerres civiles, fut retourné à Rome, il se montra moult fier et épouvantable à tout le peuple, plus que tous ceux qui avoient été devant lui ; pour raison de quoi, on lui fit tous les honneurs humains et divins. »

Quel enseignement il y a dans ces quatre lignes, et comme la pensée de l'auteur est clairement exprimée dans son naïf langage !

Seulement, était-ce bien véritablement par crainte que tous ces honneurs étaient accordés à César ? Par le sénat, oui ; — par le peuple, non.

César relevant Corinthe, Capoue et Carthage ; — ces villes éplorées lui étaient apparues en songe ! — César envoyant des colonies au nord est, à l'est et au sud, César décentralisait Rome et la répandait sur l'univers en même temps qu'il appelait l'univers dans Rome ; car ce n'était pas simplement à Rome, ce n'était pas simplement à l'Italie que pensait ce génie immense, qui, tout étonné de voir le monde en paix, ne savait plus que faire de son génie.

Tandis qu'il projetait au milieu du champ de Mars un temple, au pied de la roche Tarpéienne un amphithéâtre, sur le mont Palatin une bibliothèque destinée à renfermer tous les trésors de la science humaine, et qu'il nommait son bibliothécaire Térentius Varon, l'homme le plus savant de l'époque, il voulait, reprenant ces travaux tant de fois entrepris et tant de fois abandonnés, couper l'isthme de Corinthe et l'isthme de Suez, pour joindre non-seulement les deux mers de Grèce, mais encore la Méditerranée et l'océan des Indes. Aniénus était chargé de cette entreprise.

En outre, ce même Aniénus devait creuser un canal qui irait de Rome au promontoire de Circé, et qui, conduisant le Tibre dans la mer de Terracine, ouvrirait au commerce une route plus prompte et plus commode jusqu'à la capitale de l'empire. Puis, ce canal creusé, il nettoyait la rade d'Ostie, élevait sur ses bords de fortes digues, faisait disparaître les rochers qui la rendaient dangereuse, y construisait un port et des arsenaux, desséchait les marais Pontins, en changeait les terres détrempées et incultes en campagnes fertiles qui fourniraient du blé à Rome, laquelle cesserait dès lors d'être tributaire de la Sicile et de l'Égypte.

Pour peupler les nouvelles colonies, quatre-vingt mille citoyens furent transportés au delà de la mer, et, pour que la ville ne se dépeuplât point, César défendit, par une loi, qu'aucun citoyen au-dessus de vingt ans ou au-dessous de quarante fût absent de l'Italie pendant trois ans de suite, à moins que son devoir et son serment ne l'y retinssent ; puis il accorda le droit de bourgeoisie à ceux qui professaient la médecine à Rome ou y enseignaient les arts libéraux : il voulait fixer dans la ville les intelligences supérieures et y attirer celles des villes étrangères.

Il établit contre les crimes des peines plus sévères que celles qui avaient été portées jusque-là : les riches pouvaient impunément commettre des meurtres, ils en étaient quittes pour s'exiler sans rien perdre de leurs biens ; mais César n'entendit point que désormais les choses se passassent ainsi. Il voulut que, en cas de parricide, le patrimoine entier fût confisqué, et la moitié pour tout autre crime. Il chassa du sénat les concussionnaires, lui qui avait fait suer tant de millions à la Gaule et à l'Espagne ! Il déclara nul le mariage d'un ancien préteur qui avait épousé une femme le surlendemain du jour où elle s'était séparée de son mari, lui qu'on appelait le mari de toutes les femmes, et *vice versâ*. Il mit des impôts sur les marchandises étrangères, défendit l'usage des litières, de la pourpre et des perles, lui qui avait donné à Servilie une perle de onze cent mille francs ! Enfin, chose curieuse, inouïe, incroyable, il s'occupait des moindres détails, à ce point qu'il avait des espions dans les marchés, et que ces espions saisissaient les denrées dont la vente était interdite et les apportaient chez lui. Il faisait même suivre les acheteurs par des gardes déguisés, qui allaient enlever les viandes jusque dans les maisons.

Il avait encore un autre projet, le même qui faisait rêver Bonaparte, quand Bonaparte disait : « Notre Occident n'est qu'une taupinière ; dans l'Orient seul, on peut travailler en grand. » Il voulait pénétrer dans cette mystérieuse Asie où s'était enfoncé Alexandre et aux portes de laquelle était tombé Crassus. Il voulait dompter les Parthes, traverser l'Hyrcanie le long de la mer Caspienne et du mont Caucase, se jeter dans la Scythie, soumettre tous les pays voisins de la Germanie, et la Germanie même ; enfin, revenir en Italie par les Gaules, après avoir arrondi l'empire romain, qui eût enfermé ainsi dans son enceinte la Méditerranée, la mer Caspienne, la mer Noire, et qui, atteignant à l'occident l'Atlantique, au sud le grand désert, à l'est l'océan Indien, au nord la Baltique, rattachant à son centre toute nation policée, à sa circonférence toute nation barbare, méritait alors véritablement le titre d'empire universel.

Puis, rassemblant toutes les lois romaines dans un seul code, il les imposait, en même temps que la langue latine, à toutes les nations.

L'homme qui substituait de pareils projets à la politique irrésolue de Pompée, au stoïcisme légal et étroit de Caton, à la faconde stérile de Cicéron, pouvait certes bien être nommé père de la patrie, consul pour dix ans, dictateur à vie.

Au reste, Plutarque rend parfaitement compte de cette fièvre de César.

« César, dit-il, se sentait né pour les grandes entreprises, et, loin que ses nombreux exploits lui fissent désirer la jouissance paisible du fruit de ses travaux, ils lui inspiraient, au contraire, de plus vastes projets, qui amoindrissaient, pour ainsi dire, à ses yeux la gloire qu'il avait acquise. Ils allumaient en lui l'amour d'une gloire plus grande encore. Cette passion n'était qu'une sorte de jalousie contre lui-même, telle qu'il aurait pu en avoir à l'égard d'un étranger; qu'une rivalité, enfin, de surpasser ses exploits précédents par ceux qu'il projetait dans l'avenir. »

Mais ce qui, à nos yeux, à nous, fait surtout de César un homme supérieur, c'est que, suivant la marche contraire à celle qu'avaient suivie ses devanciers, Sylla et Marius, il comprit qu'on n'étouffe pas les partis dans le sang, et qu'en laissant vivre ce qui avait survécu de républicains à la défaite de Pompée, il tuait la République.

Maintenant, que serait-il advenu du monde, si César, vivant dix ans de plus, avait eu le temps d'exécuter tous ses projets?... Mais on entrait dans l'an 44 avant Jésus-Christ. César ne devait pas voir le 16 mars de cette année.

Depuis son retour d'Espagne, nous l'avons déjà dit, il y avait dans cette âme clémente et miséricordieuse une profonde tristesse. L'assassinat de Pompée, dont il avait relevé les statues; le suicide de Caton, qu'il essayait de railler après sa mort, semblaient deux ennemis acharnés à sa poursuite.

Il avait eu deux torts en acceptant le triomphe : d'abord, de triompher après une guerre civile ; puis — tort plus grave encore peut-être — de faire triompher ses lieutenants à sa place.

La Bruyère a dit : « Quand on veut changer une république, c'est moins les choses que le temps que l'on considère. Vous pouvez aujourd'hui ôter à cette ville ses franchises, ses lois, ses priviléges ; demain, ne songez pas même à réformer ses enseignes. »

Par malheur, César n'avait pas lu la Bruyère.

Il y a des dehors de liberté auxquels les peuples tiennent souvent plus qu'à la liberté même. Auguste le savait, lui qui, toute sa vie, refusa le titre de roi. Cromwell le savait aussi, lui qui ne voulut jamais être que protecteur.

Après cela, ambitionna-t-il réellement le titre de roi? lui qui avait toutes les couronnes, ambitionna-t-il sérieusement cette demi-aune de ruban qu'on appelle la bandelette royale?

Nous n'en croyons rien. A notre avis, ce n'est point César qui voulut être roi : ce sont ses amis qui voulurent qu'il le fût.

A moins cependant que le titre ne tentât César précisément parce qu'il était odieux et plein de dangers.

Quoi qu'il en soit, vers le commencement de l'année 708 de Rome, le bruit se répandit que César voulait être roi.

LXXXVI

César voulait donc être roi.

Au reste, il avait amassé contre lui d'autres griefs, et il est curieux de lire ces quelques lignes dans Suétone :

« ..... On lui reproche des actions et des paroles qui ne sont rien autre chose qu'un abus de pouvoir, et qui peuvent justifier sa mort. »

Voyons donc ces actions et ces paroles *qui peuvent justifier* la mort de César, sous la plume de ce narrateur indifférent qu'on appelle Suétone, et qui, après avoir perdu sa place de secrétaire de l'empereur Adrien pour s'être permis des libertés peu respectueuses avec l'impératrice Sabine, se mit à écrire, sans s'étonner ni s'indigner jamais, l'histoire des douze Césars.

Ce qu'avait fait le *divin* Julius, vous allez le savoir.

« Non content d'accepter des honneurs excessifs, comme le consulat prolongé, la dictature perpétuelle, les fonctions de censeur, les noms d'empereur et de père de la patrie, non content de permettre que sa statue fût élevée parmi celles des rois, et d'occuper *une chaise dans l'orchestre*, il alla jusqu'à excéder les bornes de la grandeur humaine : il eut une chaise d'or dans le sénat et dans son tribunal ; sa statue fut portée dans le cirque avec la même pompe que celles des dieux ; il eut des temples, des autels, des prêtres ; il donna son nom à un mois de l'année (juillet); il se joua également des dignités qu'il prodiguait et de celles qu'il recevait. »

Tout cela valait-il la mort ?

Il est vrai qu'il avait fait encore autre chose.

Un tribun avait refusé de se lever sur son passage.

— Tribun, avait-il dit, viens-tu me redemander la république ?

Et, comme ce tribun se nommait Pontius Aquila, César, chaque fois qu'il donnait un ordre, avait l'habitude de dire par ironie :

— Si toutefois Pontius Aquila le permet...

Un jour qu'il revenait d'Albe, des amis par trop pressés vinrent au-devant de lui, et lui donnèrent le titre de roi, mais César, voyant le trouble que ce titre excitait parmi le peuple, fit semblant d'être offensé et dit :

— Je ne m'appelle pas roi ; je m'appelle César.

Et l'on remarqua qu'il poursuivait son chemin d'un air mécontent.

Un autre jour que le sénat lui avait décerné des honneurs extraordinaires, les sénateurs se rendirent sur la place pour lui faire part du décret ; mais lui, leur donnant audience comme à de simples particuliers, leur répondit, *sans se lever*, qu'il fallait diminuer ces honneurs plutôt que de les augmenter.

Maintenant, pourquoi ne se leva-t-il point devant le sénat ?

Plutarque prétend que ce fut l'Espagnol Balbus qui le retint assis, en disant : « Oublies-tu que tu es César ? »

Dion Cassius donne une raison qui nous paraît meilleure ; il dit que celui qu'on venait de faire dieu avait la colique, et craignait, en se levant, de donner une preuve flagrante d'humanité.

Lui, César, allègue la crainte d'une attaque d'épilepsie.

Un autre jour, enfin, — le jour des Lupercales, qui avait été autrefois une fête de bergers, mais où, à cette époque, les jeunes gens des premières maisons de Rome et la plupart des magistrats couraient nus par la ville, armés de bandes de cuir dont ils frappaient indifféremment tous ceux qu'ils rencontraient. — ce jour-là, César, assis sur un siège d'or, assistait à la fête.

Ce siège d'or revient bien souvent : c'est que les sièges d'or étaient réservés pour les cérémonies religieuses.

César, assis sur un siège d'or, assistait donc à cette fête, quand Antoine, qui, en sa qualité de consul, figurait dans la course sacrée, se haussant dans les bras de ses amis, lui présenta un diadème enlacé d'une branche de laurier.

Quelques hommes, apostés à cet effet, battirent des mains.

Mais César repoussa l'offrande, et tout le monde applaudit.

Alors, Antoine présenta une seconde fois le diadème, soutenu par les mêmes compères ; mais, une seconde fois, César fit un geste de refus, et, cette fois, les applaudissements éclatèrent plus universels encore.

—Portez ce diadème au Capitole, dit César en se levant.

Quelques jours après, les partisans de César, n'ayant pu le couronner lui-même, couronnèrent ses statues ; mais deux tribuns du peuple, Flavius et Marcellus, arrachèrent de leurs mains ces diadèmes, et, ayant rencontré ceux qui avaient salué César roi à son retour d'Albe, les firent arrêter et conduire en prison.

Le peuple suivait ses magistrats en battant des mains, et en les appelant des Brutus, en souvenir de l'ancien Brutus, qui avait mis fin à l'autorité monarchique et transféré au peuple le pouvoir des rois.

On rapporta ces propos du peuple à César.

— Des Brutus ? répéta-t-il. Ils veulent dire des *brutes*, et pas autre chose !

Quant aux deux tribuns, il les cassa.

Mais cela ne décourage pas les amis. Ils découvrent dans les livres sibyllins qu'un roi seul peut vaincre les Parthes. Donc, si César entreprend la guerre parthique, il faut qu'il soit roi, ou il risque d'y laisser sa tête comme Crassus.

Au reste, de la dictature à vie à la royauté, il n'y a qu'un pas.

Quant à Rome, à peine s'apercevra-t-elle de la différence. Tout ne prend-il pas la forme des royautés d'Orient ? César n'est-il pas dieu comme les rois d'Asie ? N'a-t-il point son prêtre Antoine ? Antoine, qui marche près de la litière impériale, la tête avancée dans la portière, et demandant humblement les ordre du maître !

Croyez-vous que ce soit le peuple que cela révolte ? Non, c'est l'aristocratie.

Croyez-vous que ce soit pour tous ces méfaits que César a été tué ? Non, à notre avis, cent fois non !

Pourquoi a-t-il été tué ?

Je crois que je vais vous le dire.

Cassius, l'envieux Cassius, en voulait à César pour avoir donné à Brutus une préture plus honorable que la sienne, et parce que, pendant la guerre civile, César lui avait, en passant à Mégare, pris des lions qu'il y nourrissait. Tuer ou prendre les lions d'un homme, c'était lui faire une mortelle injure !

Les trois seuls hommes auxquels César ne pardonna pas, lui qui pardonna à tout le monde, ce fut le jeune Lucius César et deux autres pompéiens qui avaient égorgé ses affranchis, ses esclaves et ses lions.

Chez nous, tout marquis voulait avoir des pages ; à Rome, tout patricien voulait avoir ses lions.

« Hélas ! dit Juvénal, un poète mange moins pourtant ! »

Cassius alla trouver Brutus. Il avait besoin d'un honnête homme pour proposer la terrible action qu'il méditait.

O grand Shakspeare ! comme tu as compris cela, toi, mieux que tous nos pauvres professeurs d'histoire romaine ! — Relisez, dans le grand poète anglais, cette scène entre Cassius et Brutus.

Si Brutus voulait attendre tranquillement la mort de César, Brutus était son successeur naturel. Peut-être eût-il rendu la liberté à Rome sans les instances de Cassius ; mais Brutus ne haïssait que la tyrannie, tandis que Cassius haïssait le tyran.

Du reste, un seul trait indiquera ce qu'était Cassius.

Étant enfant, Cassius allait à la même école que Faustus, fils de Sylla. Un jour, Faustus se mit, devant ses jeunes camarades, à exalter son père, et à applaudir à la puissance absolue dont celui-ci avait joui.

Cassius, qui l'entendait de sa place, se leva, alla à lui, et lui donna un soufflet.

L'enfant s'en alla se plaindre à ses parents, qui voulurent poursuivre Cassius en justice ; mais Pompée intervint, et appela les enfants chez lui pour les interroger.

— Voyons, demanda Pompée, racontez-moi comment la chose s'est passée.

— Allons, Faustus, dit Cassius, répète devant Pompée, si tu l'oses, les propos qui t'ont valu un premier soufflet, pour que je t'en applique un second.

Brutus était une grande âme, mais un esprit étroit. Il était de l'école stoïque et grand admirateur de Caton, dont il avait épousé la fille. Il y avait en lui un étrange besoin d'efforts douloureux et de sacrifices cruels ; il haïssait Pompée, qui avait brutalement, barbarement tué son père, et nous l'avons vu aller rejoindre Pompée en Grèce, et combattre sous lui à Pharsale.

De retour à Rome, César lui avait confié la province la plus importante de l'empire, la Gaule cisalpine.

Brutus avait un remords : il ne pouvait haïr César.

Cassius avait essayé de tout mener sans Brutus ; il n'avait pu y réussir. Il avait visité ses amis les uns après les autres ; à chacun d'eux il avait exposé son plan de conjuration contre César, et chacun d'eux avait répondu :

— J'en suis, si Brutus consent à être notre chef.

Comme nous l'avons dit, Cassius alla trouver Brutus.

Ces deux hommes étaient brouillés ; ils avaient, nous l'avons dit encore, sollicité la même charge, et, comme chacun d'eux faisait valoir ses droits :

— Cassius a raison, avait dit César ; mais cependant, je nomme Brutus.

C'était Cassius qui s'était écarté, c'était Cassius qui revenait : Brutus lui tendit la main.

— Brutus, demanda Cassius après les premiers compliments échangés, n'as-tu pas l'intention de te rendre au sénat le jour des calendes de mars ? J'ai entendu dire que, ce jour-là, les amis de César doivent proposer pour lui la royauté.

Brutus secoua la tête.

— Non, dit-il, je n'irai point.

— Mais, cependant, si nous y sommes appelés ? reprit Cassius.

— Alors, dit Brutus, mon devoir sera de m'y rendre

— Et si l'on attaque la liberté ?

— Je jure de mourir avant de la voir expirer.

Cassius haussa les épaules.

— Eh ! quel est le Romain, dit-il, qui voudrait consentir à ta mort ? Ignores-tu donc qui tu es et ce que tu vaux, Brutus ?

Brutus fronça le sourcil.

— N'as-tu pas lu, continua Cassius, ces écriteaux que l'on a trouvés au pied de la statue de l'ancien Brutus ?

— Si fait ; il y en avait deux, n'est-ce pas ?

— L'un disait : « Plût aux dieux que tu fusses encore vivant, Brutus ! « et l'autre : « Pourquoi as-tu cessé de vivre ! »

— Et, moi-même, ajouta Brutus, j'ai trouvé un billet sur mon tribunal avec ces trois mots : « Tu dors, Brutus ! » puis un autre encore sur lequel était écrit : « Non, tu n'es pas véritablement Brutus ! »

— Eh bien, demanda Cassius, crois-tu que ce soient des tisserands et des cabaretiers qui écrivent de pareils billets ? Non, c'est tout le patriciat, c'est toute la noblesse de Rome. Ce que l'on attend des autres préteurs, tes collègues, ce sont des distributions d'argent, des spectacles, des combats de gladiateurs ; mais ce que l'on attend de toi, c'est le payement de la dette héréditaire, et, cette dette, c'est la délivrance de la patrie. On est prêt à tout souffrir pour toi, si tu veux te montrer tel qu'on pense que tu dois être.

— C'est bien, dit Brutus, je réfléchirai.

Et, Cassius et Brutus s'étant séparés, chacun d'eux alla trouver ses amis.

On se rappelle Quintus Ligarius, qui avait suivi le parti de Pompée, et pour lequel Cicéron avait plaidé devant César ; Ligarius avait été absous par le dictateur ; mais peut-être, à cause de la clémence même de César, était-il devenu son plus mortel ennemi.

Au reste, Ligarius était très-attaché à Brutus. Celui-ci alla le voir et le trouva malade dans son lit.

Brutus quittait Cassius, tout échauffé encore de sa conversation avec lui.

— Ah! Ligarius, dit-il, dans quel moment es-tu malade!

Mais, Ligarius, se soulevant et s'appuyant sur le coude :

— Brutus, dit-il en serrant la main de son ami, si tu formes quelque entreprise digne de toi, ne sois pas inquiet... je me porte bien.

Alors, Brutus s'assit au pied de son lit, et tous deux arrêtèrent les bases de la conspiration. Il fut convenu qu'on n'en dirait rien à Cicéron, Cicéron étant vieux et joignant à son peu d'audace naturelle la circonspection des vieillards.

Ligarius, à défaut de Cicéron, offrit à Brutus de s'adjoindre le philosophe épicurien Statilius et ce même Favonius qu'on appelait le *singe de Caton*.

Mais Brutus, secouant la tête :

— Non, dit-il ; un jour que je m'entretenais avec eux, j'ai hasardé là-dessus un vague propos, mais Favonius m'a répondu qu'une guerre civile était à ses yeux plus funeste que la plus injuste des monarchies ; et Statilius, qu'un homme sage et prudent ne s'exposait point au danger pour des méchants et des fous. Labéon était là et pourra te rendre témoignage de leur réponse.

— Et qu'a dit Labéon ? demanda Ligarius.

— Labéon fut de mon avis, et les réfuta tous deux.

— Alors, Labéon ne refuserait point d'être des nôtres ?

— Je ne crois pas.

— Lequel de nous deux le verra ? demanda Ligarius.

— Moi, dit Brutus, moi qui me porte bien... Je verrai, en outre, Brutus Albinus.

— Oui, reprit Ligarius, c'est un homme actif et courageux, et qui, entretenant des gladiateurs pour les spectacles, nous serait fort utile dans l'occasion ; mais il est ami de César...

— Dis qu'il est lieutenant de César.

En ce moment-là même, entra justement Brutus Albinus. Il venait s'informer de la santé de Ligarius.

On lui parla de la conjuration.

Albinus réfléchit, resta muet, puis sortit sans répondre un mot.

Les deux amis crurent qu'ils avaient fait une imprudence ; mais, le lendemain, Albinus alla trouver Brutus.

— Es-tu le chef de la conjuration dont tu m'as parlé hier au soir chez Ligarius ? demanda-t-il.

— Oui, répondit Brutus.

— Alors, j'en suis, et de grand cœur.

La conjuration fit rapidement de grands progrès.

Brutus, qui voyait les plus illustres personnages de Rome s'attacher à sa fortune, — n'oublions jamais que la conspiration de Brutus fut tout aristocratique; — Brutus, qui envisageait la grandeur du péril auquel il s'exposait et dans lequel il entraînait ses complices, s'étudiait à rester, en public, parfaitement maître de lui-même, et à ne laisser rien transparaître du complot dans ses paroles, dans son maintien, ou dans ses actions.

Mais, rentré chez lui, c'était tout autre chose : l'insomnie le poussait hors de son lit, et, comme une ombre, il errait dans son vestibule et dans son jardin. Alors, Porcia, sa femme, qui couchait près de lui, se réveillant et se trouvant seule, s'inquiétait; souvent elle l'entendait marcher dans les corridors; plus d'une fois elle le vit s'enfoncer sous les arbres du jardin.

C'était, on le sait, la fille de Caton; à quinze ans, elle avait été mariée à ce Bibulus que nous avons vu jouer un rôle au Forum dans les troubles excités par César, et qui était mort commandant la flotte de Pompée. Restée veuve avec un fils, mais pourtant toute jeune encore, Porcia avait épousé Brutus. — Ce fils dont nous parlons ici laissa un livre intitulé : *Mémoires de Brutus;* livre perdu aujourd'hui, mais qui existait encore du temps de Plutarque.

Or, Porcia, fille de Caton, et adorant son mari Brutus, était une femme philosophe, ce que la Bible appelle une *femme forte;* elle ne voulut rien demander à Brutus de son secret avant d'avoir fait sur elle-même l'épreuve de son courage. Elle prit un couteau à couper les ongles, espèce de canif à lame droite, et se l'enfonça dans la cuisse.

La blessure ayant ouvert une veine, Porcia, non-seulement perdit beaucoup de sang, mais encore fut saisie de douleurs très-vives accompagnées d'une violente fièvre.

Brutus, qui, de son côté, adorait Porcia, et qui ignorait la cause de cette indisposition, était dans la plus grande inquiétude.

Mais elle, souriant, ordonna à tout le monde de la laisser avec son mari, et, quand ils furent seuls ensemble, elle lui montra la blessure.

— Qu'est-ce que cela? s'écria Brutus encore plus effrayé qu'auparavant.

— Je suis fille de Caton et femme de Brutus, répondit Porcia; je suis entrée dans la maison de mon époux, non pour être sa compagne au lit et à la table comme une concubine, mais pour partager avec lui les biens et les maux. Tu ne m'as donné, depuis notre mariage, aucun sujet de plainte; mais, moi, quelle preuve t'ai-je donnée de ma reconnaissance et de ma tendresse, et quelle preuve t'en pourrais-je donner, si tu me crois incapable de garder un secret?... Je sais qu'on tient la femme pour un être faible; mais, cher Brutus, la bonne éducation et le commerce des gens vertueux peuvent élever et affermir l'âme... Or, comme, si je t'avais dis toutes ces choses sans t'en fournir la preuve, tu eusses pu douter, j'ai fait ce que tu vois. Doute, maintenant!

— O dieux! dit Brutus en levant les mains au ciel, tout ce que je vous demande, c'est de m'accorder un succès si complet dans mon entreprise, que la postérité me juge digne d'avoir été l'époux de Porcia.

Et aussitôt, lui faisant donner tous les secours qu'exigeait son état, il rentra dans une telle sérénité, que, malgré *les avertissements que les dieux donnèrent* par des prédictions, par des prodiges et par les signes des victimes, personne ne crut à la réalité du complot.

Quels étaient ces présages, et quelle foi peut-on y ajouter?

Il faut bien y croire, puisque tous les historiens les racontent, et que, après les historiens, Virgile leur donne la consécration de ses beaux vers.

Nous allons donc feuilleter Suétone et Plutarque.

On se rappelle que César avait relevé Capoue et repeuplé la Campanie. Des colons qu'il y avait envoyés, voulant y bâtir des maisons, fouillèrent d'anciens tombeaux avec d'autant plus de curiosité que, de temps en temps, ils rencontraient des sculptures antiques.

Or, dans un endroit où l'on disait que Capys, le fondateur de Capoue, avait été enterré, ils trouvèrent une table d'airain avec une inscription grecque, qui signifiait que, lorsqu'on découvrirait les cendres de Capys, un descendant d'Iule serait mis à mort par la main de ses proches, et vengé par les malheurs de l'Italie.

« On ne peut, dit Suétone, regarder ce fait comme fabuleux; c'est Cornélius Balbus, ami intime de César, qui le rapporte. »

Cet avertissement ne fut point caché à César; et, comme, à ce propos, justement on lui disait de se défier de Brutus, c'est alors qu'il aurait répondu :

— Eh quoi ! croyez-vous donc que Brutus soit si pressé, qu'il n'attende pas la fin de cette misérable chair?

On lui annonça encore, et presque en même temps, que les chevaux qu'il avait consacrés lors du passage du Rubicon, et qu'il avait laissés paître en liberté, s'abstenaient de toute nourriture et pleuraient abondamment.

Au rapport de Strabon le philosophe, on vit en l'air des hommes de feu marcher les uns contre les autres.

Le valet d'un soldat fit jaillir de sa main une flamme

très-vive. On crut que sa main serait brûlée; mais, quand la flamme fut éteinte, la main n'avait aucun mal.

Ce n'est pas tout.

Dans un sacrifice offert par César, on ne trouva point de cœur à la victime, et c'était le présage le plus effrayant que l'on pût rencontrer, aucun animal ne pouvant vivre sans cet organe essentiel.

Dans un autre sacrifice, l'augure Spurina avertit César que, pour les ides de mars, il était menacé d'un grand danger.

La veille de ces ides, des oiseaux de différentes espèces mirent en morceaux un roitelet qui s'était perché sur la salle du sénat avec un rameau de laurier dans le bec.

Le soir où ce présage s'était manifesté, César soupait chez Lépide, où, suivant l'habitude, on lui apporta ses lettres à signer.

Pendant qu'il signait, les convives proposèrent cette question : « Quelle mort est la meilleure ? »

— La moins attendue, dit César en signant.

Après le souper, il rentra dans son palais, et se coucha près de Calpurnie.

Tout à coup, et pendant la première phase de son sommeil, les portes et les fenêtres s'ouvrirent d'elles-mêmes. Réveillé par le bruit et par la clarté de la lune, qui se répandait dans sa chambre, il entendit Calpurnie, qui dormait, elle, d'un profond sommeil, pousser des gémissements confus et prononcer des mots inarticulés.

Il la réveilla et lui demanda ce qu'elle avait à gémir ainsi.

— Oh ! cher époux, dit-elle, je rêvais que je te tenais, percé de coups, entre mes bras.

Le lendemain matin, on vint lui annoncer que, d'après

son ordre, on avait, dans les différents temples de Rome, égorgé cent victimes pendant la nuit, et que pas une n'avait donné un augure favorable.

César resta un instant pensif ; puis, se levant :

— Bon ! dit-il, il n'arrivera jamais à César que ce qui doit lui arriver.

On était au 15 mars, jour que les Romains appelaient le jour des ides.

Le sénat, par extraordinaire, etait convoqué sous un des portiques environnant le théâtre. Sous ce portique, garni de siéges pour la circonstance, était la statue que Rome avait élevée à Pompée après que celui-ci avait embelli le quartier en y faisant construire le théâtre et ses portiques.

Le lieu semblait choisi à la fois par la Vengeance et par la Fatalité.

L'heure arrivée, Brutus, sans confier son dessein à d'autres que Porcia, sortit de chez lui, un poignard caché sous sa toge, et se rendit au Sénat.

Les autres conjurés étaient assemblés chez Cassius. Ils délibéraient si l'on ne devait pas se défaire d'Antoine en même temps que de César. D'abord, il avait été question de faire entrer Antoine dans le complot : la plupart avaient été d'avis qu'on le devait admettre ; mais Trébonius s'y opposa, disant que, lorsqu'on était allé au-devant de César, à son retour d'Espagne, il avait, lui, Trébonius, constamment voyagé et logé avec Antoine, et qu'alors il lui avait fait une légère ouverture sur un projet pareil à celui qui allait être mis à exécution, mais que, quoique Antoine eût parfaitement compris, il avait gardé le silence.

Il est vrai que, d'un autre côté, il n'avait rien dit à César.

Sur cette révélation de Trébonius, on avait laissé Antoine en dehors.

Mais, le moment venu, il n'était plus seulement question de laisser Antoine en dehors ; plusieurs allaient jusqu'à penser qu'il était prudent de le frapper en même temps que César.

Brutus arriva sur ces entrefaites, et son avis lui fut demandé ; mais il refusa sa voix à ce nouveau meurtre, disant qu'il le regardait comme inutile, et qu'une entreprise si hardie, dont le but était le maintien de la justice et des lois, devait être pure de toute injustice.

Cependant, comme quelques-uns craignaient la vigueur extraordinaire d'Antoine, il fut convenu que l'on attacherait à sa personne deux ou trois des conjurés, afin qu'ils le retinssent hors du Sénat, tandis que le meurtre s'accomplirait à l'intérieur.

Ce point résolu, on sortit de la maison de Cassius. — La réunion avait pour but apparent d'accompagner le fils de Cassius, qui allait prendre la robe virile. Les conjurés accompagnèrent, en effet, le jeune homme jusqu'au Forum ; mais, de là, entrant sous le portique de Pompée, ils y attendirent César.

Quelqu'un qui eût eu connaissance du complot eût pu alors admirer l'impassibilité des conjurés à l'approche du péril. Plusieurs étaient préteurs, et, en cette qualité, rendaient la justice ; or, comme s'ils eussent eu l'esprit parfaitement libre, ils écoutaient l'exposé des différends qui leur étaient soumis, et portaient des jugements aussi exacts, aussi parfaitements motivés que si rien d'extraordinaire ne menaçait.

Un des accusés, condamné par Brutus à payer l'amende, en appela à César

Alors, Brutus, avec son calme ordinaire, promena ses yeux sur l'assistance en disant :

— César ne m'a jamais empêché et ne m'empêchera jamais de juger selon les lois.

Cependant, la situation non-seulement était grave, mais, à chaque instant écoulé sans amener César, elle s'assombrissait de plus en plus.

Pourquoi César ne venait-il pas ? qui le retenait ? Les présages l'avaient-ils arrêté ? écoutait-il la voix de ce devin, de ce Spurina qui lui avait dit de craindre les ides de mars ?

Puis, chose qui redoublait l'inquiétude, Popilius Lœnas, un des sénateurs, après avoir, plus affectueusement qu'à l'ordinaire, salué Cassius et Brutus, leur avait dit tout bas :

— Je prie les dieux d'accorder un heureux succès au dessein que vous méditez ; mais je vous conseille d'en hâter l'exécution, car l'affaire n'est plus secrète.

A ces mots, il les quitta, les laissant pleins de crainte que le complot ne fût découvert.

Pour comble d'angoisse, en ce moment, un des esclaves de Brutus accourut, lui annonçant que sa femme était mourante.

En effet, Porcia, vivement inquiète sur l'issue de l'événement, ne pouvait demeurer en place : elle sortait, elle rentrait, elle interrogeait les voisins pour savoir s'ils n'avaient rien entendu dire de nouveau ; elle arrêtait les passants pour leur demander s'ils savaient ce que faisait Brutus ; elle envoyait au Forum messager sur messager pour avoir des nouvelles.

Enfin, comme on lui dit que, sans doute, César avait été prévenu, puisqu'il n'était pas encore sorti, bien qu'il fût onze heures du matin, elle tomba en défaillance, changea de couleur, et perdit tout sentiment. Ses femmes, la voyant dans cet état, poussèrent alors des cris de détresse et appelèrent à l'aide.

A ces cris, les voisins accoururent, et, comme elle était pâle, immobile et froide, en un instant le bruit se répandit par toute la ville qu'elle était morte.

Mais elle, ayant repris ses sens, grâce aux soins que lui prodiguaient ses femmes, ordonna que l'on démentît le bruit de cette mort.

Ce bruit, on vient de le voir, avait déjà atteint le Forum et était parvenu jusqu'à Brutus.

Brutus n'avait pas sourcillé ; le stoïque avait une occasion de mettre en pratique ses principes, que le malheur personnel doit être compté pour rien devant l'intérêt public.

Il demeura donc au sénat, impassible et attendant César.

Sur ces entrefaites arriva Antoine, qui venait, de la part de César, annoncer que celui-ci ne sortirait point, et prier le sénat de remettre la séance à un autre jour...

LXXXVII

A cette nouvelle, les conjurés, craignant que, si César ne tenait pas l'assemblée ce jour-là, le complot ne fî éventé, décidèrent que l'un d'eux irait chercher César chez lui, et ferait tous ses efforts pour l'amener.

Mais qui irait ?

Le choix tomba sur Décimus Brutus, surnommé Albinus.

La trahison de la part de cet homme était d'autant plus grande, que c'était, après Marcus Brutus, l'homme que César aimait le mieux : aussi l'avait-il institué son second héritier.

Il trouva César tellement ébranlé par les terreurs de sa femme, auxquelles venaient donner une certaine consistance les rapports des devins, que celui-ci, comme nous l'avons dit, était décidé à ne point sortir ce jour-là.

Albinus se moqua des devins et railla Calpurnie; puis, le prenant sur un ton plus sérieux, et se tournant du côté de César :

— César, lui dit-il, souviens-toi d'une chose : c'est que les sénateurs ne se sont assemblés que sur ta convocation; ils sont disposés à te déclarer roi de toutes les provinces situées hors de l'Italie, et à t'autoriser à porter ce titre en parcourant les autres terres et les autres mers. Maintenant, si quelqu'un vient dire aux sénateurs, qui t'attendent sur leurs siéges, de se séparer aujourd'hui et de se réunir une autre fois, — c'est-à-dire un jour que Calpurnie aura fait de meilleurs rêves, — quels propos crois-tu que tiendront ceux qui t'envient, et qui voudra écouter tes amis quand ils diront que ce n'est pas, d'un côté, la plus entière servitude, et, de l'autre, la tyrannie la plus absolue? Toutefois, veux-tu absolument considérer ce jour comme malheureux, eh bien, viens au sénat, et déclare-lui de vive voix que tu remets la séance à un autre jour.

Et, à ces mots, le prenant par la main, il l'attira vers la porte.

César fit un dernier signe à Calpurnie, et sortit.

Mais à peine était-il dans la rue, qu'un esclave essaya de s'approcher de lui. César, comme toujours, était entouré d'une foule de clients qui sollicitaient des faveurs. L'esclave fut repoussé, et ne put atteindre César. Alors, il courut vers Calpurnie.

— Garde-moi, au nom des dieux, jusqu'au retour de César, lui dit-il; j'ai des choses de la plus haute importance à lui communiquer.

Ce ne fut pas tout.

Un rhéteur, nommé Artémidore de Cnide, qui enseignait à Rome les lettres grecques, et qui voyait habituellement les principaux conjurés, avait eu avis du complot. Doutant qu'il pût parler d'assez près à César pour lui révéler la conjuration, il en avait écrit les principaux détails sur un papier qu'il s'efforça de lui remettre. Mais, voyant qu'à mesure que César recevait les placets, il les passait aux officiers qui l'entouraient :

— César, cria-t-il en levant le papier en l'air, César!

Puis, quand César lui eut fait signe de s'approcher :

— César, dit-il, lis ce papier, seul et promptement ; il contient des choses importantes, et qui t'intéressent personnellement.

César prit le papier, fit un signe de la tête, et essaya, en effet, de le lire; mais jamais il ne put en venir à bout, tant il était empêché par la foule qui se pressait pour lui parler; si bien qu'il entra dans le Sénat, tenant encore ce papier à la main, car c'était le seul qu'il eût gardé.

A quelques pas du Sénat, César était descendu de sa litière; mais, à peine descendu, il trouva sur son chemin Popilius Lœnas, le même qui, une demi-heure auparavant, avait souhaité à Brutus et à Cassius un heureux succès.

Popilius Lœnas s'empara de lui.

Ainsi qu'il arrivait quand un homme d'importance palaissait avoir quelque chose à dire à César, chacun s'écarta, et César et Lœnas se trouvèrent au milieu d'un cercle assez grand pour que ceux qui le composaient ne pussent rien entendre des paroles échangées entre le sénateur et le dictateur.

Cependant, comme Lœnas paraissait parler à César d'une façon très-animée, et que celui-ci écoutait avec une grande attention, les conjurés commençaient à concevoir une inquiétude d'autant plus grande qu'ils n'ignoraient pas que Lœnas avait connaissance du complot, et que l'idée qui leur venait naturellement à l'esprit était qu'ils étaient dénoncés par leur collègue ; aussi se regardaient-ils les uns les autres, en s'encourageant des yeux à ne point attendre qu'on les vînt saisir, mais à prévenir cet affront en se donnant eux-mêmes la mort ; déjà même Cassius et quelques autres portaient la main aux poignards cachés sous leurs vêtements, lorsque Brutus, qui s'était glissé aux premiers rangs du cercle, reconnut, aux gestes de Lœnas, qu'il s'agissait entre César et lui d'une prière très-vive plutôt que d'une accusation. Néanmoins, il ne dit pas un mot aux conjurés, sachant qu'il y avait autour d'eux bon nombre de sénateurs qui n'étaient pas du secret ; mais, en souriant à Cassius, il le rassura, et, presque aussitôt Lœnas, ayant baisé la main de César, prit congé de lui, et chacun comprit qu'il n'avait été question entre eux que d'affaires personnelles.

César, alors, monta les degrés du portique et se trouva dans l'enceinte où se tenait l'assemblée ce jour-là.

Il marcha droit au siége qui lui était préparé.

En ce moment, suivant ce qui était convenu, Trébonius entraînait Antoine hors de la salle, afin de priver César de son secours, si quelque lutte s'engageait, et, là, il l'entretint longtemps d'une chose qu'il savait l'intéresser.

Pendant ce temps, quoique de la secte d'Épicure, c'est-à-dire ne croyant pas à une autre vie, Cassius, chose étrange, fixait son regard sur la statue de Pompée, comme s'il l'invoquait pour le succès de l'entreprise.

Alors s'approcha Tullius Cimber. — C'était encore chose convenue. — Tullius Cimber devait venir demander à César le rappel de son frère, qui était exilé. Il commença sa harangue.

Aussitôt, tous les conjurés se rapprochèrent de César, comme si, portant intérêt au banni, ils désiraient joindre leurs prières à celles du suppliant.

César refusa la demande. Ce fut une occasion de le presser de plus près, car tous étendaient les mains vers César.

Mais lui, repoussant leurs instances :

— Pourquoi me presser pour cet homme? dit-il. J'ai décidé qu'il ne rentrerait point dans Rome.

Et il s'assit, essayant d'écarter de lui cette foule qui l'étouffait.

A peine était-il assis, que Tullius lui prit la robe de ses deux mains, et, dans le mouvement, lui découvrit l'épaule.

— C'est de la violence! s'écria César.

C'était le signal de l'attaque. Casca, qui était placé derrière César, tira son poignard et frappa le premier.

Mais, comme César, impatient, avait fait un mouvement pour se lever, le poignard glissa sur l'épaule et ne fit qu'une blessure peu profonde.

Cependant, César sentit le fer.

— Ah! misérable Casca! s'écria-t-il, que fais-tu?

Et, saisissant l'épée de Casca d'une main, il le frappa de l'autre avec le poinçon dont il se servait pour écrire sur ses tablettes.

En même temps que César criait ces quelques mots en latin, Casca, blessé, s'écriait de son côté en grec :

— Mon frère, au secours !

Il se fit alors un grand mouvement : ceux qui n'étaient pas du complot se rejetèrent en arrière, frissonnant de tout leur corps, n'osant défendre César, ni prendre la fuite, ni même proférer une seule parole. Ce moment d'hésitation fut rapide comme la pensée, car chaque conjuré tira son épée et environna César, de telle façon que, de quelque côté qu'il se tournât, il ne vit et ne sentit que le fer. Mais lui, sans lâcher le fer de Casca, se débattait entre toutes ces mains armées, dont chacune voulait avoir part au meurtre, et goûter, pour ainsi dire, à son sang, quand tout à coup, au milieu de ses meurtriers, il reconnut Brutus, et sentit que celui qu'il appelait son fils lui portait un coup de poignard dans l'aine.

Alors, il lâcha l'épée de Casca, et, sans autre plainte que ces mots : *Tu quoque, mi fili* (toi aussi, mon fils)! sans essayer de se défendre davantage, il se couvrit la tête de sa robe, et abandonna son corps aux épées et aux poignards.

Et, cependant, il restait debout, et les assassins frappaient avec une telle rage, qu'ils se blessèrent eux-mêmes : si bien que Brutus eut la main ouverte, et que tous les autres furent couverts de sang.

Enfin, soit hasard, soit que les conjurés le poussassent de ce côté, il alla s'abattre au pied de la statue de Pompée, dont il ensanglanta le piédestal.

« De sorte, dit Plutarque, que Pompée semblait présider au châtiment de son ennemi étendu à ses pieds et palpitant sous le nombre de ses blessures. »

César mort et étendu au pied de la statue de Pompée, Brutus s'avança au milieu du sénat pour expliquer et glorifier l'action qu'il venait d'accomplir. Mais les sénateurs, saisis d'épouvante, se précipitèrent par toutes les issues, et jetèrent le trouble et l'effroi parmi le peuple en criant, les uns : *On assassine César!* les autres : *César est mort!* selon qu'ils étaient sortis quand César était debout encore, ou quand César était tombé.

Alors, ce fut un trouble presque aussi grand dans les rues qu'un instant auparavant dans le sénat : les uns fermant leurs portes, les autres laissant leurs magasins ouverts ou leurs banques désertes, tous se précipitant vers le portique de Pompée.

De leur côté, Antoine et Lépide, les deux plus grands amis de César, fuyaient, craignant pour eux-mêmes.

Quant aux conjurés, réunis en troupe, poignards et épées nus et ensanglantés, ils sortirent du Sénat et montèrent au Capitole, non comme des gens qui fuient, mais comme des hommes radieux et pleins de confiance, appelant le peuple à la liberté, et attirant parmi eux les personnes de distinction qu'ils trouvaient sur leur passage.

Et, dans le premier moment, quelques-uns de ceux-là qui sont toujours prêts à prendre parti pour les vainqueurs et à glorifier le succès, se joignirent aux meurtriers pour faire croire qu'ils avaient aidé à la conjuration et s'en attribuer leur part de gloire. De ce nombre furent Caius Octavius et Lentulus Spinther; et, plus tard, tous deux furent punis de leur sanglante fanfaronnade, comme s'ils eussent été de véritables meurtriers: Antoine et Octave les firent mettre à mort, et cela, non pas même comme assassins de César, mais comme s'étant vantés de l'être.

Pendant ce temps, le cadavre restait étendu dans une mare de sang; tous le venaient voir, mais nul n'osait le toucher. Enfin, trois esclaves le soulevèrent, et le rapportèrent à sa maison, sur une litière hors de laquelle pendait un des bras.

Calpurnie était déjà prévenue de son malheur : elle reçut le cadavre au seuil de la porte d'entrée.

On appela le médecin Antistus.

César était complétement mort ; cependant, de ses vingt-trois blessures, une seule, reçue à la poitrine, était mortelle. — Ce fut la seconde, dit-on.

Les conjurés avaient d'abord arrêté dans leur plan que, César mort, on traînerait son cadavre par les rues, et qu'on le jetterait dans le Tibre, puis que tous ses biens seraient confisqués et ses actes déclarés nuls ; mais la crainte qu'on eut qu'Antoine, consul, et Lépide, commandant de la cavalerie, qui avaient disparu pendant l'assassinat, ne reparussent à la tête des soldats et du peuple, fit que, sous ce rapport, rien de ce qui avait été décidé ne fut accompli.

Le lendemain, Brutus, Cassius et les autres conjurés se présentèrent sur le Forum et parlèrent au peuple ; mais les discours commencèrent et finirent sans que les spectateurs donnassent aucun signe de blâme ou d'approbation. De ce profond silence ressortait une double vérité : c'est que ce peuple honorait Brutus, mais regrettait César.

Pendant ce temps, le sénat se réunissait dans le temple de la Terre, et, là, Antoine, Plancus et Cicéron proposaient une amnistie générale et invitaient tout le monde à la concorde. Il fut décrété que non-seulement on donnerait sûreté entière aux conjurés, mais encore que le sénat rendrait un décret sur les honneurs à leur accorder.

Cette décision prise, le sénat se sépara, et Antoine envoya son fils au Capitole pour servir d'otage aux conjurés, qui s'y étaient retirés comme pour se mettre sous la garde de la fortune de Rome.

Lorsque tout le monde se trouva réuni, la paix fut jurée de nouveau : l'on s'embrassa; Cassius alla souper chez Antoine, et Brutus chez Lépide. Quant aux autres conjurés, ils furent emmenés de côté et d'autre, ceux-ci par leurs amis, ceux-là par de simples connaissances.

Chacun, voyant cela, croyait les affaires sagement arrangées, et la République invariablement rétablie.

On avait compté sans le peuple.

Le lendemain, au point du jour, le sénat s'assembla de nouveau et remercia, dans les termes les plus honorables, Antoine d'avoir étouffé les premiers germes d'une guerre civile. Enfin, on combla Brutus d'éloges. Puis on distribua les provinces : Brutus eut l'île de Crète; Cassius, l'Afrique; Trébonius, l'Asie; Cimber, la Bithynie, et Brutus Albinus, la Gaule circumpadane.

Cependant, on commençait à raconter tout bas qu'il existait un testament de César ; ce testament, disait-on, avait été fait par lui pendant le mois de septembre précédent, à une campagne nommée Lavicanum ; et, après l'avoir scellé, disait-on toujours, César l'avoir confié à la première des Vestales. Par ce testament, il instituait trois héritiers.

Ces trois héritiers étaient trois arrière-neveux. Le premier était Octave; il avait à lui seul les trois quarts de la succession. Le second était Lucius Pénarius, et le troisième, Quintus Pédius ; ces deux derniers avaient chacun un huitième des biens de César. Il adoptait, en outre, Octave et lui donnait son nom. Il déclarait plusieurs de ses amis — et presque tous furent ses assassins — tuteurs de ses fils, s'il en avait. Il plaçait Décimus Brutus, celui qui l'avait été chercher chez lui, dans la seconde classe de ses légataires, laissait au peuple romain ses jardins du Tibre, et à chaque citoyen trois cents sesterces.

Voilà ce qui se répandait dans le peuple et y jetait une espèce d'agitation.

Mais une autre cause de trouble, c'était l'approche des funérailles. — Du moment que le cadavre n'avait pas été jeté dans le Tibre, il fallait que les funérailles eussent lieu. On avait d'abord eu l'idée de les faire secrètement, mais on craignait d'irriter le peuple. Cassius était d'avis qu'a ce risque, les obsèques ne fussent point publiques; mais Antoine pria tant auprès de Brutus, que Brutus céda.

C'était la seconde faute qu'il commettait. La première avait été d'épargner Antoine.

D'abord, Antoine lut le testament de César devant la maison de César. Tout ce qui en avait circulé d'avance au Forum, sur les places et dans les carrefours de Rome était vrai. Il en résulta que, quand le peuple vit que César lui laissait ses jardins du Tibre et trois cents sesterces par chaque citoyen, le peuple éclata en pleurs et en cris, montra une grande affection pour César et de vifs regrets de sa mort.

Ce fut ce moment qu'Antoine choisit pour transporter le corps de la maison mortuaire au champ de Mars.

On lui avait élevé un bûcher près du tombeau de sa fille Julie, et une chapelle dorée sur le modèle du temple de Vénus Génitrix vis-à-vis de la tribune aux harangues; dans cette chapelle, on avait dressé un lit d'ivoire, couvert d'une étoffe d'or et de pourpre, surmonté d'un trophée d'armes et de la robe même dans laquelle il avait été tué; puis, enfin, comme on avait pensé que le jour tout entier ne suffirait pas à ceux qui apporteraient des présents pour le bûcher, si l'on observait le cérémonial d'une marche funèbre, on déclara que chacun irait sans ordre et par le chemin qu'il lui plairait.

En outre, depuis le matin, on donnait au peuple le spectacle de jeux funéraires, et, dans ces spectacles, réglés par Antoine, on chantait des morceaux faits pour exciter la pitié et l'indignation, entre autres le monologue d'Ajax dans une pièce de Pacuvius, monologue où se trouvait ce vers :

Les avais-je sauvés afin qu'ils me perdissent !

Ce fut donc au milieu de ce commencement de troubles que le convoi de César se mit en marche.

Nous qui avons vu tant de ces jours orageux où se débattent les destinées d'un peuple ou d'un royaume, nous nous rappellerons qu'il est de ces heures prédestinées et fatales où quelque chose passe dans l'air qui annonce l'émeute et les révolutions.

Ce jour-là, Rome n'avait point sa physionomie ordinaire. On avait suspendu des symboles de deuil aux temples placés sur le chemin que devait suivre le convoi ; on avait couronné les statues de branches funéraires. Des hommes passaient, sinistres et menaçants : il y a des figures qui semblent être placées sous la garde de la Terreur et ne sortir elles-mêmes que quand celle-ci passe échevelée dans les rues.

A l'heure convenue, on enleva le corps. Des magistrats, les uns encore en fonctions, les autres déjà sortis de charge, portèrent le lit de parade au Forum.

Là, on devait faire halte, et, pour cette halte, on plaça le corps sur une estrade séparée.

Quand nous disons le corps, nous faisons une erreur ; le corps était enfermé dans une espèce de cercueil et remplacé par une effigie en cire, faite à la ressemblance de César, et qui devait, quelques instants après la mort, avoir été moulée sur nature. Cette effigie avait les teintes livides d'un cadavre, et offrait la représentation des vingt-trois blessures par lesquelles était sortie cette âme miséricordieuse qui se défendait contre Casca, mais qui se soumettait aux décrets du Destin, quand ces décrets lui étaient présentés par la main de Brutus.

L'estrade, préparée d'avance, était surmontée d'un trophée rappelant les différentes victoires de César. Antoine monta sur l'estrade, lut de nouveau le testament de César, puis, après le testament, les décrets du sénat qui lui conféraient les honneurs publics et privés, puis, enfin, le serment des sénateurs de lui être dévoués jusqu'à la mort.

Là, sentant le peuple arrivé au degré d'exaltation qu'il désirait, il commença l'éloge funèbre de César. Cet éloge funèbre, nul ne l'a conservé.

Nous nous trompons : il est dans Shakspeare. Shakspeare, lui, l'a reconstruit avec son Plutarque, ou l'a retrouvé tout entier dans son génie.

Ce discours, préparé avec un art admirable, orné de toutes les fleurs de l'eloquence asiatique, produisit une profonde impression qui se manifesta par des pleurs et des sanglots, lesquels se changèrent en cris de douleur auxquels succédèrent des menaces et des imprécations, quand Antoine, prenant la robe que portait César, secoua au-dessus des têtes de la multitude cette robe toute sanglante et toute déchirée par les poignards des meurtriers.

Alors, ce fut un grand tumulte ; les uns voulaient brûler le corps dans le sanctuaire de Jupiter, les autres dans la curie même où il avait été assassiné. Au milieu de cette confusion, deux hommes armés d'épées, tenant de la main gauche chacun deux javelots, de la droite une torche, s'avancèrent et mirent le feu à l'estrade.

Le feu monta rapidement, d'autant plus rapidement que chacun se hâta d'y apporter du bois sec, et que le peuple, avec cette rage de destruction qui lui prend dans certaines heures néfastes, comme il avait fait le jour des funérailles de Clodius, se mit à arracher les bancs des écrivains, les siéges des juges, les portes et les volets des magasins et des banques, et vint jeter toutes ces matières combustibles dans l'immense foyer. Ce ne fut pas tout : les joueurs de flûte et les histrions qui se trouvaient là jetèrent dans la flamme les habits triomphaux dont ils étaient revêtus pour la cérémonie ; les vétérans et les légionnaires, les armes dont ils s'étaient parés pour les funérailles de leur général ; les femmes, leurs ornements, leurs bijoux et jusqu'aux bulles d'or de leurs enfants.

Juste en ce moment se passa un de ces événements terribles qui semblent destinés à faire déborder la coupe d'ivresse et de colère que les grandes émotions mettent aux mains du peuple.

Un poëte nommé Helvius Cinna, qui n'avait pris aucune part à la conjuration et qui, au contraire, était un ami de César, s'avança, tout pâle et tout défait, au milieu du Forum. Il avait eu, la nuit précédente, un rêve : l'ombre de César lui était apparue, la pâleur sur le visage, les yeux fermés, le corps tout percé de coups ; elle venait, comme ami, le prier à souper.

Helvius Cinna, dans son rêve, avait d'abord refusé l'invitation ; mais l'ombre l'avait pris par la main, et, l'attirant avec une force irrésistible, l'avait forcé de descendre de son lit et de le suivre dans un lieu sombre et froid, dont la terrible impression avait réveillé le malheureux rêveur. Dans un temps où tout rêve était un présage, celui-là était significatif, et présageait une fin prochaine.

Aussi Helvius fut-il pris par une fièvre d'épouvante qui ne le quitta pas même au jour.

Néanmoins, le matin, comme on lui dit que l'on emportait le corps de César, il eut honte de sa faiblesse et se rendit au Forum, où il trouva le peuple dans les dispositions que nous venons de dire.

Lorsqu'il parut, un citoyen demanda à un autre :

— Quel est cet homme si pâle et qui passe d'un air effaré ?

— C'est Cinna, répondit celui-ci.

Ceux qui avaient entendu le nom répétèrent :

— C'est Cinna.

Or, quelques jours auparavant, un tribun du peuple nommé Cornélius Cinna avait publiquement fait un discours contre César, et l'on accusait le même Cinna d'être entré dans la conjuration.

Le peuple confondit Helvius avec Cornélius.

Il en résulta qu'Helvius fut reçu avec ce grondement sourd qui précède l'orage ; il voulut se retirer, il était trop tard. La terreur qui se peignait sur son visage, terreur que le peuple interprétait comme des remords, et qui n'était que le souvenir de la nuit précédente, contribua encore à le perdre.

Personne ne conserva plus aucun doute, et le pauvre poëte eut beau crier qu'il était Helvius et non Cornélius Cinna, l'ami et non l'assassin de César, un homme porta la main sur lui et lui arracha son manteau, un autre lui déchira sa tunique, un autre lui porta un coup de bâton : le sang coula. L'ivresse du sang est rapide ! en un moment, le malheureux Cinna ne fut qu'un cadavre, et, plus instantanément encore, le cadavre fut mis en morceaux. Puis de ce centre de tumulte s'éleva une tête au bout d'une pique ; c'était celle de la victime.

En ce moment, un homme cria :

— Mort aux assassins !

Un autre s'empara d'un tison enflammé et le secoua.

Chacun comprit le signal. Le peuple se rua sur le bûcher, y prit des fascines enflammées, alluma des flambeaux et des torches, et, en hurlant des menaces de mort et d'incendie, se dirigea vers les maisons de Brutus et de Cassius. Par bonheur, ceux-ci, prévenus à temps, avaient déjà fui et s'étaient retirés à Antium. Ils avaient donc abandonné Rome sans lutte, et poussés pour ainsi dire hors de ses murs par leurs seuls remords.

Il est vrai qu'ils comptaient bien y rentrer, lorsque le peuple, dont ils connaissaient l'inconstance, se serait calmé. Mais il en est du peuple comme de la tempête, une fois déchaîné, nul ne sait quand et comment il se calmera.

Cette croyance de Brutus que son retour dans Rome serait facile et prochain, était d'autant plus naturelle, que, nommé tout récemment préteur, il devait donner des jeux, et qu'en toute circonstance, ces jeux étaient toujours fort impatiemment attendus par le peuple.

Mais, au moment où il s'apprêtait à quitter Antium, Brutus fut averti qu'un grand nombre de ces vétérans de César qui avaient reçu de lui des maisons, des terres et de l'argent, rentraient dans Rome avec de mauvaises intentions contre sa personne.

Il jugea donc prudent de rester à Antium, tout en donnant au peuple les jeux qui lui étaient promis. Ces jeux furent splendides : Brutus avait acheté une énorme quantité d'animaux féroces; il ordonna que pas un ne fût épargné. Il alla même jusqu'à Naples pour y engager des comédiens ; et, comme il existait alors en Italie un célèbre mime nommé Canilius, il écrivit à un de ses amis de s'informer dans quelle ville se trouvait ce Canilius, et, à quelque prix que ce fût, d'obtenir qu'il vînt aux jeux.

Le peuple assista aux chasses, aux combats de gladiateurs, aux jeux scéniques, mais il ne rappela point Brutus : tout au contraire, il élevait sur la place publique une colonne de vingt pieds de haut, en marbre d'Afrique avec cette inscription : *Au père de la patrie.*

La cause des meurtriers était perdue ; César mort triomphait de ses assassins, comme César vivant avait triomphé de ses ennemis. Non-seulement Rome, mais l'univers entier pleurait César. Les étrangers avaient pris le deuil, ils avaient fait le tour du bûcher, chacun marquant sa désolation à la manière de son pays. Les juifs avaient veillé plusieurs nuits près des cendres — Sans doute, ces derniers voyaient-ils déjà en lui ce Messie tant annoncé.

Les conjurés avaient cru qu'avec vingt-trois coups de poignard, on tuait un homme : ils virent qu'en effet, rien n'était plus facile que de tuer le corps : — mais l'âme de César survivait et planait sur Rome.

Jamais César n'avait été plus vivant que depuis que Brutus et Cassius l'avaient couché au tombeau. Il avait laissé la vieille dépouille ; la vieille dépouille, c'était cette robe sanglante et percée de coups que Antoine avait secouée au-dessus de son cadavre, et qu'il avait fini par jeter dans le bûcher ; la vieille dépouille, la flamme l'avait consumée, et le spectre de César, ce même spectre que Brutus vit une première fois à Abydos, et une seconde fois à Philippes, apparut épuré aux yeux du monde.

Caton n'avait été que l'homme de la loi.

César avait été l'homme de l'humanité.

Puis César — abordons la question du christianisme,

c'est-à-dire celle de l'avenir — César avait été un instrument de la Providence.

Nous avons dit ailleurs que, depuis deux mille ans, étaient apparus, à neuf cents ans de distance, trois hommes qui, n'étant peut-être qu'une seule âme, avaient été, sans se douter eux-mêmes de leur mission, les instruments de la Providence. Ces trois hommes, c'étaient César, Charlemagne et Napoléon. César, païen, préparait le christianisme; Charlemagne, barbare, préparait la civilisation; Napoléon, despote, préparait la liberté.

Bossuet l'a dit avant nous, à propos de César. Ouvrez l'*Histoire universelle*.

« Le commerce de tant de peuples divers, dit-il, autrefois étrangers les uns aux autres, et réunis sous la domination romaine, a été un des grands moyens dont la Providence se soit servie pour donner cours à l'Évangile. »

Et, en effet, César, qui, tombant âgé de cinquante-six ans, ne pouvait pas prévoir la naissance de l'enfant divin quarante-quatre ans après sa mort, César quittait la terre juste à l'époque où la Providence allait se rendre visible au monde. Toutes les plaies du monde, qu'il avait, lui, doux mais ignorant médecin, touchées du doigt sans pouvoir les guérir, une main allait les fermer.

Que pleurait donc le monde en lui? Une espérance.

En effet, le monde entier attendait.

Qu'attendait-il?

Il lui eût été difficile à lui-même de désigner l'objet de son attente.

Il attendait un libérateur.

César, qui n'était pas ce libérateur, fut un instant — objet d'une douce erreur — salué comme tel. Sa douceur, sa clémence, sa miséricorde, semblaient l'avoir désigné à l'amour des peuples comme le Messie universel.

C'est que, quand l'heure des grandes révolutions sociales approche, les peuples en ont le pressentiment ; la terre, cette mère commune, tressaille jusqu'au fond de ses entrailles. Les horizons blanchissent et se dorent, comme pour le lever du soleil, et, se tournant vers le point le plus brillant et le plus radieux, les hommes attendent anxieusement l'apparition.

Rome attendait cet homme, ou plutôt ce Dieu promis à l'univers, ce Dieu que préparait César par l'élargissement de la cité romaine, par le droit de citoyen donné à des villes entières, à des peuples entiers ; par ces vastes guerres qu'il mena sur la surface du globe, par ces populations armées qu'il transporta du nord au midi, d'orient en occident. La guerre, qui semble séparer les peuples, — et qui les sépare, en effet, quand elle est impie, — les rapproche quand elle est providentielle. Alors, tout devient un moyen : guerre étrangère et guerre civile. Voyez, après les quinze ans de lutte de César, ce qui arrive : c'est que les Gaules, c'est que la Germanie, c'est que la Grèce, c'est que l'Asie, c'est que l'Afrique, c'est que l'Espagne, sont italiennes ; c'est que Lutèce, Alexandrie, Carthage, Athènes et Jérusalem, villes à naître, villes nées, villes près de mourir, tout cela relève de Rome ; Rome, la ville éternelle, qui deviendra la capitale des papes quand elle ne sera plus celles des Césars.

Or, nous l'avons dit, Rome, comme le reste de l'univers, attendait cet homme, ou plutôt ce Dieu prédit par Daniel et annoncé par Virgile, ce Dieu auquel d'avance elle avait dressé un autel sous le nom du Dieu inconnu : DEO IGNOTO.

Seulement, quel sera ce Dieu ? De qui naîtra-t-il ?

La vieille tradition du monde est la même partout.

Le genre humain, tombé par la femme, sera racheté par le fils d'une vierge.

Au Thibet et au Japon, le dieu Fo, chargé du salut de l'univers, choisira son berceau dans le sein d'une jeune et blanche vierge. En Chine, une vierge, fécondée par une fleur, mettra au monde un fils qui sera roi du monde. Dans les forêts de la Bretagne et de la Germanie, où s'était réfugiée leur nationalité expirante, les druides attendaient un sauveur né d'une vierge.

Enfin, les Écritures annonçaient qu'un Messie s'incarnerait dans les flancs d'une vierge, et que cette vierge serait pure comme la rosée de l'aurore.

Ce Messie, quarante-quatre ans encore, et il allait naître.

Il fallait l'unité romaine pour préparer l'unité chrétienne.

L'unité romaine, seulement, était tout extérieure et matérielle; elle n'excluait que les esclaves et les barbares, c'est vrai, mais elle les excluait.

Dans l'unité chrétienne, il ne devait y avoir aucune exclusion, — car c'était l'unité des cœurs et de l'intelligence; — dans l'unité chrétienne, il ne devait y avoir « ni gentils, ni juifs, ni esclaves, ni hommes libres, ni Scythes, ni barbares, mais tous et le Christ en tous. »

Cette grande unité était la seule chose qui eût échappé au génie de César, mais encore semble-t-il en avoir eu le pressentiment.

Voilà pourquoi nous avons dit que César était un précurseur.

Cent ans plus tard, il eût été un apôtre.

Et, maintenant, nous comprenons parfaitement que,

pour ceux qui ont vu César au simple point de vue de la chair, César n'ait été qu'un tyran. Nous comprenons bien qu'au collège, ce pays des horizons courts et étroits, on fasse de Caton un martyr et de Brutus et de Cassius des héros. Nous comprenons encore que les historiens qui ont copié Plutarque, Suétone, Tacite, Appien, Dion, n'aient vu dans ces historiens que ce qui s'y trouvait, c'est-à-dire le fait accompli. Ces hommes qui nous ont transmis le fait accompli écrivaient dans les ténèbres; ils ne pouvaient dire à leurs contemporains que ce qu'ils savaient, transmettre aux générations futures que ce qu'ils avaient vu.

Mais, à notre avis, l'homme qui, chez nous, ne verrait pas, dans les faits accomplis de cette grande période génésiaque, autre chose que ce qu'y ont vu les auteurs païens, et qui ne ferait que les traduire en les copiant, ou les copier en les traduisant, celui-là n'écrirait pas, comme eux, dans l'obscurité : celui-là serait un aveugle

COLLECTION MICHEL LÉVY. fr. le vol. (Extrait du Catalogue.)

M__ MOLINOS-LAFITTE
L'Éducation du Foyer

HENRY MONNIER
Mémoir. de M. Joseph Prudhomme.

CHARLES MONSELET
M. de Cupidon.

LE COMTE DE MONTALIVET
Rien! 18 Années de gouvernement parlementaire. 8e édition.

LE COMTE DE MOYNIER
Bohémiens et grands Seigneurs.

HÉGÉSIPPE MOREAU
Œuvres. Notice de L. Ratisbonne.

FÉLIX MORNAND
Bernerette — La Vie arabe.

HENRY MURGER
Buveurs d'eau. Dern. rendez-vous à l'Olymp.. Le Pays latin. Propos ville et Propos de théâtre. Roman de utes les Femmes. Scènes de campa- — de la vie de Bohème — de la vie Junesse. Le Sabot rouge. Vacau de Camille.

DE MUSSET, BALZAC, G. SAND
Les Parisiennes à Paris.

PAUL DE MUSSET
La Bavolette. Puylaurens.

NADAR
Le Miroir aux Alouettes. Quand j'étais étudiant.

H_NRI NICOLLE
Le Sueur de mouches.

ÉDOUARD CURLIAC
Les Garnich?

PAUL PERRET
Les Bourgeois de campagne. Hist. d'une jolie Femme.

LAURENT PICHAT
La Palemir.

AMÉDÉE PICHOT
Un Drame en Hongrie. L'Ecolier Walter Scott. La Femme du Col... Les Poètes amoureux.

EDGAR POE (Tr. Ch. Baudelaire)
vent. d'Arthur Gordon Pym. Hist coordinaires. Nouv. Hist. extraord

F. PONSARD
Études antiques.

A. DE PONTMARTIN
Contes d'un Plouc... de ques tes et Nouvelles. Fin du procès ... d'un Notaire. Or et Clinquant ... quoi le reste à la campagne.

L'ABBÉ PRÉVOST
Manon Lescaut. Études de Jean appe.

RADCLIFFE (Trad. Fournier)
L'Italien ou le Confessionnal des bents noirs. Myst. du Chât. d'U... bhe. Visions du Chât. des Pyrénées.

MAX RADIGUET
Souvenirs de l'Amérique espagnole.

RAOUSSET-BOULBON
Une Conversion.

B.-H. REVOIL (traducteur)
Le Docteur américain. Les Harems du Nouveau-Monde.

LOUIS REYBAUD
Ce qu'on peut voir dans une rue. César Falempin. La comtesse de Mau- léon. Coq du clocher. Dern. des Commis-voyageurs. Édouard Mongeron L'industrie en Europe. Jérôme Paturot à la recherche de la meilleure des Républiques — à la recherche d'une position sociale. Marie Brontin. Mathias l'humoriste. Pierre Mouton. Vie à rebours. Vie de corsaire.

AMÉDÉE ROLLAND
Les Martyrs du foyer.

NESTOR ROQUEPLAN
Regain; La Vie parisienne.

JULES DE SAINT-FÉLIX
Scènes de la vie de gentilhomme. Gant de Diane Madem. Rosalinde.

GEORGE SAND
Adriani. Beaux Messieurs de Bois- Doré. Château des Désertes. Compagnon du Tour de France. Comtesse de Rudolstadt. Consuelo. La Daniella. Diable aux champs. Filleule. Hist. de ma vie. L'Homme de neige. Horace. Isidora. Jacques. Jeanne. Léha. Lucrezia Floriani. Meunier d'Angibault. Narcisse. Péché de M. Antoine. Pircinino. Secrétaire intime. Simon. Teverino. — Léone Léoni. L'Uscoque.

JULES SANDEAU
Catherine. Nouvelles. Sacs et Parchemins.

EUGÈNE SCRIBE
Coméd. et Opéras. Opéras-Comiq. Comédies-Vaudevilles.

ALBÉRIC SECOND
A quoi tient l'amour. Contes sans prétention.

FRÉDÉRIC SOULIÉ
Au jour le jour. Avent. de Saturnin Fichet. Le Bananier Eulalie Pontois Et at. des Pyrénées. Comte de Foix. Comte de Toulouse. Comt. de Mon rion. Conf générale. Conseiller d'État. Contes pour les Enfants. Deux Cadavres. Diane et Louise. Drames inconnus. — Maison n° 3 de la rue de Provence — Avent. d'un Cadet de Famille. — Amours de Victor Rousenue. — Olivier Duhamel. Un Été à Meudon. Forgeron. Huit jours au château. Lionne. Magnétiseur. Ou Mal heur complet. Marguerite. Maître d'école. Mieux du Diable. Port de Créteil Prêtre. Les 4 époques. 6 Napolitains 4 Sœurs. Un Rêve d'Amour. — Chambrière. Sathaniel. Si Jeunesse savait, si Vieillesse pouvait. Vic. de Beziers.

ÉMILE SOUVESTRE
Anges du Foyer. Au bord du Lac. Au Bout du Monde. Au coin du feu. Causeries hist. et littéraires. Chronique. de la Mer. Clairières. Conf. d'un ouvrier. Contes et Nouvelles. Dans la Prairie. Dern. Bretons. Dern. Paysans.

Deux Misères. Drames parisiens. L'Échelle de Femmes. En Famille. En Quarantaine. Foyer breton. Goutte d'eau. Hist. d'autrefois. Homme et l'Argent. Loin du Pays. Lune de miel. Ma son rouge. Mât de Cocagne. Mémorial de famille. Mendiant de Saint-Roch. Monde tel qu'il sera. Pasteur d'Hommes. Péchés de jeunesse. Pendant la moisson. Un Philosophe sobre les toits Pierre et Jean et Souvenirs Réprouvés et les Élus. Riche et Pauvre. Roi du Monde. Scènes de la chouannerie. — De la Vie intime et Récits des Alpes. Soirées de Meudon. Sous la tonnelle. Sous les Filets. Sous les Ombrages. Sour. d'un Bal Breton. Souv. d'un Vieillard. Sur la pelouse. Théâtre de la Jeunesse. Trois Femmes. La Valise Noire.

MARIE SOUVESTRE
Paul Ferroll (traduit de l'anglais)

DANIEL STAUBEN
Scènes de la vie Juive en Alsace.

DE STENDHAL (H. Beyle)
De l'Amour. Chron. et Nouvelles. Chartreuse de Parme. Chron. italiennes. Mém. d'un touriste. Promenades dans Rome. Le Rouge et le Noir.

EUGÈNE SUE
Bonne Aventure. Diable médecin. — Adèle Verneuil. — Clémence Hervé. — Grande Dame. Fils de famille. Gilbert et Gilberte. Secret de l'oreiller. Sept péchés capitaux. — Orgueil — Envie. — Colère. — Luxure. — Paresse — Avarice. — Gourmandise.

M__ DE SURVILLE (née de Balzac)
Balzac, sa vie et ses œuvres.

FRANÇOIS TALON
Les Mariages manqués.

E. TEXIER
Amour et Finance.

W. THACKERAY (Trad. W. Hughes)
Mémoires d'un Valet de pied.

LOUIS ULBACH
Les Secrets du diable. Suzanne Duchemin. La Voix du sang.

JULES DE WAILLY FILS
Scènes de la vie de famille.

OSCAR DE VALLÉE
Les Manieurs d'argent.

VALOIS DE FORVILLE
Comte de Saint-Pol. Conseil de l'an VIII. Marquis de Pasaval.

MAX VALREY
Filles sans dot. Marthe de Montbrun.

V. VERNEUIL
Aventures au Sénégal.

LE DOCTEUR L. VÉRON
500,000 fr. de rente. Mém. d'un bourgeois de Paris.

CHARLES, VINCENT ET DAVID
Le Tueur de brigands.

FRANCIS WEY
Anglais chez eux. Londres il y a 100 ans.

Le Catalogue complet de la maison Michel Lévy frères sera envoyé (franco) à toute personne qui en fera la demande par lettre affranchie.

Imprimerie L. Toinon et Cie, à Saint Germain.

www.ingramcontent.com/pod-product-compliance
Lightning Source LLC
Chambersburg PA
CBHW071508160426
43196CB00010B/1458